新宗教と巨大建築

「増補新版」

五十嵐太郎

青土社

新宗教と巨大建築

増補新版

目次

新宗教と巨大建築

増補新版

はじめに

「宗教」と「建築」

宗教は建築を捨てたのか？

一九九五年、オウム真理教による地下鉄サリン事件が発生した。その報道で彼らの施設サティアンがテレビに映しだされ、宗教建築ではなく、まるで工場のようだと感じた人は多かったようである。建築界でも話題となり、その非装飾性や美学の欠如が指摘された。

かつて宗教は建築の最大のパトロンだった。しかし、世紀末にサティアンが登場し、もはや宗教は建築を見捨てたのか？　オウム真理教の建築は、歴史的に類例がない特殊なものなのか？　それを時代の悪しき徴候として論じることは可能だろう。だが、歴史的な視点が欠如している。事件発生時、オウム真理教はわずか一〇年の歴史しかない。初期的な段階の宗教団体が、完成された美意識をもち、洗練された建築をつくれるのだろうか？

サティアンを否定的に語るとき、その背後には模範的な宗教建築像が想定されている。例えば、

上九一色村のサティアン

法隆寺やシャルトル大聖堂である。だが、それは宗教建築の一部でしかない。明治時代に最初の日本建築史家となった伊東忠太が研究を始めるまで、法隆寺を建築的に評価する文脈はなかった。近代になって、国家的な財産と認知されたのである。また当初、キリスト教は弾圧され、三〇〇年近く文字通りの地下活動を行い、カタコンベに潜伏していた。公認後に建てられたバシリカ式の教会も独自の建築ではない。人を多く収容するという機能的な問題から、ローマ時代に存在していた公共ホールの形式を流用したものである。そしてゴシックの大聖堂を生みだすまでに、一〇〇〇年以上の時を要した。

普通、教祖の存命中にすぐれた建築は完成しない。新宗教も同じである。二代目以降の教主の努力によって初めて代表的な建築が登場するが、その頃には立教から数十年を経ている。創価学会や霊友会など戦後に発展した教団でさえ、壮大な建築の登場までに時間を要した。開教時に立派な施設はない。第一、信者は少ないし、魅力的な教祖が目の前にいるので、わざわざ建築をつくらなくてもいい。むしろ教祖の死後、後継者に建築の仕事は委ねられる。宗教建築が固定化するためには、絶対的な時間が必要なのだ。

ゆえに、オウム建築の特性を断定するには時期尚早というべきだろう。歴史感覚が必要である。ハウスメーカーで働いていた信者が施設の造営を推進していたらしいが、創成期の教団は簡単に変わる。恐るべき犯罪を起こしたとはいえ、その建物の特殊性を語る際は注意すべきだ。歴史のないサティアンと歴史的な宗教建築は単純に比べられない。

共同体とメディア

別の視点からも検討しよう。プロテスタントから分派したシェーカー教やアーミッシュは、近世以降に登場した教団だが、厳格な教義によって装飾を排した。特にシェーカーの建築と家具は、モダニズムを先取りするデザインで知られる。だが、小説家のチャールズ・ディケンズは、彼らの村を訪れ、面白味のない単調な空間と考え、その住居を工場や物置にたとえた。この反応はサティアンへのまなざしと似ている。当時のイギリスにとって、シェーカーは様式が欠けているように見えた。一九世紀はゴシック様式のリバイバルが盛んであり、装飾を重視していたからである。ポストモダン建築を経験した日本にとっても、サティアンは素っ気ない空間に思えた。

また都市を離れて共同体生活を営む教団は熱心な信者の割合が多い。その場合、建築を布教のメディアにする必要がなく、華美にならない傾向がある。シェーカーやアーミッシュは、信者だけの自給自足の共同体をつくり、外部への布教に積極的ではなかった。いずれも住宅や集会所を教会に代用して、独立した教会をつくっていない。一方、カトリックの大聖堂は都市の中心に建設され、彫刻・絵画・ステンドグラスで飾る、石と化した聖書だった。当時は識字率が低く、建築をメディアとして積極的に活用したからである。

宗教改革を掲げたプロテスタントは、カトリックの世俗への妥協を批判し、形骸化した儀礼やメディアとしての大聖堂を否定した。そして活版印刷術が開発された時代背景もあり、聖書を中心とする信仰への回帰を主張した。ゆえに、プロテスタントの教会は豪華絢爛である必要はない。信者が集う説教の場所があれば十分だ。過激な信者は大聖堂の装飾の破壊すら行う。一方、カトリックの巻き返しを計る反宗教改革は、正反対のメディア戦略をとり、空間をスペクタクル化させる、華麗なバロックの総合芸術を推進した。

オウム真理教の空間

宗教建築は美的な理由や教義の解釈だけから生まれるものではない。教団の発展や社会との深い関係から生成される。オウム真理教は全財産をお布施にさしだす出家制度をもち、富士の麓の上九一色村《かみくいっしき》で共同体生活を営んだ。これはシェーカーやアーミッシュの態度に近い。とすれば、宗教建築らしくない施設で十分である。もっとも、オウムは自給自足の農業をやらず、都市に寄生した。外部への布教にも積極的だったから、同じではない。

宗教の初期的状況においてサティアン的な建造物が発生するのは、必ずしも特殊なことではない。

例えば、当初の天理教は反建築的だった。そもそもサティアンの一部は、実際にサリン製造工場だった。にもかかわらず、オウム真理教だけが建築に無関心だというイメージが広まった。新宗教の建築も、歴史化を必要とすることが忘れられている。

われわれがサティアンにとまどい、短絡的な評価に走ったのは、不気味な存在が宗教ではないと考えることで安心したいからだ。それがありうる宗教建築だと認めるのは恐ろしい。そもそも建築界は久しく同時代の宗教建築への想像力を失っていた。戦前、明治神宮や靖国神社は建築的に高く評価されたが、その反動から戦後は無視されている。ゆえに、もはや宗教は建築を見捨てたという命題は逆なのだ。つまり、建築が宗教を忘れたのである。

近代宗教へのまなざし

新宗教建築批判

一般的に新宗教の建築はどのように見られてきたか。

明治時代に博覧強記の宮武外骨《みやたけがいこつ》は初期の天理教を紹介した。「近頃、奇怪なる一老婆こそ現れたり……妙音を発して、口吟し、且我宗門の徒に帰するものは、百六十年の長命を授くべしと、あられもなき妄言を吐く」。彼の文章は事実誤認も含むが、いかがわしさを強調する否定的な語り口は現在のメディアと変わらない。大宅壮一《おおやそういち》は、天理教の聖地造営をこう評した。「近ごろの宗教インフレの豪華版は、なんといっても天理教だ。……あの無知なおみき婆さんのお筆先から八百万の信者と二億の富が集められた」。空間の構成に興味はない。豪華さを批判し、集金にのみ関心がある。戦後の計画に対しては、次の批判があった。「醜悪でさえある。……天理教のバベルの塔」（青地晨『天理教』一九六八）。「醜悪」な「バベルの塔」という主観的な解釈には、やはり悪意が感じられる。

新宗教の建築へのまなざしには強い偏見がある。宗教学者の井上順孝が指摘するように、同じ宗教建築なのに、マスメディアで神社や寺院を紹介するときと、新宗教の建物を紹介するときの作法は違う。古建築ならば、歴史的な由緒が説明され、美しく貴重な文化財であることが強調される。だが、新宗教の場合、建設費が話題になり、豪華さや巨大さがうさん臭そうに話題にされる。ネット上では、新宗教は豪華な建築をつくるから、もっと税金をかけるべきだという意見も提出されていた。すべてを金銭問題に還元し、新宗教の空間そのものは見ようとしない。こうした常套文句は思考の停止につながる。

メディアにとって、新宗教の巨大建築は信仰の堕落を意味し、悪の象徴である。一方、東大寺のような既成宗教の巨大建築は美の対象となる。おそらく、近代国家とマスコミが広めた新宗教＝淫祀邪教観は、建築の評価に影響をあたえた。邪教は建築もいかがわしいという刷り込みである。戦前、多くの新宗教は国家神道の亜流としてのみ存在を許された。こうした過去の制度が、新宗教が正統ではないというイメージの序列をつくる。

われわれは現代建築や古寺について語る言葉を持っていても、近代以降の宗教建築を考えるための素材を持たない。まず研究や評論がない。宗教学はあまり建築の空間に注目しない。そして建築学は、近代建築史の研究テーマが細分化されても、新宗教に触れてこなかった。戦後は、新宗教のみならず、宗教建築そのものが無視される傾向にあった。

建築史における近代宗教

新宗教の建築は、いまだに伝統的な造形を用いるアナクロなもの、オリジナリティのないもの、あるいはキッチュなものとみなされる。興味を持たれるのは、モダニズムに通じるデザインを試みた場合である。ただし、それは「宗教」建築だからではなく、デザインされた宗教「建築」だからだ。こうした見方はモダニズムを重視する進歩史観である。保守的な宗教建築は切り捨てられる。かつては宗教施設こそが「建築」の問題の中心だったのに、もはや宗教施設は「建築」ではないのか。近代の宗教建築は、もはや表現と技術の最先端ではない。だが、共同体と建築の関係を考えるうえで興味深い題材である。

英雄的な建築家の営みとアヴァンギャルドの連続で語られる近代建築史と、寺社を中心とする日本建築史の狭間にあって、ほとんど顧みられなかったのが近代の宗教建築である。それゆえ、もうひとつの近代を描くための格好の素材を提供するだろう。一方で合理化を進めたけれども、いまだに現代社会はオカルト的なものを払拭しきれないどころか、侮蔑しつつもどこかで魅惑の対象につりあげる。明治維新の近代化がもたらしたのも、神社建築の興隆と熱狂的な賛辞だった。しかし、敗戦後、宗教建築に対し、口を閉ざして語らないのも不自然だ。この中間に位置する建築の語り方を模索しなければならない。

ゆえに、本書の目的は、近代以降の宗教空間を考察することである。天理教、金光教、大本教、アメリカのモルモン教は、いずれも一九世紀に登場した。その際、教団の思想から空間の概念を読みとり、いかに現実の空間に反映させたのかを検証する。前者は教祖が示し、後者は後継者が実現させるものだ。だが、両者は透明な関係ではない。理念だけから、空間が規定されるわけではないからだ。建築化の過程には、創造的な教義の解釈を必要とする。また本書の後半では、近代以降の社寺と戦後の新宗教をめぐる状況、ならびに海外の事例も考察した。

第1部　新宗教と巨大建築

1章

天理教の建築と都市

1. 世界の中心「ぢば」

三島由紀夫が描いた天理教

三島由紀夫は何度か天理教に言及したことがある。例えば、『金閣寺』（一九五六）では、「梅鉢の定紋付の提灯を黒塀の上につらね、門には同じ梅鉢の紫の幔幕を張りめぐらした、天理教弘徳分教会の前を、駆け抜けた」という一節があった。また家庭劇の『只ほど高いものはない』（一九五三）では、「（ある女性が）天理教の、何と云つたかね、例の勤労奉仕さ、……うん、ひのきしんのつもりではたらくといふんだ」と書いている。驚くべきことに、「ひのきしん」という天理教の用語を正確に使っている。

なぜ三島は信者でないのに、天理教の考えを知っていたのか。彼の伯母の一人が信者だったことが原因らしい。三島は彼女を親類で最も明るい女性だったと回想している。こうした縁で彼は伯母に連れられ、天理教の本部に参拝したことがあった。『愛の渇き』（一九五〇）は、未亡人が心を寄

神殿の南礼拝場

せる下男の三郎が天理教の信者だったという設定だが、本部を見た経験が生かされている。宗教空間の描写を抜粋しよう。「三郎は例年のとおり三日間の暇をもらって、四月二十六日の大祭に参列するために天理へ行った。全国の信者の寄付と『ひのきしん』と呼ばれる労働奉仕によって建てられた壮麗な本殿の中心に、甘露台という台があって、終末の日に甘露が降るというその台には、冬などはその上の天窓のような吹抜けの屋根から、風にまぎれて幾ひらの雪が舞い下りてくる」。

この本殿は奈良の天理市に実在する。当時は今の半分の規模だったが、およそ一世紀をかけて、天理教は世界に類例がない独自の空間形式を生みだした。一九世紀以降、天理教は大きな祭典を節目としながら成長し、この一帯を宗教都市として発展させた。三島が書いたように、本殿の中心に建つ甘露台は、天理教の最も重要

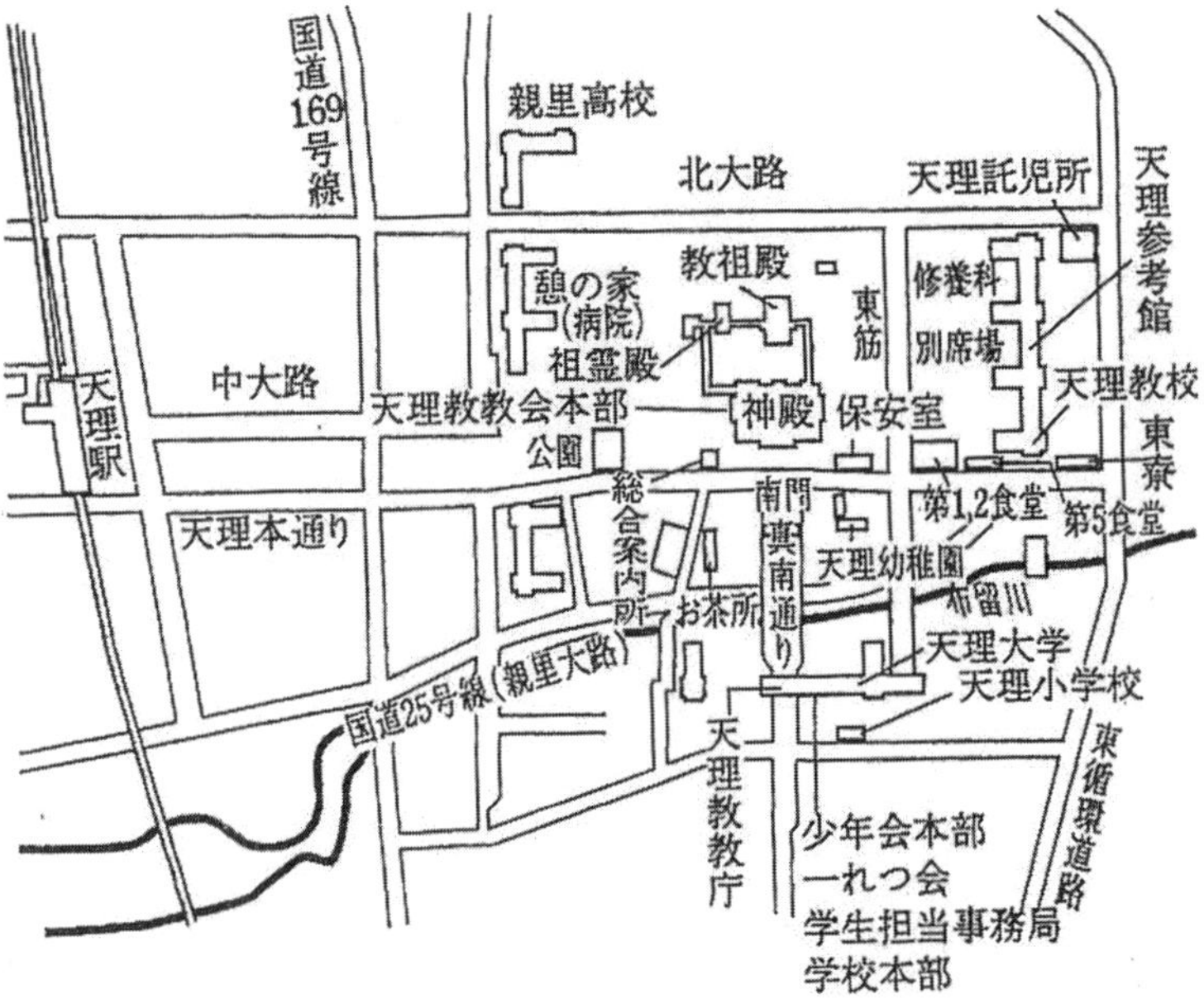

天理教の関連施設の位置

な礼拝の対象である。現在、天理市を訪問すれば、信者でなくとも、本部の神殿に入り、甘露台を見学することができる。ただし、写真は撮影できない。甘露台は空間の概念を規定し、天理教は日本近代の新宗教のなかで最も構築的な建物をつくることに成功した。しかし、それは最初から決定していたものではない。長い時間をかけて、後継者の努力によって生成したのである。まず天理教の成立とその教義について説明しよう。

教祖・中山みきの建築破壊

天理教は一八三八年に中山みきが創始したものである。家族の祈禱中、彼女は神がかりになって、神の言葉を語るようになった。一七九八年、彼女は庄屋の娘として生まれ、信心深い家に育ち、子供の頃から、熱心な浄土信仰をもっていた。そして一八一〇年、一三歳（数え年、以下同）のときに庄屋敷村（現在の天理市三島町）の中山家に嫁ぐ。一八三〇年、空からお札が降るという、おかげまいりの騒動が起き、伊勢に向かう熱狂的な人々の集団が地元を通過した。民衆も時代が大きく変革する前ぶれを予感していた。

創成期の建物は立派なものではない。むしろ、その反対である。中山みきは反建築的にふるまい、「貧に落ち切れ」と述べて、家財道具や田畑を処分し、困っているものに分け与えた。やがて家族に「この家形取り払え」、「今日より巽の角の瓦下ろしかけ」、「艮《うしとら》の角より瓦下ろせ」、「明日は、家の高塀を取り払え」と次々に命令をだす。当時、高塀を取り払うことは、家の格式を失うことであり、家の没落を意味していた。

ついに屋敷からほとんどの建物が撤去され、表門とわずかな居住空間だけが残る。これはただの施しではない。裕福な家や役所を打ち壊す、世直しの暴動が破壊のエネルギーを外部に向けるのに対し、みきは内なる打ち壊しを実行しており、自己破壊的である。母屋を取り壊す日、教祖は「これから、世界のふしんに掛る。祝うて下され」と語り、人夫らに酒肴をふるまい、驚かせたという。後に開教当初のみきの行動は、信者の模範となり、地方の信者は積極的に自らの財産を売却し、教会に寄進するようになった。

おふでさき

最初の三〇年間は安産と病気治しが活動の中心であり、教義らしき文章を残していない。だが、明治時代を迎え、一八六九年以降、みきは神の言葉の自動筆記をはじめた。これを教団ではおふでさきと呼び、重要な教典とみなしている。当時の日本では、近代の思想を啓蒙した福沢諭吉の『学問のすゝめ』(一八七二〜七六)がベストセラーを記録していた。

天理教の教義には、空間あるいは建築を比喩的に用いた表現が多い。神が現れた最初の啓示から、教祖のみきを「神のやしろ」にすると宣言していたが、やしろとは「社」または屋代や神域を意味する。天理教は人間の中山みきを「社」として建築化させた。あるいは、彼女を神の憑依する場所とみなし、天理王命《おうのみこと》の神を代理させたのである。

みきは権力者が没落し、民衆が救済されることを説いた。平等な社会は、高山(社会的上層)や谷底(社会的下層)をならして平らにするという空間的なイメージで語られた。だが、具体的な社会変革のプログラムはない。あくまでも観念的なユートピア論だった。そうした理想社会を「陽気ぐらしの世界」と命名し、それへの道筋を建設にたとえて、「普請《ふしん》」と呼ぶ。天理教の思想において特徴的なのは、死後の世界を想定しないことである。ゆえに、肉体的な死を「出直し」と表現し、新しい人生の出発とみなした。天理教では、親神の救いにより、現世に陽気ぐらしのユートピアを実現することを目標とする。つまり、極楽はあの世ではなく、この世で実現される。徹底した現世主義であり、破壊的なハルマゲドンを期待しない。当然、世界の終わりを予言しない。

隠喩としての建築

天理教では、ユートピアの建設を担う人々を「真柱《しんばしら》」(教主)、「統領」(棟梁に通じ、本部役員を意味する）、「用木《ようぼく》」（一般の信者）と呼び、大工の言葉を参照している。他にも「指図」や「世の立て替え」などの表現を使う。また教祖の生涯は手本とすべき「雛型」であり、戦後の天理市における都市計画も、陽気ぐらしのひながた都市として考えられた。つまり、神話的な雛型を現実世界で反復し、それを世界に拡張する。

天理教の組織と活動の概念は、すぐれて建築的である。もちろん、大工の言葉を用いた理由は、教義を民衆にわかりやすく伝えるためだった。とはいえ、独自の言葉の体系を生むことは、新しい意味の世界を形成する。おふでさきは幾つかの空間概念を示し、後に天理教はそうしたテクストの解釈を通して、実際の建設を行う。つまり、言葉が現実の空間に対し、無視できない影響を与えることになった。

大工の飯降伊蔵とおさしづ

一八六〇年代の初頭、教祖の屋敷に建物はほとんどなく。粗末な八畳と六畳の二間が住処であり、そこに信者が集まっていた。しかし、一〇〇軒ほどの信者を抱え、月次祭では人があふれ、新しい集会場が必要となる。みきは「大工が出て来る、出て来る」と予言し、ちょうど飯降《いぶり》伊蔵（一八三三〜一九〇七）が入信した。彼は腕のいい大工であり、妻を救ってもらったことから、社の献納を思いつく。一八六四年に彼がその旨を伝えると、教祖は「社はいらぬ、小さいものでも建てかけ」と述べ、「一坪四方のもの建てるのやで」という。

飯降は、六尺四方の図面を描き、教祖の許可を得て、信者が資金をだしあい、家を建てた。しか

神殿周辺に復元されたつとめ場所

し、まだ狭いために信者が相談し、「つぎ足しは心次第」という教祖の言葉を受けて、三間半に六間とする。途中、棟上げ後に近くの大和神社とトラブルを起こし、工事が中断されたが、つとめ場所は一八六五年二月に完成した。民家風の建物である。小さなものだったが、礼拝のための集会施設として教会が最初に建てられた。

みきの亡き後、一八八七年から一九〇七年まで、後継者の飯降がおさしづという形で神の言葉を伝えた。彼は膨大な量の文章を残した。おふでさきが大胆で抽象的なテクストだったのに対し、飯降のおさしづは細かい現実的な指示を行う。例えば、会計、人事、建設、教会設立を含む教団の運営から縁談などの個人的な相談である。飯降が大工出身だったこともあり、おさしづは建築に関する具体的な指示も多い。

おさしづは天理教批判にも対処した。明治政府、仏教勢力、マスメディアが激しく攻撃したからだ。当初から教祖が警察に拘留されたり、信者が罰金を科せられたり、教会の宗教行為を妨害されるなど、偶発的な弾圧はあったが、教勢が強くなった明治二〇年代以降、国家は正式に干渉する。

一八九六年四月六日の内務訓令第一二号では、男女一堂に会することが風俗を乱すとされ、医療行為や寄付の強制も問題視された。

これに対し、天理教は、男子のみで儀礼をすること、妄《みだ》りにおたすけ（医療行為）をしないこと、教理の説き方を一定にすること、そして「教会新築工事は華美に渉《わた》らざる様精々注意すること」などの改革事項を打ちだす。自主規制である。華美を避けたのは不用意に目立つからだろう。一八九七年に日本橋支教会が完成したときも、立派な神殿だったことから資金の出所が疑われ、税務署や警察、新聞各社が追及し、天理教批判の全国的なキャンペーンに拡大したらしい。現在と変わらない宗教批判の構図である。

甘露台

明治に入り、みきは甘露台の設置を語りだす。一八六九年三月の『おふでさき』において「めつらしいこのよはじめのかんろたい　これがにほんのをさまりとなる」と記され、甘露台という言葉が登場した。甘露台とは、人類救済が成就したときに、天から降る寿命薬を受けとめる柱状の構築物である。『天理教教典』（一九四九）によれば、「かんろだいとは、人間宿し込みの元なるぢばに、その証拠としてすえる台で、人間の創造と、その成人の理とを現して形造り、人間世界の本元と、その窮りない発展とを意味する」。つまり、人類誕生の場所を指し示す標識である。それは同時に教義のシンボルでもあった。

名称の由来については、神の教えが人の心に浸透すれば、その心は甘いからという説がある。ちなみに、「かんろ」は中国の伝説で天子が仁政を行った治世に、天が降らせた甘いつゆという意味をもつ。天理教では、親神や教祖の具象的な偶像でなく、甘露台という抽象的な柱が礼拝の対象になった。教祖の肖像は礼拝の目標にならない。また絵画、写真、彫刻を用いて、教祖の肖像を神聖化したり、神を偶像化しない。ゆえに、建築の装飾にも使わない。天理教の建築では、装飾がほとんど使われないのだ。きわめて抽象的な存在としてのみ、甘露台は表象される。甘露台は天と地を結ぶ世界軸といえよう。

ぢばの発見

天理教では、甘露台に関わるぢば（地場）という概念がある。ぢばは世界の中心を意味するが、明治の初めに教祖の家の庭で発見された。ぢばは天理教の空間観に大きな影響をあたえ、後年、後継者はぢばを中心とした建築と都市の造営を開始する。

ぢばの言及は、おふでさきの第一号に認められる。「このところやまとのしバ（ぢば）のかみがたと　ゆうていれども元ハしろまい」（一八六九年正月）。それが人類創造の場であることも示唆された。天理教の場合、ぢばとは甘露台を据える地点を指すが、その意味を拡張し、第二に屋敷、第三に屋敷を囲む地域として使うこともある。おふでさきでは、ぢばを人類の発祥の地として説明している。ただし、立教した当初からぢばの概念があったわけではない。ぢばへの言及は、おふでさき以降だから、立教してから三〇年近くを経て唱えはじめた。ぢばは後から「発見」された場所なのである。

中山みきは、屋敷からほこりを払い、掃除した後に真の道が開けると述べていた。「そふぢしたところをあるきたちとまり　そのところよりかんろふだいをしたる」（一八七五年五月）。これは一八七五年五月二六日のぢば定めの儀式を予告した。みきは「明日は二十六日やから、屋敷の内を綺麗に掃除して置くように」と言い、教祖宅は入念に掃除される。翌日、家族と信者が見守るなか、教祖が庭を歩くと、ある一点で足が地面にくっついて動かなくなる。場所は屋敷の庭の井戸の近く。次にその地点にしるしを付け、目隠しをした信者を歩かせると、やはり皆が同じ場所で吸い寄せられるように立ち止まった。

世界の中心

かくして天理教における世界の中心、ぢばの位置が初めて明らかにされる。ぢば定めの儀式は宗教学者ミルチャ・エリアーデの言葉を想起させる。「すべて聖なる空間には聖体示現、すなわち聖なるものの突然の出現に結びついており、それによって特定の領域が周囲の宇宙から切り離され、質的な変化をこうむる」。当時の屋敷周辺は小さな農村だった。しかし、突然、発見された強い地霊が天理教の空間観を決める。ぢば定めの前後には、おふでさきの六号（一八七四年一二月以降）から一一号（一八七五年六月）が連続的に記されたように、執筆が集中し、教祖の感情の高まりをうかがわせる。

空間の亀裂となる世界の中心は多くの宗教がもつ。エリアーデが論じるように、「宗教的人間にとって空間は均質ではない」。聖なる場所は均質的な空間に楔《くさび》を打ち込む。「聖なるものの啓示によって世界は存在論的に創建される。何の目標もなく、見当のつけようもない無限に均質の空間のなかに、一つの絶対的な〈固定点〉、一つの〈中心〉が聖体示現によって露われてくる」。そして「聖なる空間の開示は人間に〈固定した点〉を与え、それによって混沌たる均質性の中で〈世界を創建し〉、現実に生きる見当づけの可能性を与える」。現実の世界において聖なる空間を開示するのが、ぢばと甘露台なのだ。

分裂の拒否

それにしても、なぜ明治の初めにぢばを決定したのか？　教団における一八六五年の事件が原因のひとつだと推測される。この頃、有力な信者が本地垂迹《すいじゃく》説を応用して、自分の住む針ヶ別所村が本地であるのに対し、みきの住む庄屋敷村が垂迹だと主張した。つまり、異端の信者が主客の関係を転倒させ、教祖の家の方が仮の場所だという。当時はまだ、おふでさきもなく、みきの屋敷が中心であるという根拠はない。彼女の立場は危うくなった。やがて事件は解決したが、みきは教義によって正統性を確保する必要を感じたのではないか。おふでさきの開始やぢば定めは、分裂の危機を回避する役目もあったと思われる。

ぢばの固有性を示す、興味深い事件も起きた。一八八八年四月一〇日に天理教は東京府知事から教会の設置を認可される。しかし、これにおさしづは強い反発をあらわにした。「あちらにも本部と言うて居れど、何にも分からん。ぢばに一つの理があればこそ、世界は治まる」（一八八八年七月二日）と告げ、急いで本部をぢばに移転するよう何度もうながした。その結果、七月二三日、本部の移動が実現する。このときのおさしづは、奈良と東京に中心が引き裂かれようとしたことを懸念し、それを統合すべく働きかけた。

ぢばは場所に関わる概念である。ゆえに、土地の所有にはこだわる。かつて教祖は母屋を売却したが、土地だけは手ばなさなかった。ぢばが絶対不動の中心であるとすれば、地方教会は固定した場所の概念を持たず、移転しても構わない。実際、地方教会を拡大するときに移築したり、新しい場所に新築している。どこに建てようと関係ないからだ。本部と地方の格差が場所の概念の違いを生む。逆に本部の神殿は、甘露台を囲む形式だから、新しく造営をするにしても、異なる場所に建設するわけにはいかない。

甘露台の建設

一八七三年、みきは飯降伊蔵に甘露台の雛型の制作を命じた。その木製の模型は、直径三寸高さ六尺の六角の棒の上下に直径一尺二寸厚さ三寸の六角の板をつけている。ただし、この時点では、まだぢばの位置が決定していない。ゆえに、甘露台を倉に入れていた。が、一八七五年秋に教祖の末女が病気になり、回復を祈るお願いづとめを行うために、甘露台の雛型は正式なぢばに設置された。これ以降、甘露台は礼拝の目標になる。

一八七五年六月のおふでさきは甘露台の形状に言及する。教典によれば、一段めは直径三尺で高さ八寸、二段めは直径二尺四寸高さ八寸、三段め以降は直径一尺二寸高さ六寸の石を一〇段重ね、一三段めは直径二尺四寸高さ六寸の石を置く。すべて六角形の石であり、いちばん上に平鉢をのせ

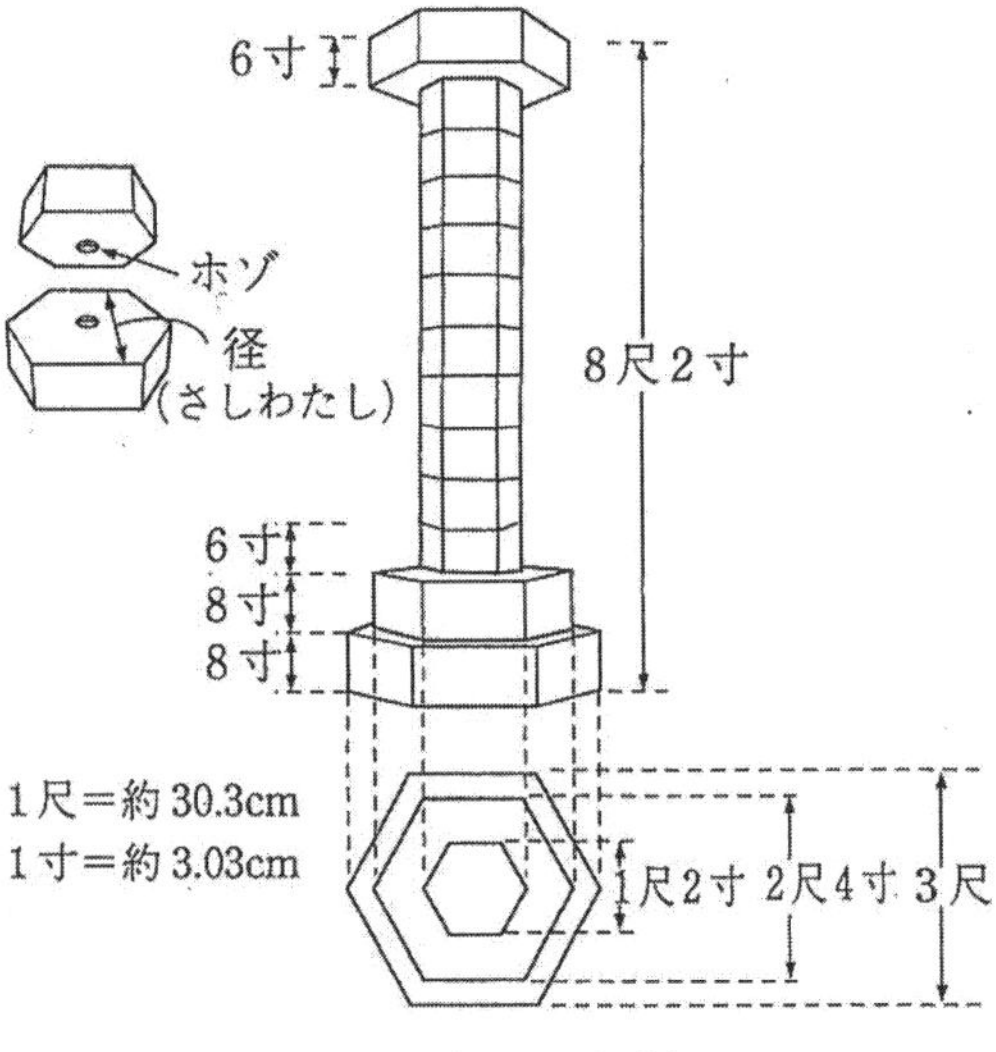

みきの定めた甘露台
（『かんろだい物語』天理教道友社をもとに作図）

る。飯降の雛型よりも、ひとまわり大きい。世界の中心ゆえに、甘露台はどの方向にも等しくなければならない。だから、対称形なのだ。最も理想的な形は円だが、日本建築では、円に準じる形態として八角形や六角形を使う。具象的な顔があれば、正面性を導く。だが、甘露台は一方向だけを特化させず、表裏がない。ちなみに、地方教会の時計が、しばしば六角形なのは甘露台のかたちに因む。

　一八八一年、中山新治郎（一八六六〜一九一四）の指揮により、本物の甘露台の建設が始まる。彼はみきの孫であり、後に初代真柱となった。秋に二段めまで完成したが、石工が突然蒸発し、工事は中断する。翌年、警察が訪れ、甘露台を差し押さえ、壊してしまう。没収された甘露台の石は入札にかけられた。そして購入した人物が村の角地に石を積んでいたら、信者がお詣りをはじめたという。本来、ぢばから撤去された甘露台には意味がない。だが、甘露台そのものが礼拝対象になったり、その置き場所が神聖視されたのである。

甘露台と神話

一八八一年頃、天理教の人類創造神話『泥海古記』が完成する。内容を要約しよう。この世の最初は泥の海だった。月日の親神が人間を創造しようと考える。そこで九億九万九九九人の子数を三日三夜で宿し込み、三年三月とどまり生む。当初は五分の小さな人間だったが、五分ずつ成長して、三寸になった九九歳で亡くなる。この後、人間は生まれ変わりを繰り返しながら進化し、九億九万九九九の年が経ったのが、ちょうど天理教の始まった一八三八年であり、宿し込みの場所が教祖の家だったという。

こうした数字と甘露台の寸法が関係があるということも指摘されている。例えば、基石は直径三尺で高さ八寸であるが、三日三夜に子を宿し込んだことや、八つの方角の神を示す。柱に世界創造の神話が重ねられるのは興味深い。とはいえ、すべての数字が無理なく説明されるわけではない。また宗教学者の鎌田東二は、「かんろだいが一つの柱であり、ホゾで連結しているという構造、そして神殿の中の少しくぼんだ母的な空間の中で男女の道具衆が面を付けて踊るというスタイルは、古代のなまめかしさをこのうえもなく表している」という。二つの要素の統合としての甘露台。確かに、かぐらづとめは、『古事記』においてイザナギとイザナミが天の御柱を回って行う、みとのまぐわいに似ている。

甘露台と神殿

最初のつとめ場所は、甘露台と関係なく造営された。これはすぐに手狭になり、増築の結果、南側に板敷きの上段を増築し、ぢばと甘露台を囲む祭場をつくり、北側の参拝場からおつとめをできるようにした。板の間の中央に一坪の切り込みがあり、木製二段の甘露台を据え、天井にも同じ大きさの天窓を設けたが、雨が降ると閉めていた。同時に、ぢばの北側にあった神床は南側に設置する。すなわち、中心性が強い甘露台と正面性が強い神床が共存し、礼拝対象が二重化されていた。甘露台に対しては天理教の儀式を行い、社に向かっては神道形式の祭儀を執行する。教団への弾圧を避けるための方策だろう。

教祖五十年祭を控え、神殿の増改築が行われ、一九三四年、おふでさきどおりの雛型甘露台が建物の中心に建てられた。ただし、いちばん上に平鉢をのせていない。これは約束の時がまだ来ないことを示したと思われる。おさしづに従い、屋根は甘露台の上部のみ一間四方を開け、甘露台の土間へは東西南北の四面から階段が通じた。また神道式の社を除去し、甘露台のみを礼拝する形式に改められる。つまり、神殿の異物だった社をなくし、南礼拝場を増設することにより、南北から甘露台を挟み、ぢばを中心とした平面構成に変化した。

昭和の普請は、空間の性格を決定した。甘露台を中心にすることは、「建家かんろだいを一つ芯として掛かり出す」(一九〇七年五月一三日)のおさしづを根拠にしている。しかし、それ以外は当初、明確に決まっていなかった。設計の過程を見よう。

第一の問題は、「かんろだいはすっかり雨打たしのものや」(一九〇七年五月三〇日)というおさしづである。甘露を受けとめるために天井を開けるべきだが、雨だと儀式ができない。それまでも天窓をとっていたが、夜間や雨の日は閉じていた。が、教祖の存命時は雨に濡れながらおつとめを

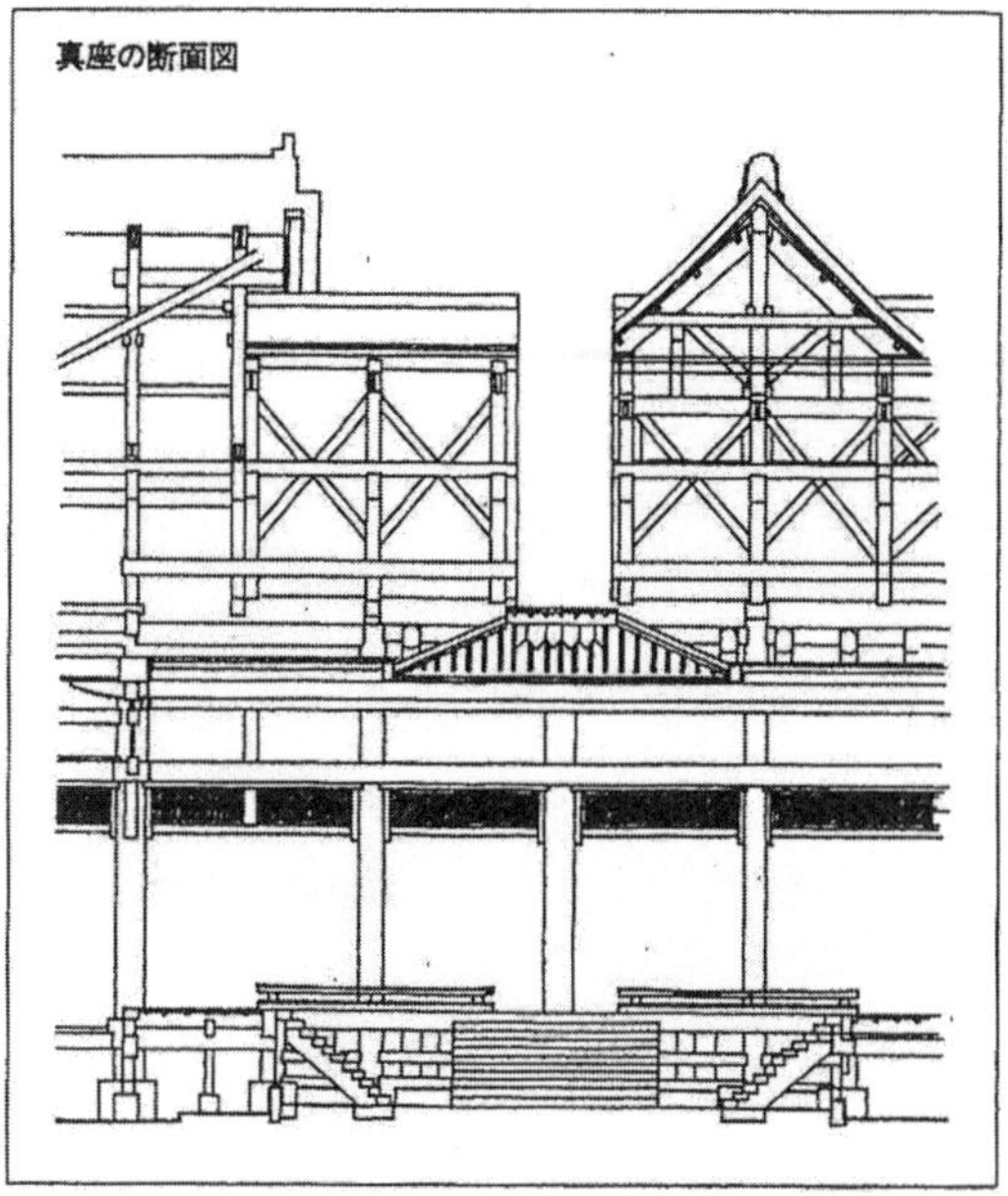

神殿中央に位置する真座の断面図　天窓の真下に甘露台を据える
(『かんろだい物語』)

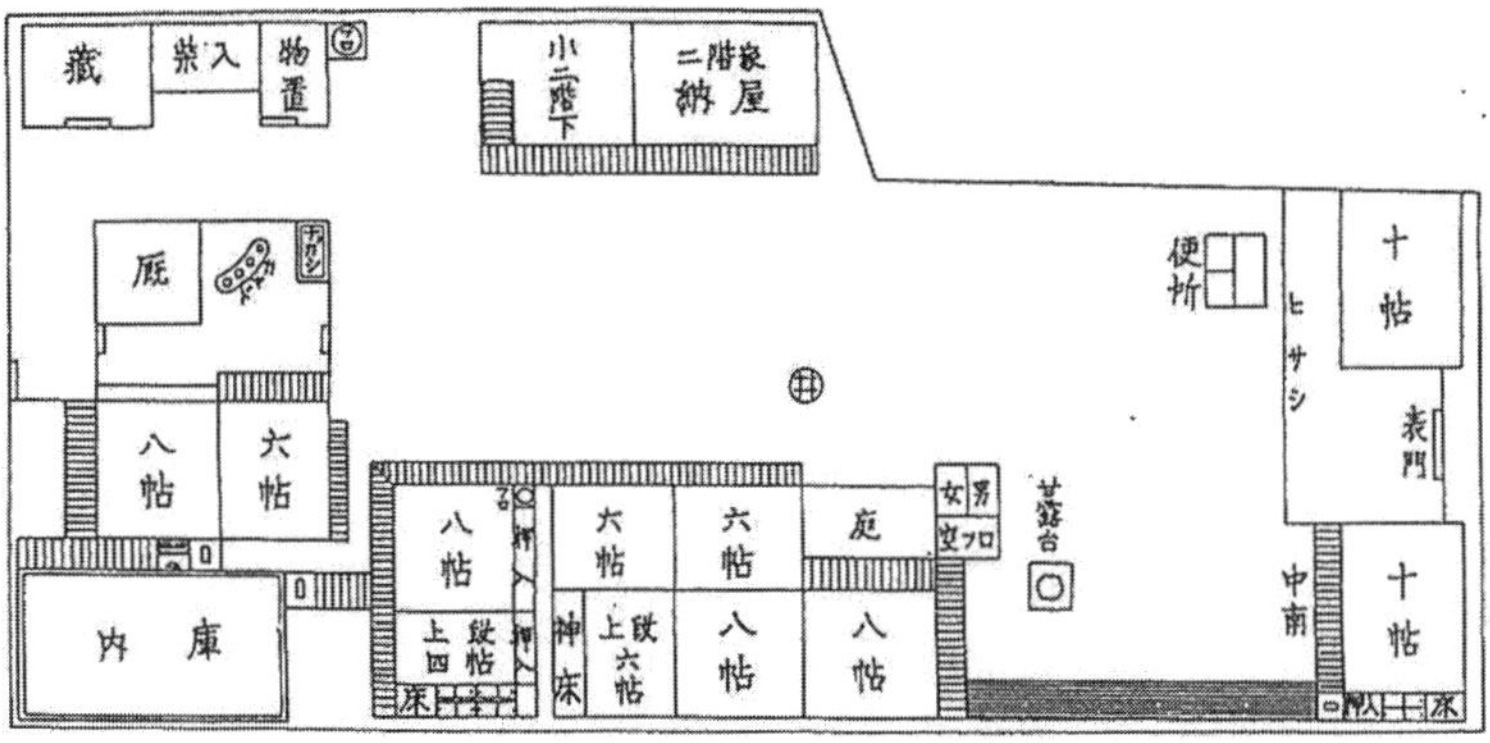

1887年頃の屋敷　中央下が最初のつとめ場所
(植田英蔵『おやしき変遷史図』天理教道友社)

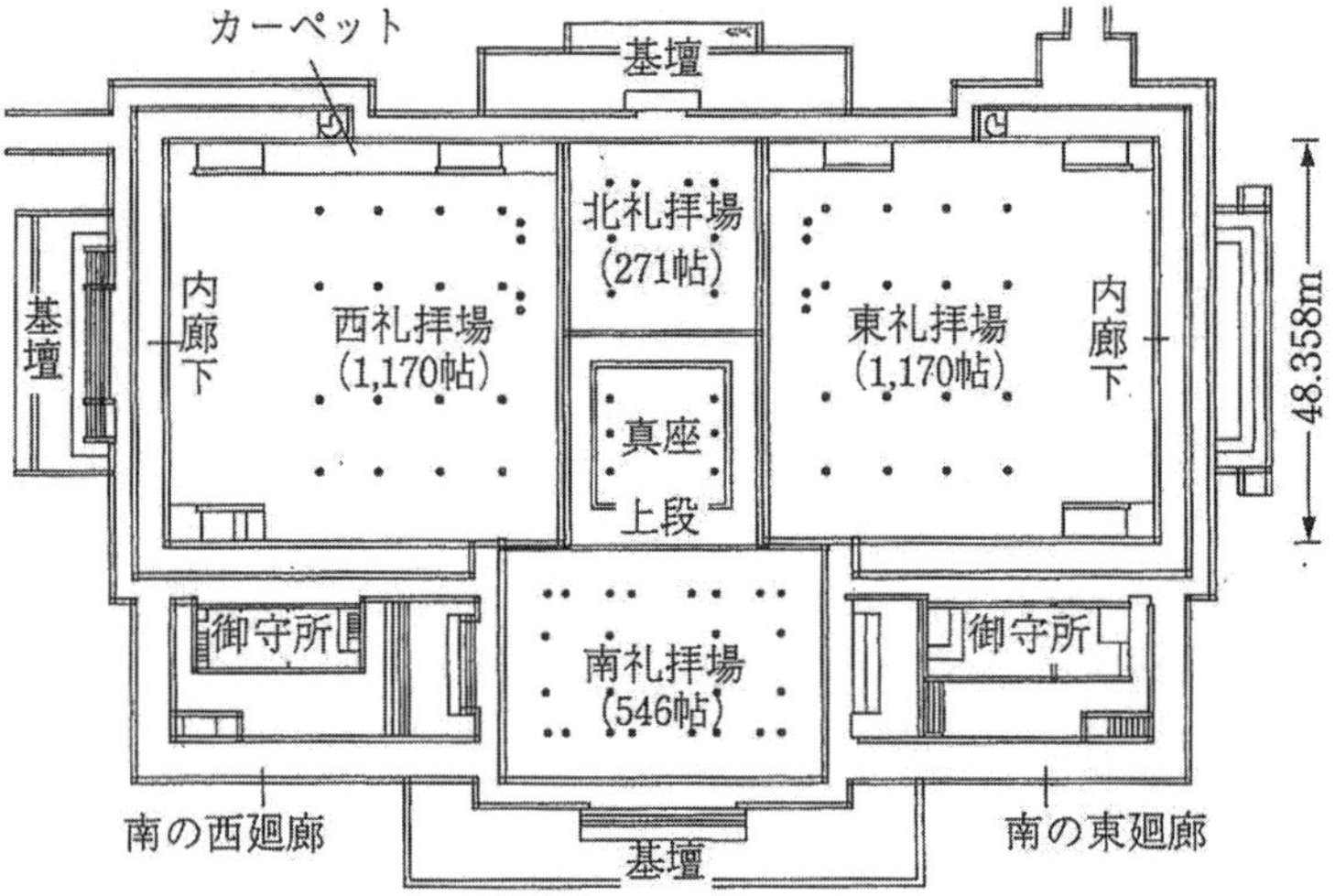

神殿の平面図(『建築と社会』1985年1月号をもとに作成)

行ったこと、神言を守るべきという結論をだし、閉じられない天窓を設けた。途中、神殿も不用であり、露天でよいといった極論も出たらしい。

第二の問題は、甘露台の設置法である。参拝者がいる床よりも、甘露台が高いほうが神々しいという意見が多かった。しかし、「地から上へ抜けてあるもの」(一九〇七年五月三一日)というように、中山は甘露台が天と地の抱き合いを示し、これまでと同じく地面に接着すべきだと考えた。中山は普請の委員と建築家に解決案を依頼し、甘露台の位置は、土間に下げたもの、上段の板間まで上げたもの、さらに上のもの、そして甘露台の周囲は、厨子を模したもの、四方に柱を立て扉を設けるもの、御簾と鏡を使うもの、天蓋をのせるものなど、五〇以上の案が集まる。最終的には、土間から甘露台をたちあげる最も単純な形態に落ちつく。甘露台は大部分が床の下に埋もれ、信者から見えにくいものとなる。

昭和普請以降、雛型甘露台の据え替えは、一九五一年、一九六四年、一九七五年、一九八四年に行われた。伊勢神宮の式年造替のように反復する。本来、甘露台は石造であるが、代替として木造の雛型甘露台が約一〇年ごとに交換された。石造による真の甘露台は、全世界に天理教が布教されたときに実現するという。雛型の制作は来るべき日まで反復され、ユートピアの到来を先送りする。一九八四年、教祖百年祭を控えて、東西礼拝場が竣工し、四方向から甘露台を囲む平面形式が実現する。このとき、甘露台の周辺が改築され、一般の信者が甘露台とかぐらづとめを見やすいように空間を変更した。

中心と周縁

一九三四年の末、天理教は東京教務支庁の神殿新築を契機に、今後は海外教会も含めて全教会の神床をぢばに向けて設置することを決定した。信者が神殿で礼拝をすれば、そのまま彼方のおぢばも礼拝し、甘露台中心の信仰が実現されるからだ。おそらく、宗教学を専攻した二代真柱の中山正善《しょうぜん》による発案だろう。世界中のどこに存在しようとも、イスラム教のモスクのキブラ壁が聖地のメッカを向くように、天理教の地方教会が敷地に関係なく、ぢばに向かうシステムは、中心を強化する。例えば、河原町大教会神殿（一九八九）は、明らかに敷地の方向性とズレている。ぢばとは抽象的かつ絶対的な地点であり、方位に吉凶や優劣をつけない。場所が絶対的になると、方位は相対的になる。また甘露台の造形は、どこから礼拝しても正面になる。

ぢばの方角を向く、河原町大教会

逆に言えば、一九三四年以前は、ぢばに向ける意識が徹底していなかった。ゆえに戦後の新築や再建を契機にして、初めて方角を合わせたという教会は少なくない。例えば、嶽東大教会は、旧神殿（一九〇二）から新神殿（一九七二）に切り換えて、ぢばのほうを向いて参拝できるようになった。尚久分教会は、一九六二年に神床の位置変更を行う。洲本大教会神殿（一九六三）は、正確な方角にするために、専門家に依頼した。海外教会も同様である。ハワイ伝道庁神殿（一九六五）は、海を越えて、おぢばに向く西北西二八四度四〇分に神床を設置した。

戦後の地方教会は、竹中工務店が関わり、「神殿の『ぢば』方向の算定は、コンピュータによって正確に算出します」とうたっている。地方教会の地鎮祭や起工式でも、規定によれば、「正面（おぢばの方向）に祭壇を設ける」、あるいは「正面（おぢばの方向）に塩水又は塩を供え置く」。遠隔地においても、ぢばの概念は強力な磁場をもった。もっとも、イスラム教の場合、メッカに向かう聖なる軸とモスクの敷地の角度のズレを吸収する高度なデザインを試みるのに対し、天理教の建築はそうした工夫があまり認められない。

2. 大正普請

教祖殿の誕生

天理教の主な建築は、本部神殿、地方神殿、おやさとやかた、詰所などに分けられる。おやさとやかたや詰所が生活の場だとすれば、神殿や教祖殿は宗教色が強い施設である。ここでは宗教施設がどのように生まれたかを考察しよう。

教会本部の教祖殿では、教祖が生きているようにふるまう。三度の食事をだし、風呂をたき、新しい刊行物を見せにいく。これを教祖存命の理という。教祖殿は住居の形式をもち、教祖に奉仕するために浴室、化粧、調理場などの附属家を設け、「教祖存命の理」を建築化する。だが、天理教では、もともと教祖殿という施設が想定されていたわけではなかった。この施設はどのように発生したのか？

一八八七年、教祖が九〇歳で亡くなり、信者はあわてふためいた。教祖は一一五歳まで生きると明言していたから、予期せぬ事態である。ぢばと遺骸の関係は教義で説明されていない。信者は悩み、おさしづに伺いをたてると、亡骸は古着同然だから、どこにあっても構わないという。結局、信者は当時の法律に従い、中山家の墓に埋葬する。肉体は古着に過ぎず、精神は生きているというわけだ。その後、教祖殿という新しいビルディングタイプを創出し、教祖が生き続けているものとして食事や暖房の世話を始めた。

百日おさしづ

長い間、おさしづは神殿の造営を許可しなかったが、教祖二十年祭が終わってすぐに神殿の普請を急かしはじめる。「大きい木買うて欲しい」（一九〇六年五月二八日）と述べて、神殿の用材を購入するように伝えた。一九〇七年になって、飯降は体調を崩す。そして三月からは、神殿と教祖殿の建築について積極的に語りだした。彼は「何も大きな立派な事する事要らん。今の式場に一寸大きなものでよい」（一九〇七年四月五日）と規模を示し、続いて「三箇年の模様五箇年の普請」（同五月八日）という工期を指示する。五月に入り、飯降は図面を引くことを要求し、信者らが図面を提出すると、もっと小さくすることや、甘露台を中心に造営するために、まわりの建物をとり壊すことを指示した。そして五月三〇日、幾度かの調整を経て、いったん図面が決定する。

だが、六月三日朝、飯降は苦しみながら、「大きいは要らん。何間何尺纏まったる上から二分通り皆縮めてくれ」と語る。これに対し、信者らは教祖殿も含めて、さらに縮小するのかと確認した。返事は「何処から何処までも二分通り縮めてくれ」だった。六月四日午後、彼は「今の処建物、かんろだいは芯、大き広くは要らん。つとめさえ出来りゃそれでよい」という。一九〇七年の百日おさしづは、最も具体的な設計のやりとりをしたものだった。神殿建設の基本方針を伝え、飯降は六月九日に亡くなる。死期が近いのを悟っていたように、彼は渋っていた神殿の建設をついに促した。ともあれ、天啓を伝えるというかたちでの建築の指示は飯降の代で終わり、以降、中山家の教主が教団を指導する。

大正普請

大正普請では、神殿、教祖殿、そして教師や信者の霊をまつる祖霊殿が整備された。百日おさしづの指示どおり、三年を経過した一九一〇年に土持ちひのきしんを開始する。同年、新神殿を造営するために、本部の北西に仮神殿、仮教祖殿、仮祖霊殿の建設が始まる。一九一一年四月に仮神殿が竣工。五月に旧神殿はとり壊され、神殿跡の甘露台は人目に触れないよう板で囲まれた。

そして一九一三年一二月に神殿、翌年四月に東西一三間、南北七間の教祖殿が竣工した。東西一六間、南北二四間の本殿は北側の礼拝場と南側の神殿から成る。礼拝場は入母屋の屋根をもち、向拝に千鳥破風《ちどりはふ》（屋根の途中に設けた正面を向く三角形の破風）がつく。神殿は両流造《ながれづくり》であり、後部切妻に千鳥破風をもつ。これは天理教において千鳥破風を使用した最初期の例であり、以後のデザインの模範になった。

神殿は北を正面とし、東西北の三方に玄関を置く。礼拝場は三五三畳、神殿では凹の字型の中段が四四畳、凸型の上段が板床であり、甘露台の周囲に廻り勾欄《こうらん》、その上部は折上格天井となる。大正普請では神殿のいちばん奥に神道形式の神床が残っていた。内部は、北側の礼拝場から南側の甘

現在の教祖殿　神殿の北側に位置する

露台と社への方向性が強い。大祭時は、上段で男性教師が甘露台を挟み、向かい合って座る。礼拝場の中央には、花道と呼ばれる板廊下が通っていた。

教祖殿は入母屋の屋根と裳階《もこし》をもち、妻側に入母屋の向拝があり、正面性が強い。これが模範になったのか、地方教会の多くがこれと同じ形式をもつ。神殿と教祖殿は南北に通じる高い廊下により連結していたが、教祖殿は神殿を向かず、祖霊殿と同様に東面していた。神殿の計画では、一九一〇年に建築史家の関野貞が相談を受け、「何処の建物に模して造つたと云ふのではなく設計者の創見と建築関係者の人々の苦心から出来上つた独創的な建築であつた」と好意的な印象を抱いている。

民俗学の柳田國男は、一九一六年に本部を訪れ、建物の印象を記している。「自由に拝殿に登つて見ると、四百畳を敷くと云ふ一室の中央に、幅一間の渡り板が神前まで通つて居る……子供が沢山来て廻廊の上で遊んで居る。子守が別に固まつて喋つて居る。よほど開放的な宗教である」。渡り板は花道だろう。そして彼は「少し仏式を加味したやうな構造である」と指摘し、仏教建築に近いと感じた。彼以外の非信者も、お寺のようだという感想を残している。また、社寺に比べて「非常に明るい感じ」をあたえ、天理教が陽気な宗教だからふさわしいとみなす意見があった。

独特な鬼瓦

国家神道下の宗教建築は政治的な存在だった。こうした状況で天理教の建築は特殊なデザインを生む。千木《ちぎ》と堅魚木《かつおぎ》が一体化した鬼瓦である。この形式は天理教以外では見られない。誰が考案したかは特定できないが、大正普請の神殿と教祖殿で初めて使われたと思われる。天理教の神殿は、神社よりも寺院に近い。そこで神社に由来する千木と堅魚木を採用し、国家神道のイデオロギーを表現する。大正普請は、一九〇八年に独立を果たしてから最初の造営だった。ゆえに、弾圧を避けるために、特殊な鬼瓦を用いて、天理教は国家神道に所属することを建築的に表明したのではないか。

昭和普請の神殿と教祖殿でも、同じ形式の鬼瓦が使われた。神殿の鬼瓦は先端を垂直に切った外削ぎの千木、教祖殿の鬼瓦は水平に切った内削ぎの千木をもつ。伊勢神宮における外宮の外削ぎと内宮の内削ぎという千木の差異の体系を参照したのだろう。鬼瓦は施設の序列を表現した。おやさとやかたの建築や教会本部の一般的な施設では、この鬼瓦を使わない。ただし、地方の教会ではたまに使われる。中紀大教会神殿（一九二四）、撫養大教会神殿（一九二五）、磐城平大教会神殿（一九五二）、大垣大教会（一九六二）、島ヶ原大教会神殿（一九六二）、五條大教会神殿（一九六二）、鐸姫《ぬでひめ》分教会（一九七〇）、東濃大教会神殿（一九七二）、日光大教会、豊岡大教会、海外ではブラジル伝道庁の神殿（一九六二）などである。厳しく禁止したわけでもないようだ。

この鬼瓦は現在も使われている。ただ、宗教が自由になった戦後は、この鬼瓦の必要性がない。実際、営繕部の奥村音造は神道の形式を天理教独自の姿に改めなければならないと考えていた。だが、戦後の工事でも使用された。当時、神道風だから外すべきだという意見もあったが、すでに信者にとって、なじみのあるシンボルとして定着していたために、結局、そのままにしたらしい。皮肉な経緯だが、こうして特殊な鬼瓦は生き残った。

装飾的な要素が少ない天理教の建築にとって鬼瓦はわかりやすいシンボルだった。当初から絵図によく描かれている。『天理教御本部全景圖　大祭の實況』（一九一四）や『参拝祈念おぢば全景』（一九二五）は、鬼瓦がある建物が誇張ぎみに多く登場するが、当時から特徴的なデザインと認識されていたからだろう。埼玉や福島の教務支庁も、一九三三年の教祖殿遷座祭を告知するポスターに大きく使っていた。神道に所属するという屈折した感情はなく、教団のシンボルとして描いている。

千木のついた神殿の鬼瓦

祭りの告知に使われた鬼瓦（『普請のみちすがら』天理教道友社）

確かに巨大化した教団は、信者が認識しやすいシンボルを必要とする。だが、甘露台は神聖なものゆえに妄りには使えない。実際、教団の刊行物に甘露台の写真は掲載されない。とすれば、甘露台以外に記号として通用するデザインは、この鬼瓦になる。他には「丸に梅鉢」の教紋を入れた瓦が挙げられるだろう。

一九二五年に天理教の機関誌は建築特集を組んでいる。だが、この段階では必ずしも神をイメージさせる装置として建築を考えていたわけではない。大人数を収容する施設の確保が優先されたからだろう。実際、特集では甘露台の空間について言及していない。意識的に甘露台を中心とする空間に再編したのは、中山正善の昭和普請だった。

3. 二代真柱・中山正善

教団の近代化

昭和普請を指揮したのは、二代真柱の中山正善である。彼は内田祥三らの助けを借り、教義を解釈しながら空間化した。内田は東京帝国大学建築学科の教授であり、一九三一年以来、昭和普請の設計顧問に参加するなど、天理との縁が深い。彼は近代建築の構造設をしたり、東大安田講堂の設計を指導したことで知られている。内田の作品集の刊行では、中山がプロモーターになった。中山みきと飯降伊蔵が神話的な世界観を示したとすれば、正善はそれを具体的な空間に変え、天理教の建築様式を導いたといえよう。

一九〇五年、中山正善は初代真柱の中山新治郎の長男として生まれた。教祖の曾孫にあたる。一九一四年に父が亡くなると、翌年に一一歳で教主の座を継ぐ。最初、教主は血筋で規定されなかったが、この頃は中山家の世襲制に変わっていた。正善は優秀な成績をおさめ、一九二五年に東大の文学部宗教学科に入学した。そして宗教学の主任教授である姉崎正治に学ぶ。

発足時の天理教は学歴を重視していない。だが、病気直しのみの神秘的な教団では、大きな成長が望めない。中山の東大進学は、教団幹部の変化を如実に示す。大正時代には、有力な信者の子弟が高学歴化し、東大に学び、教団幹部になった。信者が一〇万を越え、巨大な組織になった天理教は、その大きさゆえに官僚的な機構を作らねば、運営が難しくなっていたのではないか。その変容は日本の近代化の縮図のようだ。

中山正善の功績は大きい。自ら教義の研究や編纂を行い、雑誌や書籍による布教を進めた。海外布教にも力を入れ、布教者の養成のために外国語学校を設立する。そして積極的に国内外の教会を巡教した。天理教の史料集成部を作り、優れたコレクションを誇る天理図書館や参考館（博物館）を創設した。彼は熱心な古書収集家としても知られる。昭和普請の際は、建築の記録を細かく作成させている。研究やスポーツにも貢献した。彼は前近代的な性格を残していた天理教の近代化を推進したのである。

大胆なプロジェクト

建築・都市の造営にも、中山は大きな足跡を残した。特に昭和普請とおやさとやかた計画のプロジェクトは重要である。当初は建築の知識がまったくなかったが、やがて建築に関心をもち、自分の意見を出すようになる。後に周辺の人物は、中山は耳学問がうまかったと回想している。とはいえ、彼自身が構築的な発想をもっていた。そうでなければ、昭和普請のような空間は生まれない。彼は構想の明快さが特徴である。例えば、おやさとやかたの出発点となった別席場の計画は一万人収容だった。憩いの家は一〇〇〇ベッドの病院をめざした。教祖が残した言葉からおおざっぱなイメージは抽出できるが、それだけでは空間をすべて決定できない。現実の空間をつくるには大胆な解釈が必要である。彼はそれを推し進めた。もっとも、神殿はある程度、教義から空間の形式を導けるだろう。だが、宗教施設でないおやさとやかた計画は、教祖が想像しなかったものである。そうした施設にも、建物と教義のあいだに整合性を意図的につけようと考えていた。

中山は長持ちする建築が望ましいという。そこで思い切って鉄筋コンクリート造でおやさとやかたの建築を建てることを強く主張した。信者が共有するものだから、不燃であるべきだと考えた。むろん、内田の助言もあった。また装飾を強く否定した。例えば、詰所は個人の数寄屋ではないから、共同生活の経済性を重視し、飾りを競うべきではないという。教祖の伝記をもとにした壁画が欲しいという意見に対しても、簡素に仕上げるべきだと反論している。つまり、具象的な装飾による教義伝達の効果や行為を認めない。

中山は一般教会の造営にも、細かい指示を行う。彼が防火にうるさかったことは複数の人物が証言している。これも耐火構造を推進する内田の影響だろう。真柱の言葉は、神の啓示とされていないが、おさしづと同じような役割を果たしたと思われる。中山は多くの建築のアイデアを出した。ゆえに、まるで中山が全部を考案したかのような神話も伝わる。だが、本人の文章を読むと、実際は顧問だった関野貞や技師が提案したことを採用しており、彼一人の功績ではない。むろん、中山は重要な意見を見分ける能力をもっていたのだろう。中山は五〇年近くの間、真柱をつとめ、一九六七年に亡くなった。

4. 昭和普請

昭和普請の設計

天理教では、中山正善の命名により、昭和一〇年代の神殿と教祖殿の増改築を昭和普請と呼ぶ。このとき神殿は社をとりはらい、南側に北面する礼拝場を増築し、北の旧礼拝場とともに甘露台を両側から挟む。屋根は入母屋が交差し、千鳥破風がつき、にぎやかな様相となる。教祖殿は神殿の北側に南向きの御用の間を新築し、入母屋の屋根とする。そして回廊で全体をつなぐ。礼拝場が甘露台を挟む空間の形式が初めて打ち出された。当時の機関誌は、教祖の予言に近づいたと位置づけている。

かくして南礼拝場四一四坪、神殿一七三坪、北礼拝場二四〇坪と教祖殿二八六坪の空間が揃う。

大正普請後の本部　左が南（『天理教本部全景図』1924年）

昭和普請後の本部　右下が南（『天理教祖五十年祭の盛況』1936年）

設計の経緯を見よう。一九三一年一月一〇日、第一回建築委員会を開き、議論が始まった。以後、おおむね毎週月曜日に開き、二〇〇回近い会議が行われる。委員会のメンバーは、松村吉太郎、飯降政甚を含む一四名である。飯降政甚は飯降伊蔵の息子である。最初に設計者が選定され、奈良県技師の岸熊吉と稲森賢次の監督の下に高田清一郎が現場の専任技師として赴任し、図面を描く。後に技術部の人員は増え、一九三四年の解散時には一〇名ほどいた。設計顧問には、まず関野貞がなり、彼の紹介から内田祥三も引き受けた。

中山は、信者にとって教祖殿は「懐かしい感じの抱ける様な建方」がいいと、高田技師に伝えている。また教祖殿の屋根は神殿より高くならないように注文された。高田は、単層の神殿を重層の教祖殿の屋根より高くするための調整に苦労する。棟高は神殿七六尺、礼拝殿七九尺であるのに対し、教祖殿七二尺五寸、御用場七五尺でぎりぎりに抑えた。教祖殿を教祖殿と御用場に分けたのも、ヴォリュームを小さくするためである。御用場は神殿より低くするために基壇をなくした。他にも設計変更が行われた。御用場の向拝は唐破風《からはふ》にする予定だったが、千鳥破風に変更している。中山は上京し、関野、内田、姉崎に意見を聞いた。結果的に、唐破風の向拝を多用する金光教との差がはっきりするが、すでに様式の固まっていた金光教のデザインを知って、研究熱心な中山が変えた可能性はある。他に拡声器を隠すなど、細かいデザインにまで、中山の意向が反映された。

昭和普請の評価

昭和普請における最大の変化は、甘露台を囲む形式が実現したことである。外観では、南礼拝場

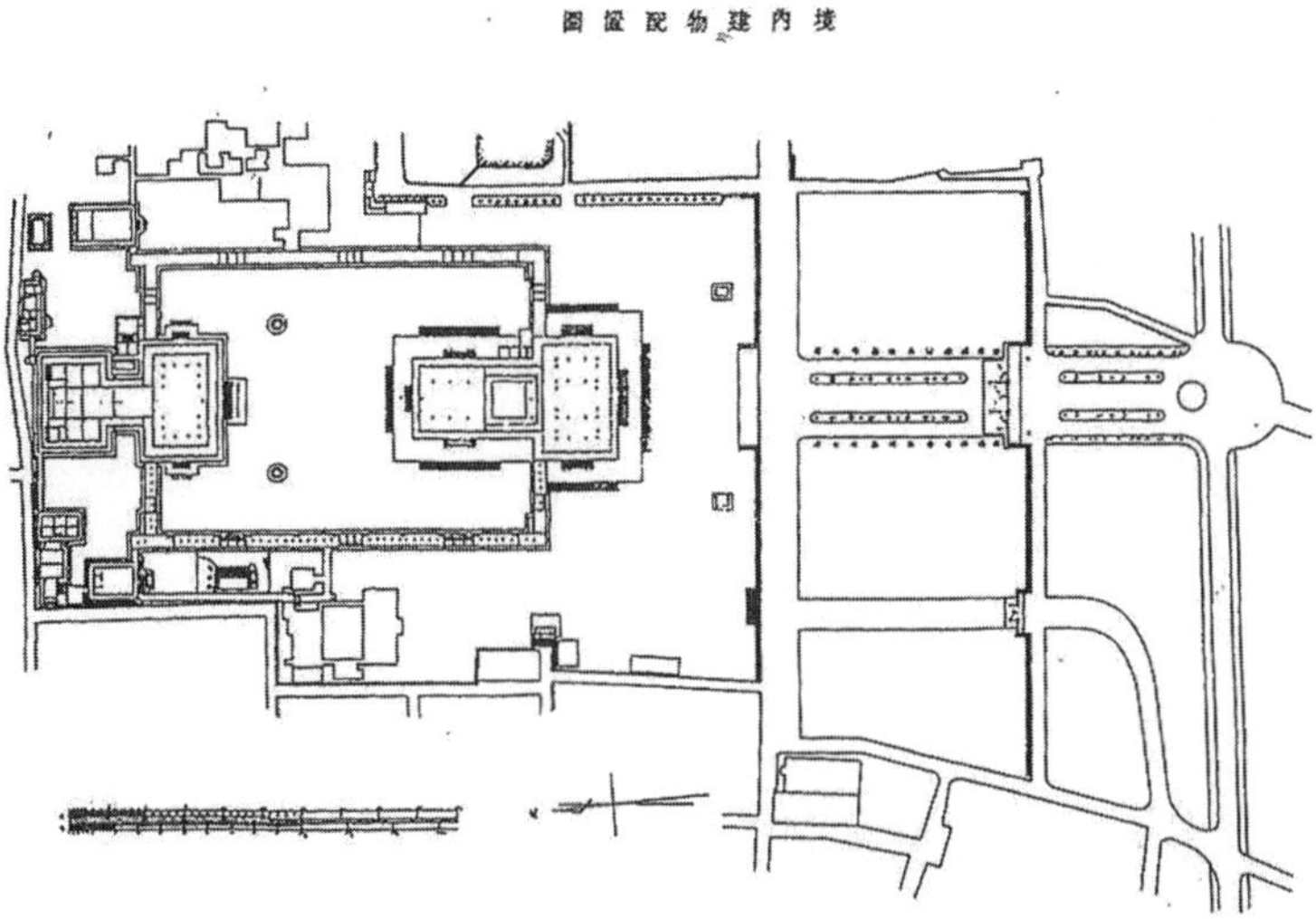

左端の教祖殿と神殿を回廊でつなぐ（『昭和普請』天理教道友社）

ができ、南側に強い正面性が発生した。同時に教祖殿も手前に御用場を増築し、東向きを南向きに変えている。また東西に増設した二階建ての回廊により、教祖殿と神殿を南北につなぎ、全体として強い南北の軸性が強調された。それまでの本部は、教祖殿や祖霊殿が東を向き、東西軸のほうが強かった。『天理教祖五十年祭の盛況』（一九三六）の絵図も、礼拝殿、甘露台、御用場、教祖殿と続く、南北軸を意識した構図で描かれている。

　専門家の評価も大正普請に比べて良くなる。一九三一年八月、関野貞が本部を訪れ、中山は建築計画の議論を続けた。関野は昭和の造営の感想をこう記している。「非常によく出来ていると私は思ふ……大体天理教の神殿は単なる神社建築ではない、寧ろ神社建築の分子は少なく寺院建築と昔の宮殿建築の様式が融合したものだらう……神殿の甘露台を中心として建てるのも他に例を見ないもので五十年祭頃には『天理教々理から生れ出た天理教独特の建築物が』立派に出来上ることだらうと私は期待してゐる」。

的確な指摘である。教義と空間の結びつきを把握し、建築の独自性を見抜いていた。昭和普請の狙いもはっきりしていた。関野の訪問後、設計を一部変更し、柱を増やして構造を強化している。柱を抜いて部屋を広くする意見もあったが、堅牢さが優先された。関野が構造に詳しい内田祥三に尋ね、中山に助言をあたえたことがきっかけである。内田は冒険するよりも、古建築を真似たほうが確実に長持ちすると述べたらしい。当初、教祖殿は銅葺の予定だったが、構造の変更に伴い、丈夫な小屋組の屋根になり、瓦をのせた。

ひのきしん

一九三一年六月一七日、中山正善は各工事の棟梁を任命する。信者による労働奉仕も勢いを増す。例えば、二〇日午前四時に笠岡分教会の団体が五〇〇名の特別列車で到着、続いて二一日に東京布教所から五〇〇名、二二日に東京教務支庁から六五〇名、東大教会と深川分教会から八〇〇名が訪れ、土持ちひのきしんを実行した。これは土を運ぶ信者の奉仕活動である。ひのきしんにはさまざまな形態があった。例えば、一九三二年二月には愛知、岐阜、静岡、山梨教務支庁から一万二〇〇〇名が献米ひのきしんを実施し、神殿に五〇〇俵の米を積む。日本全国から来る信者のために、ひのきしんを記念したおみやげとして、図面を入れた『天理教御本部ひのきしんの實況』(一九三一)という絵図も発行された。

森林資源の豊富な地方教会は献木を行う。当初、化粧材は台湾とアメリカの檜を使う予定だった。しかし、工事の木材係を務めた甲賀大教会は「日本檜の最上の美材を以つて御建築願ふ事に全霊をこめて御願し」、その実現に奔走する。他にも高安大教会や名京大教会などが献木し、すべての柱が揃う。おかげで材料の確保に苦心しなかったようだ。造営は地方の熱狂的なひのきしんに支えられ、それが共同体の意識を結束させた。

一九三一年六月二六日に起工式が実施された。以後、工事の節目となる日取りは、月次祭が行われる二六日を選ぶ。『建築諸規程』（一九三一）には、技術員は信者でなくともその理解者であること、工務員は「敬虔ノ態度ヲ持シ言語動作ヲ慎ミ特ニ建造物ノ性質上其神聖ヲ汚スカ如キ行為アルヘカラス」、始業前に所定の浴場に入ることが記されていた。ただの建設工事ではない。後に職人の作業服も、「白衣白袴」と定められた。

東西礼拝場と四方正面

戦後、信者があふれ、さらなる神殿の拡張が要請された。三代真柱の中山善衛《ぜんえ》（一九三二〜二〇一四）は、一九八六年の教祖百年祭に向けた増改築を発表する。彼は神の言葉「四方正面鏡やしき」を「形のふしん」と「心のふしん」によって実現するとし、前者を建設工事とみなした。四方正面は東西南北の四方向の礼拝場が揃うことと解釈される。昭和普請以来、五〇年ぶりの大改築だった。ひのきしんは盛んに行われたが、設計・施工は竹中工務店が担当し、自力によるものではない。消防法規上、木造は許可されず、鉄骨鉄筋コンクリート造の耐火構造とし、柱梁は鉄骨材に耐火材をまいて仕上げ材を貼る。内部は防災消防設備をそなえ、総檜造の仕上げである。東西礼拝場とも一一七〇畳であり、収容能力は一気に三倍以上になった。立教してから約一五〇年後の一九八四年に東西礼拝場が完成し、中山善衛は形のふしんは終わったが、「心のふしんは終わったのではありません」と総括する。

「四方正面」は古い言葉である。おさしづは「このやしき、四方正面、鏡やしきである」（一八八七年四月二三日）と語っていた。「鏡やしき」とは、神の空間は汚れがなく清浄であり、世界を映すことを意味する。教義は、ほこりを心のほこりと考え、心を清浄にすることを掃除と説明していたが、これは現実の空間でも重視された。天理教は修行者に掃除を奨励し、神殿と教祖殿をつなぐ回廊では木の床をから拭きする信者が絶えない。「四方正面」とは、神は表裏なく世界のすべてを見通すという意味をもつ。この理念は東西南北の礼拝場に囲まれた神殿が完成し、文字通りに形象化された。大正普請のときにも「四方正面鏡屋敷」の言葉は使われたが、昭和普請で南北から囲み、初めて可能性が開けた。現在の神殿では、四方向の信者が礼拝場の床より少し突き出した甘露台越しに視線を交わしあう。甘露台という絶対的な中心の前に、四つの礼拝場が平等な場を用意する。

中心の甘露台は四方正面の性格を増幅する。いや、甘露台が四方正面を要請したというべきか。四つの礼拝場の形態は同一ではないが、空間は一貫性をもつ。神社建築と比較しよう。三輪山を御神体として本殿を持たない大神《おおみわ》神社など、拝殿のみの神社になぞらえると、甘露台が御神体にあたり、礼拝場がそれをとり囲む形式の拝殿だと解釈できる。また伊勢神宮の正殿中央の下には、神の憑りつく心御柱《しんのみはしら》を埋めているが、甘露台はそれを復古的に強調した形態にも見える。ともあれ、甘

神殿の西礼拝場

四方から甘露台を囲む神殿　右は南札拝場

露台の上部には、一間四方の天窓が開く。ここに最初のつとめ場所が一間四方だったという記憶が残されている。一八六五年のつとめ場所に始まり、一九八四年の東西礼拝場竣工で終わり、神殿は完成形に到達した。

5. 祭典と都市

予言と計画

天理教は小さな農村に誕生した。しかし、一八八七年に教祖が亡くなった後、一〇年ごとの節目に行う教祖年祭をばねにして断続的に膨張する。教団が拡張すると祭典に訪れる信者が増えるため、その直前に周囲の家屋を移転し、施設の増改築を集中して進める。これを繰り返してきた。大聖堂を中心に発展したヨーロッパの中世都市の発展も同じである。ただし、天理教では、ぢばが固定されており、新しい神殿を新しい敷地に建設できない。

天理教には「切り無し普請」という概念がある。これは途切れない建設のことだ。絶え間ない教団の拡大も意味する。常に仮普請だから、すぐに更新する。その結果、ぢばという中心から周囲に膨張していく。破壊と創造の循環が都市を発展させる。一八八一年頃、みきは「今に、ここら辺り一面に、家が建て詰むのやで。奈良、初瀬七里の間は家が建て続き、一里四方は宿屋で詰まる程に。屋敷の中は、八町四方と成るのやで」と語っている。この予言を成就させるために、まさに天理教は普請を続けたのではないか。

庄屋敷村は、市場や宿場町として栄えた丹波市の三島地区に属していた。一八七九年頃に教祖の長男秀司は許可を得て、むし風呂業と宿屋の運営を始める。当時は警察の干渉が厳しく、宗教施設を確保する目的だった。だが、一八八二年、教祖の拘留を契機に営業を禁止され、近くの豆腐屋が旅館を開業した。また教祖の家の前には分家による中山旅館もできる。街道沿いにも、遠方からの信者のための施設が生まれた。一八八二年頃、天理教講社宿という提灯を下げる街道の宿屋が発生する。これが由来になって、後の天理の祭りで提灯が使われる。だが、一八九〇年に関西線が開通すると、途中の宿屋は寂れた。

初期の祭典の様子を見よう。一八九六年、教祖十年祭は帰参者が一〇万を越え、一帯の民家や旅宿に泊まる。間口一〇間に奥行き二〇間の仮祭場がつくられ、南北に青松蒼杉の大緑門を置き、五穀野菜類で飾った。周囲には各教会名の徽章がある提灯の列と紫地に各教会名を染めた数千本の旗が続く。交通規制も敷かれ、一部は車が通行禁止になった。また大阪鉄道会社は信者向けに往復割引切符を発売した。祭典と交通の問題が連動する。

詰所の誕生

信者が増えると、既存の宿屋では間に合わず、民家を借りるようになる。そこで、ぢばの周辺に詰所と呼ばれる地方の信者専用の宿泊所が建設された。詰所の誕生は天理教の門前町に独特の景観を生む。本部が拡張すると、近くの詰所は外へ移転した。これは天理の都市形成における基本的なパターンである。詰所の機能をもつ施設は、明治二〇年代に登場した。当時、信者が教祖殿の建て替えを打診すると、おさしづは「親の心は仮屋々々、帰った子供に満足を与へよ」（一八九五年三月一〇日）という。つまり、親の教祖殿よりも子の滞在する場所を先に整備する方針が示された。そして一八九五年に郡山と山名、一八九六年に兵神の詰所が完成する。十年祭の前には、八つの教会の詰所ができた。

教団は屋敷周辺の土地を買収した。裕福な信者も土地を買って献納する。だが、十年祭の直前、続けて土地を買い、詰所を次々に建設したために、地価が高騰し、金儲けをたくらむ地主や業者があらわれた。そこで教団は、土地の買収を無理をせずに進めるという方針に変わる。成長期は信者の数が安定しない。当初の詰所は、立派な建物をつくるよりも、短期間に大人数を処理することが切実な問題であり、バラックが精一杯だった。

おさしづは詰所を固定せず、どんどん建てることを推奨した。二十年祭の前には、本部の南側と布留川のあいだに詰所が増える。『大和本部土産』（一九〇八）の絵図では、二三の詰所が確認されるが、いずれも本部の正門と同様、冠木門を構える。類型的な表現を見ると、冠木門が詰所を示す記号になっていたようだ。教祖四十年祭では、詰所が次々に移動した。一九二〇年代は、詰所が西へ延び、天理駅の西側周辺にも林立する。土地を購入しやすかったのと、さらなる本部の拡張を見越した結果だろう。

和辻哲郎と柳田國男の観察

一九〇六年の教祖二十年祭では、神殿が小さ過ぎるために、バラックでいいとして、広い礼拝場の建設が計画される。高さ七二尺の檜皮葺の仮祭場は、正面に祭壇、左右に大榊を配し、手前には竹の骨組みに杉の葉でつくった鳥居型の大緑門を設置した。一九〇六年二月一八日、式の当日、仮祭場は四〇〇〇名の教師と千余名の信者が昇殿する。台湾や朝鮮からも参集し、信者は十数万に及ぶ。沿道の両側には、活動写真、サーカス小屋、大蛇や猛獣、地獄極楽、幽霊や化け物、紙芝居など、各種の見世物小屋や露店が連なった。一九一六年の教祖三十年祭では、一五万人余が帰参し、一五〇〇坪前後のバラック式の建物をつくる。教団は汽車や汽船の割引を実現し、一五本の団体列車を使う。

教団の発展とともに人口が急増した。三島地区は一八七六年の六七戸三五八人から、一九一三年の二九二戸一二一四人になる。一方、周辺の農村はほとんど変化しなかったが、大正以降は詰所の拡散により人が増えた。特に川原城は急激な成長を示す。三島地区が飽和し、駅に近い西の川原城のほうで開発が進行したこと、三島では神殿と教祖殿が拡大し、人家が立ち退いたことが原因だろう。逆にもとの中心街である丹波市は伸び悩む。

一九一八年、和辻哲郎は汽車で奈良へ向かう途中に丹波市を通過し、『古寺巡礼』(一九一九)でこう書いている。「天理教の本場で、大きい会堂らしい建物が、変に陰鬱な感じを与えるほど、立ちならんでいる。……汽車で駆け通ってさえ濃い天理教の雰囲気が感ぜられる、あの町のなかへ入り込んだらどんなだろう、と思わずにはいられなかった」。当時、すでに汽車の窓から見ただけで、宗教都市の雰囲気が伝わっていたのである。

柳田國男は何度かぢばに立ち寄った。一九一六年四月に訪れたときは、『丹波市記』（一九一六）に「初期の天理教徒は、其永年の忍耐力を積上げて、たう〲丹波市を小エルサレムにして了つた」と記している。一九五一年の訪問時は、「詰所も少なくて小さかつた。ところが二度目、三度目と来る度にだん〲と大きく発展してゐる。この力は何処にあるのか判らない」という。まさに天理教の街は、宗教都市として発展を続けてきた。

教祖四十年祭は六五万人、教祖五十年祭は一〇〇万以上の信者を集める。一九三五年に本部前の大正門の工事が行われ、神殿に至る幅二〇間の参拝道が整備された。五十年祭に合わせた都市計画の一環として、東西に走る並木のおやさと大路も完成する。しかし、立教百年祭（一九三七）の後、戦時下では余裕がなくなり、ぢばも地方教会も造営が止まる。

戦後は一九四六年に教祖六十年祭を行う。このとき、二代真柱の指示により、提灯を現在のような建物の軒下につるす形式に変える。そして真柱は「復元」を提唱し、戦前に抑圧された天理教を本来の姿にとり戻そうと呼びかける。これは物理的な建設ではないが、精神的な再建と位置づけられる。祭典後、再び天理教は周辺の敷地の購入をはじめた。

天理図書館

天理の街は、明治の終わりから教育施設が増えて、南東に膨張する。神殿の南が文教地区になっていた。教団は独立運動に伴い、教義の整備と布教の推進のために、天理教校（一九〇〇）、天理中

天理図書館

学校（一九〇〇）、天理高等女学校（一九二〇）、天理幼稚園（一九二五）など、独自の教育機関を設立した。ほとんどの天理教の建築は和風だが、教育施設は教団の近代化を象徴するように、西洋的な建物がつくられる。例えば、洋風の天理教教庁印刷所（一九二五）や、天理大学の前身である近代建築風の天理外国語学校（一九二六）などだ。中山正善は天理図書館に力を入れた。彼は姉崎正治からもらったミネソタ大学図書館の平面図を参考にして、設計図を作らせる。これを内田祥三に見せて、助言をもとに計画を練り直す。当時、東大図書館長を兼ねる姉崎と内田は、関東大震災で焼失した東京帝大図書館の再建を指揮していた。内田は、京都帝大工学部助教授の坂静雄に天理図書館の設計を依頼し、一九三〇年に竣工する。天理教には珍しい西洋風のデザインだった。当時の「天理時報」で「端麗な近世式容姿」と紹介されている。図書館は中山正善が主導する天理教の新しい時代を象徴した。正面の階段はちょっとライト風である。その後、昭和普請に続く大きなプロジェクトとして、中山は天理教の総合学校計画を構想する。この計画を担当したのが、内田祥三だった。

内田祥三と天理教の建築様式

内田祥三は、中山正善より二〇歳以上年上だったが、二人は互いに信頼しあう仲だったと伝えられる。建築史の関野貞と宗教学の姉崎正治が両者を引き合わせ、昭和普請の進行中に初めて出会う。姉崎は中山の師であり、関野は内田の師にあたる。当時、東京帝大図書館の仕事で姉崎は内田と関わっていた。一九三〇年代の初め、中山は関野と姉崎の両教授に建築の相談を行う。こうした縁で、内田は昭和普請の顧問をつとめる。当時、内田の肝いりで、東大の学生にコンペ形式で境内の灯籠をデザインさせたらしい。

本格的な関係は、一九三四年一月に発表した総合学校計画に始まる。中山は、それまで必要に迫られてあちこちに建てた学校とその付属施設を一カ所に集める計画を考えていた。そこで内田に案の作成を依頼した。内田は次の方針を提案する。建築群は個別に設計せず、大きさや性格を考慮しながら、それぞれの規模と配置を定めること。構造は不燃構造にすること。外観は周囲の環境と従来の天理教建築の形態を尊重し、屋根は瓦葺で相当の反りをもつこと。計画は、中央に南北を貫く軸線をもち、その両側に中庭をもつ各校舎を左右対称に系統だてて配置した。これは内田による東大の本郷キャンパスの全体計画と似ている。

天理中学校

駅前の電話ボックス
おやさとやかた型の屋根をもつ
（現存せず）

東方文化学院東京研究所

一九三五年に総合学校計画の第一期工事を開始し、最初に天理中学校（後の天理高校）が建設された。設計は内田に依頼され、天理教本部の施工により、一九三七年に完成した。外観は入母屋屋根の平側に三つの千鳥破風が並ぶ。現在の天理市の景観を特徴づける、いわゆる天理風の屋根をもつ最古の作品である。戦後、この形態がおやさとやかた計画のモデルに採用され、天理教の建築様式の屋根の起源になった。

この屋根はどのように生まれたのか。内田が和風の屋根を手がけたのは、これが最初ではない。彼は東方文化学院東京研究所（一九三三）も、大小の寄棟屋根を組み合わせていた。これは発注者側の美術史家が失敗してもよいから屋根が欲しいと要望し、鉄筋コンクリート造ながら和風屋根をもつに至ったものである。中山も中学校に和風の屋根を望み、自ら各地の建物を視察し、東方文化学院東京研究所を見学して「ああいう気持ちのもの」と内田に伝えた。内田はもともと奇抜な宗教建築を嫌っていたが、この意見が天理中学校に反映された。後に内田は天理中学校が「真柱と私の合作みたいなものです」と話している。内田の設計とはいえ、中山が方針を決定したからだろう。ただし、同じ和風屋根であっても、東方文化研究所は入母屋ではなく、千鳥破風も持たない。厳密に言えば、リズミカルな大小の屋根の構成が中学校に踏襲されたというべきである。入母屋と千鳥破風の組み合わせは、天理中学校で初めて登場した。そうした意味において内田は天理教の建築様式の創始者である。

内田は、建築群の調和に興味を抱き、全体を統合する都市的な計画を考えていた。学校計画は戦争により中止し、工事は一期のみで終わる。だが、戦後のおやさとやかた計画は、戦前の天理学園計画の発展的解消とみなせるだろう。ここに内田好みの造形を認めることは難しくない。例えば、東大キャンパス計画案に見られる、内側に突起物をもつロの字型平面という形態の感覚は、スケールこそ違うが類似している。

6. おやさとやかた計画

天理市の誕生

一九五三年、中山正善は七十年祭に向けて、おやさとやかた構想を発表した。「かんろだいのぢばを囲んだ八丁周囲に、大体、今の私の考えでは、三階ないしそれ位のものの建物をずっと回しまして、そして平時まず別席場として、一万人位の別席人を一応かどめに考えて見たい」。壮大な計画が天理教の街を祝福する。

一九五四年四月一日、六つの町村が合併し、天理市が誕生した。「理想的宗教都市の実現」を掲げたように、宗教団体の名称をもつ日本初の都市である。当時、中山正善は、いつか天理という言葉の由来がわからなくなり、天理市で発生したから天理教になったと思われる時代が来るだろうと語った。実際に、すでにそうなっている。一九五三年の町村合併促進法は、全国の市を倍増させたが、天理教は資金面からも市制施行を支えた。例えば、旧町村の赤字財政の補塡や建設事業を助成し、合併の時期を早めている。天理教にとって戦後最大のトピックは、天理市の誕生とおやさとやかた計画の始動だろう。それは戦争で中断された切り無し普請を再開するという意味でも、教団の戦後を象徴する。

天理教の建築家＝奥村音造

おやさとやかたの都市計画を実質的に担当したのは、信者の奥村音造（一九一一～二〇〇五）である。彼は飯降伊蔵と仕事をした弟子の一人、奥村忠七（一八五六～一九〇七）の孫だった。奥村家は建築一族である。忠七の息子・音吉（一八八四～一九二七）は大正普請で北礼拝場の棟梁をつとめた。音吉の長男が音造であり、他の兄弟も建築関係に進む。奥村家の養子になった三一も、昭和普請で教祖殿の棟梁を担当した。彼の長男も東西礼拝場の棟梁をつとめる。音造の長男・好雄（一九四八～）は、ハーバード大学で建築を学び、東西礼拝場の仕事に関わった。

奥村音造は一九一一年に生まれ、東京帝大工学部の建築学科に進学する。卒業論文は「床・棚・書院について」（一九三三）を書き、伝統的な建築を調査したが、卒業設計はきわめて近代的なデザインだった。四角い窓が並び、傾斜のない陸屋根とピロティを持ち、バウハウスの校舎風の「共同宿泊所」を設計している。はっきりとした説明はないが、おそらく詰所を念頭においている。一九三四年、彼は東京帝大を卒業したが、都市計画の大家・高山英華と同窓だった。高山は後に天理駅前の計画を担当している。

奥村は、社会勉強を兼ねて、一度は外で働きたいと考えていたが、主任教授の内田に卒業したらすぐに教会本部へ帰るよう伝えられ、これに従う。一九三四年四月から彼は昭和普請に関わり、以来、ずっと天理教の営繕関係の部署に所属する。設計は終了していた頃なので、彼は昭和普請のデザインにはほとんど関わっていない。次の総合学校計画では、内田の下で働き、天理中学校を担当した。大学を出て間もない奥村には、印象深い作品だったと思われる。後に彼はこれを参考にして、おやさとやかたの外観を設計した。

戦後、奥村は鉄筋コンクリート造の伊野大教会（一九五二）や東愛大教会（一九五二）の神殿設計を手伝う。彼はすぐに天理教の神殿とわかるシンボル的なデザインが欲しいと考え、中山の意見を

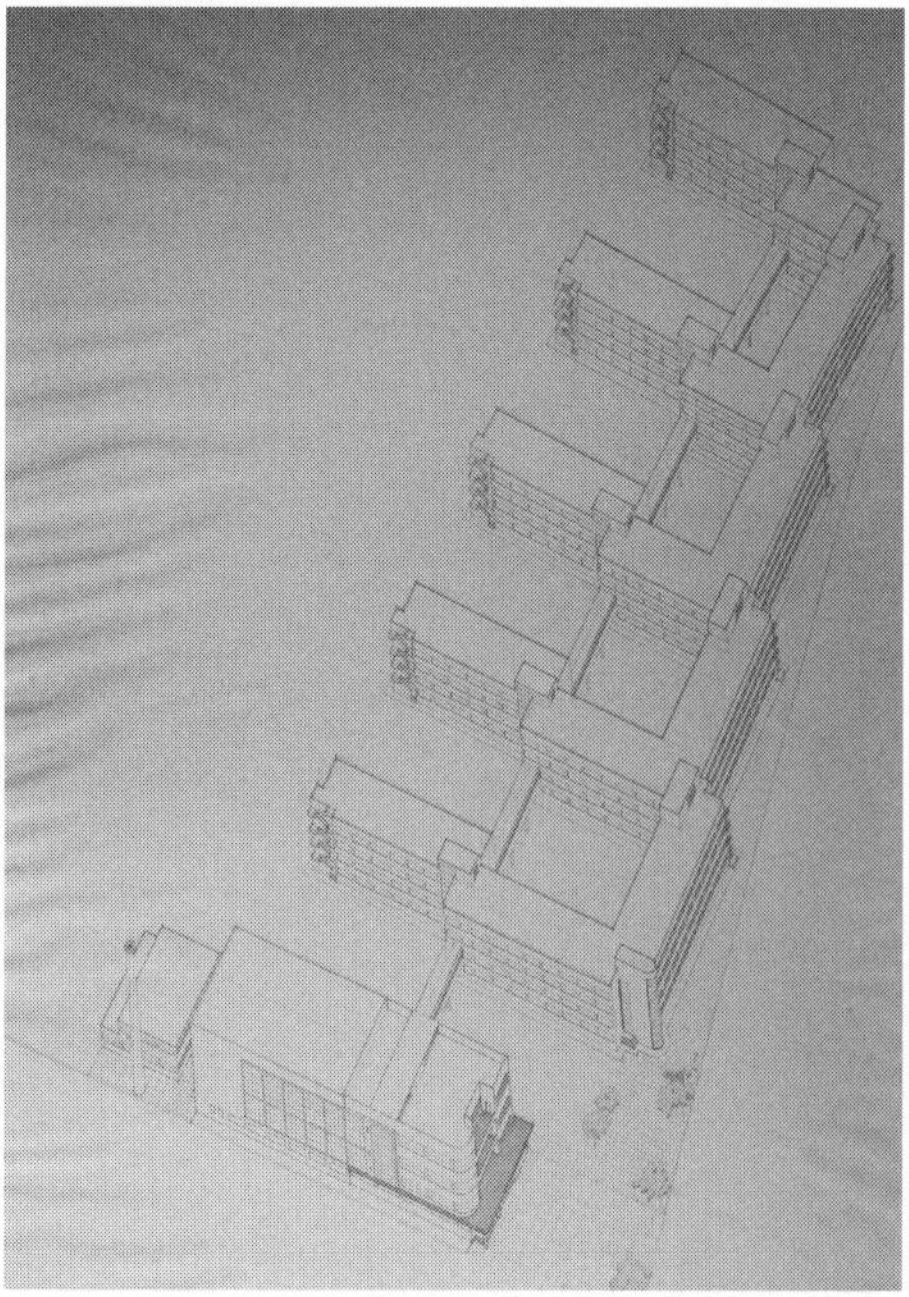

奥村音造の卒業設計「共同宿泊所」

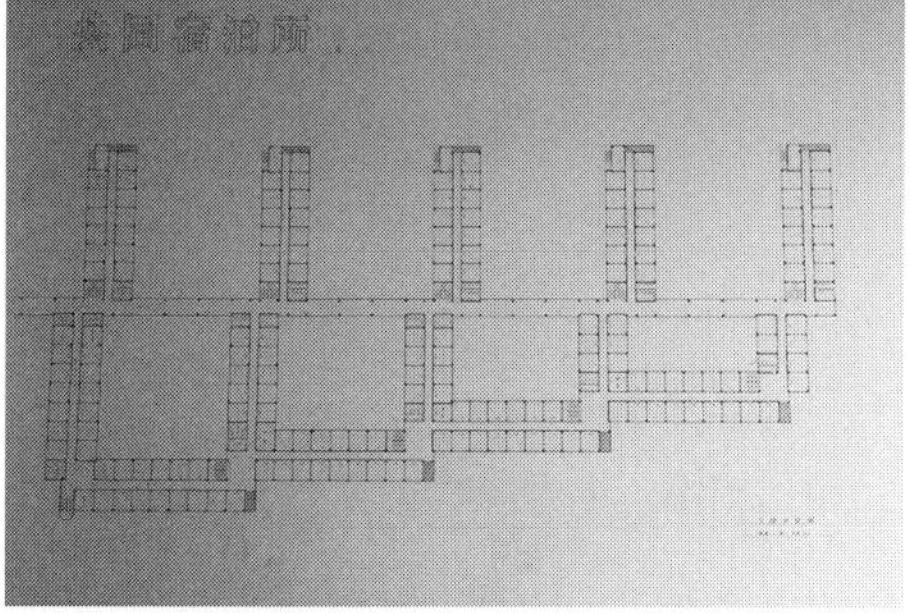

「共同宿泊所」の二階平面図

求めた。しかし、中山は急がなくとも、だんだんにできてくるものだと答えている。奥村の主な仕事を挙げよう。本部施設では、天理プールスタンド新築（一九五四）、おやさとやかた第一期工事（一九五五）、東左第五棟（一九六二）、西右第二棟（一九六四）、西右第三棟（一九六五）、東西礼拝場（一九八五）、乾隅棟（一九九三）などがある。多くの地方教会の神殿の普請にも関わった。彼は都市の教会を不燃構造にすることを主張していたが、内田の影響だろう。

おやさとやかた計画の創案

一九五二年、奥村は中山から「自分は画が下手だからお前代って描け」と言われ、顧問の内田の指導を仰ぎながら、新しい別席場の設計をはじめた。別席場とは教義を学び、修行する施設である。一万人収容の建物を要求されたが、一〇〇人収容の一〇〇部屋としても敷地の制限から多層に重ねるしかない。途中、ドーナツ型の建物も検討されたが、最終的に三階建ての矩形の建物を導く。窓の外側には非常用通路としてバルコニーを全館に通し、耐火構造を選ぶ。屋根は雨仕舞や耐久性、周囲の環境を考慮し、瓦葺の勾配屋根になった。当時は全体的なデザイン戦略がなく、奥村が設計の方針を決めている。その際、内田の天理中学校をモデルにした。奥村は「幸い、天理高校という立派な見本があって、考えやすかった」と証言する。千鳥破風が並ぶ外観は、おやさとやかたに継承された。

奥村は教祖の予言した「屋敷の中は八町四方と成るのやで」を思い出し、「八町四方」の東の線が敷地を通ることに気づく。ちばから四町の距離に別席場の敷地があった。そこで八七二メートル四方の建物でぢばを囲む、壮大な計画を考え、別席場をその東棟の一部とみなす最終案に変更した。言葉の実体化である。奥村は、ぢばを囲むおやさとは「塀であり、塀長屋」だという。建物を神殿をとり巻く塀に見立てた。つまり、おやさとやかた計画は奥村が発案し、中山や内田と相談しながら決定したものである。内田は奥村案が想像以上に大きく驚いたらしい。その後、神殿や教祖殿に対して、全体の圧迫感を減らすために、屋根の傾斜を緩くしたり、一階を吹き放ちにしている。また内田は、周囲と調和させるために鉄筋コンクリート造であっても、瓦葺の屋根にすべきだと主張した。

奥村は、神殿と教祖殿をつなぐ回廊を拡大したものが、おやさとやかた計画になるとみなした。つまり、内側の回廊と外側のおやさとやかたは入れ子の関係になる。持ち上げられた回廊を歩くと、おやさとやかたの各棟の屋根と提灯がきれいに連なって見える。北側の丘にある奥津城からは、あたかも教祖の視線を意識したかのように、「ここら辺り一面に、家が建て詰むのやで」という言葉どおりに街が一望できる。一時、奥村は壮大な構想を抱いていた。おやさとやかた全体を野球のスタジアムのような参拝席と想定し、一〇〇万人が入るというものだ。間違いなく、空前の規模の宗教施設である。

中山は、おやさとやかたの正面をきかれ、すべてを神殿から見るのが表であると答えている。確かに、おやさとやかたの各棟の左右と数字は、甘露台を基準にして命名された。すなわち、神殿からの方角と、真中から見て左右の何番目かが名称になる。例えば、真東棟（教義及史料編成部他）に向かって、左が東左一棟となる。

おやさとやかた計画の始動

一九五五年一〇月二六日、第一期工事として五つの東棟が竣工する。設計管理はおやさとふしん方技術部が担当し、工事はひのきしんで行われた。

おやさとやかた計画は明快な都市像をもつ。連続した建造物により正方形の線上をつなぎ、対角線の交差する中心点に甘露台が位置する。基準寸法はぢばから真東に四町(≒約四三六メートル)に銘石を置いて決めた。これほど、大胆に世界観の形象化を試みた新宗教の建築は他にない。一棟ごとに内側に一棟分を突出させ、神殿のまわりに建つ、城壁都市。一周が約三・五キロメートルに及ぶ、メガストラクチャーの現実的なプロジェクトは世界的にも珍しい。建築と都市の二項対立を越えた、巨大な構築物である。建築史家の藤島亥治郎は、この計画を「素晴らしいもんだ、全くそれが出来たら世界一だろう」と語ったという。

独特の屋根が続くさまは天理市の景観を決定づけた。入母屋の屋根に千鳥破風が連続したり、千鳥破風と孫千鳥破風が交互に並ぶ。天理駅のホームからも、はっきりと認識できる。千鳥破風は屋根裏の採光や排煙に使う。ところで、天理の線状都市には塔が欠如し、水平的な要素ばかりが強調されている。だが、垂直線がないわけではない。中心の甘露台は実際の高さに関係なく、天と地を接続する仮想の垂直線と考えられるからだ。

おやさとやかた計画は地形を無視して全体の規模が決定された。ゆえに、東右第四棟(一九七九)は布留川を跨ぎ、真南棟(一九九二)は真南通の道路を横断する。敷地が傾いているため、おおむね西棟は八層、東棟は五層、南北は七層にして全体の高さが揃えられた。ただし、四隅と真東・真

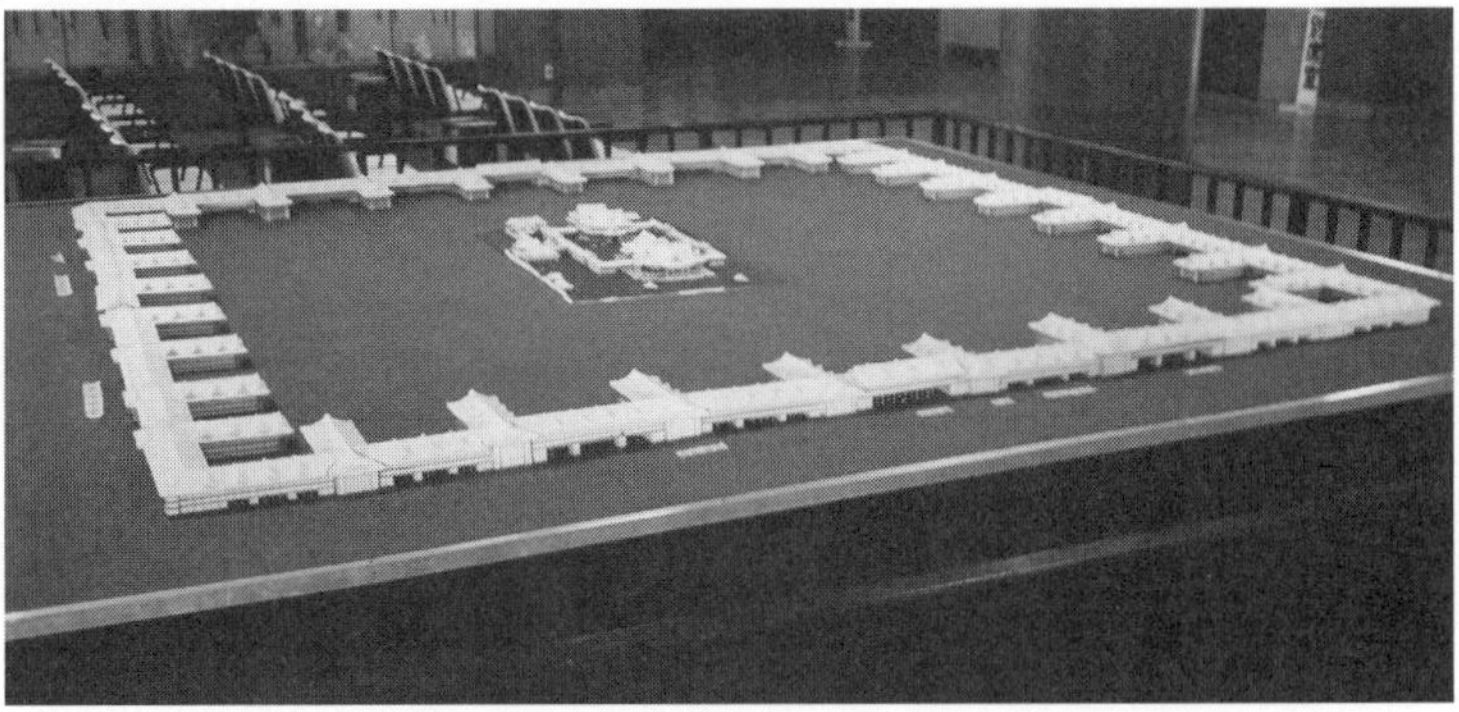

おやさとやかた計画の模型　中央の神殿と教祖殿を囲む

川を跨ぐ東右第4棟　1979年

南などの四棟は一段切り上げ、高さを調整する役目を果たす。中山は、将来的に八町四方の内部は地面の高低差をなくし、平坦にすることを望んだらしい。現実の社会問題からではなく、数字、言葉、形式を優先しながら、都市計画が動きだす。

交通と詰所

一九五六年の教祖七十年祭では、一三〇万人が参集した。交通計画の視点から見ると、本部の大通りが一通り完成し、大きな循環道路が形成される。そしてバスによる帰参者のために駐車場を増設した。戦後、団体バス客の比重が増え、教団は一九九七年までに一五の駐車場を建設している。祭典時は、ぢばに向かう貸し切りの専用列車が増発されたり、団体で新幹線にのっていくなど、時代を反映しつつ、さまざまな交通手段が使われた。一九六五年には、国鉄と近鉄の駅を整理した総合駅が完成するが、その実現のために教団は寄付している。信者の交通の便を良くするためだ。市と教団は協議しながら、都市計画を実施した。天理市も教団からの多額の寄付を頼りにしている。例えば、一九六三年度の天理市の一般会計歳入は、総額七・九億円中二・三億円が天理教の寄付金であり、全体の約三割を占める。

天理市は、市外から多くの信者が帰参するが、旅館やホテルがほとんどない。門前町としては異例である。その理由は信者が詰所に宿泊するからだ。天理市では、詰所の宿泊機能が徹底していたために、旅館街が育たなかった。各地方教会はぢばに詰所をもつ。詰所は、一九一六年に三九、一九三五年に六九、一九五五年に一三六、一九六三年に一四四を数えた。現在、信者の修行と宿泊の施設を母屋と呼び、一九八二年に第一〇〇母屋が完成し、一九九七年に一五〇を超えた。詰所の記された天理市の地図を見ると、日本各地だけでなく、世界の地名が一枚の紙の上に集合し、世界地図を投影したかのようである。天理市は、周囲の都市と比較して、外国人の人口が多い。海外信者をもつ教団の影響であろう。

中山正善は、詰所が外に移ると連絡や交通が不便になるので、おやさとやかた計画によって、「八町四方」の中に詰所を入れたいと考えていた。同じ建物に全員が入れば、共同生活の理念を表現するのにもふさわしい。また彼は詰所の不燃化を要望している。当初、おやさとやかたの西半分を詰所にあて、四万、五万の信者を収容する予定だった。場所も外観もばらばらでは、差別のない教えにあわないので、それらを統合することも目的だった。世界最大級の宿泊施設である。もとのプランによれば、東半分の部屋で学ぶ修養生を西半分の部屋に収容することを考えていたらしい。一九五四年、詰所ではおつとめをしない方針を決め、聖俗の空間を明瞭に分け、神殿と詰所の違いをはっきりとさせた。

おやさとやかたの初の詰所が西左第三・四棟（一九七〇）である。ここは郡山と中河の両大教会の詰所になった。一九七五年、最初の北棟として北左第四棟が完成し、ぢばを囲む四方向の輪郭が浮かぶ。東側が岳東、西側が鹿島教会の詰所である。続いて同年に西左第三棟（高知大教会詰所）、一九八〇年に西左第五棟（敷島大教会詰所）、一九八一年に西右第五棟（南海大教会詰所）、一九八五年に南右第三棟（高安大教会詰所）が竣工した。筆者は敷島大教会詰所を見学する機会を得たが、一階は食堂、その上層は幾つかのタイプの宿泊する部屋が用意され、最上階に体育館のようなホール

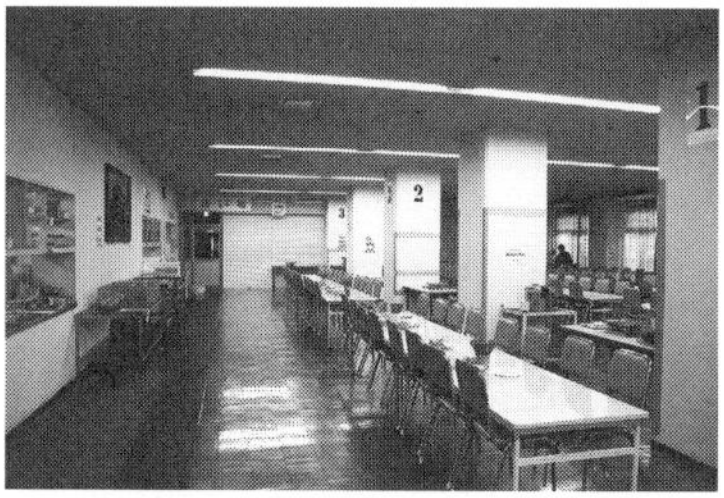

西左第5棟（敷島大教会詰所）の食堂

西右第5棟（南海大教会詰所）

西左第5棟の最上階ホール

南右第3棟（高安大教会詰所）1985年
将来、おやさとやかたが
増築される予定

西左第5棟の廊下と宿泊場

がある。また廊下が広く、バルコニーが連続していたことが印象的だった。

消費と祝祭

天理駅を降り、駅前広場を東へ渡ると、懐かしい昭和の雰囲気が漂う天理本通りの商店街に入る。そこでは黒い法被《はっぴ》姿の信者が歩き、天理教関係の店、飲食店やみやげ屋が続く。本部に至る三島と川原城地区の門前町では、商業が行われている。ここは天理市の繁華街であり、最も長いアーケードをもつ。二〇〇以上もの商店が存在し、天理市の全商店数の二二パーセントが集中する。東にのびるアーケードを抜けると、神殿の前に到着する。電車を利用した場合、これが一番自然な神殿へのアプローチとなる。つまり、駅と教会本部をつなぐ一帯が商業地域にあたる。さらに祭典時は、テント張りの露店が本部前に多く並ぶ。本質的に、宗教都市は消費都市である。産業別人口構成を見ると、サービス業や卸売り、小売業が突出している。一九六〇年の統計によれば、天理市の神具、神衣、みやげもの店の八一パーセントが本部に近い三島地区に集中する。人の流動が激しく、転入者による商店経営が多いことも特筆される。

すべての人間はぢばから出たのだから、信者にとって天理市は訪れる場所ではなく、帰る場所である。ゆえに、駅前の電光掲示板は「ようこそおかえり」と表示し、市内のあちこちに「おかえり」の文字が躍る。祭典の時は、バスが全国から集結し、専用列車が天理駅に到着する、巨大な仮想家族のためのホームタウン。ぢば帰りの行事としては、毎年、春季大祭（一月二六日)、秋季大祭（一〇月二六日）などがあり、毎月二六日に月次祭を行う。これは最初に親神が教祖に降りた一〇月

天理駅のホームから見たおやさとやかた
電光掲示板に「ようこそおかえり」と記されている

月次祭のときのアーケード
駅前と神殿をつなぐ

二六日、ぢばが明らかにされた五月二六日、そして教祖が死去した正月二六日という教団の記憶をもつ時間を反復するものだ。

周期的な祭りは天理の街を生きられた都市に変える。教祖年祭は中山みきの死という衝撃の瞬間を繰り返す。本部では毎日、教祖の死亡時刻にサイレンを鳴らす。教祖年祭と連動する普請は、信者の参加を重視する宗教的な行為だった。エリアーデによれば、「宗教的人間にとっては時間も均質恒常ではない」。聖なる時間は神話の原時間を再現する。近代の社会は同じ時を刻み、空間と時間を均質化させた。しかし、祭りは時間の均質性に楔を打ち込む。その鼓動は宗教都市を断続的に発展させる。神殿が空間の均質性を破るものだとすれば、祭礼は時間の均質性を壊すものだろう。祭りとは聖なる時間、すなわち天理教に固有の時間を周期的に再現し、世界を再生するものなのだ。

一九六六年の教祖八十年祭と一九七六年の教祖九十年祭では、約三週間に二〇〇万人以上を集め、毎日、天理市の人口の倍近い信者が訪れた。そして一九八六年の教祖百年祭では、記念展示館を建設、一九九六年の教祖百十年祭では、大型モニターを導入している。

おやさとやかた計画の今後

中山正善は、教理と医学の一体化をめざし、教祖八十年祭までに一〇〇〇ベッドの病院を完成することが使命だと語った。しかし、おやさとやかた計画により、建物の輪郭線が決まっているために、診療所や病室が入り切らず、設計は難航した。建築顧問の内田祥三も「近代的な病院を入れるということは無理かも知れん」と述べている。計画はふしん委員会で検討し、奥村音造が図面化す

教育施設などが入る真南棟　ピロティの向こうに神殿が見える

る。当時、中山の指示により、奥村は海外に病院の視察に出かけたり、聖路加病院の見学を行う。最終的に竹中工務店が設計を仕上げ、一九六五年に西右第二・三棟、一九八三年に西右第四棟の工事が終わり、天理よろづ相談所の病院「憩の家」が完成した。

一九六五年九月、天理大学の新校舎として南左第四棟が竣工し、おやさとやかたの南側の一角が姿をあらわす。一九六七年に南左第三棟（天理大学校舎）が完成する。一九六五年、長野宇平治の設計した旧奈良県庁舎を移築し、いちれつ会館として使う（後に解体）。一九七〇年代もおやさとやかたの建設が進み、一九八〇年代に神殿を完成したが、一九九〇年代は建設のペースが落ちている。おやさとやかた全体は六八棟であり、半世紀をかけて、三分の一を越えた。同じペースで続けても、一〇〇年以上はかかる。一九九七年度の教庁の一般会計予算を

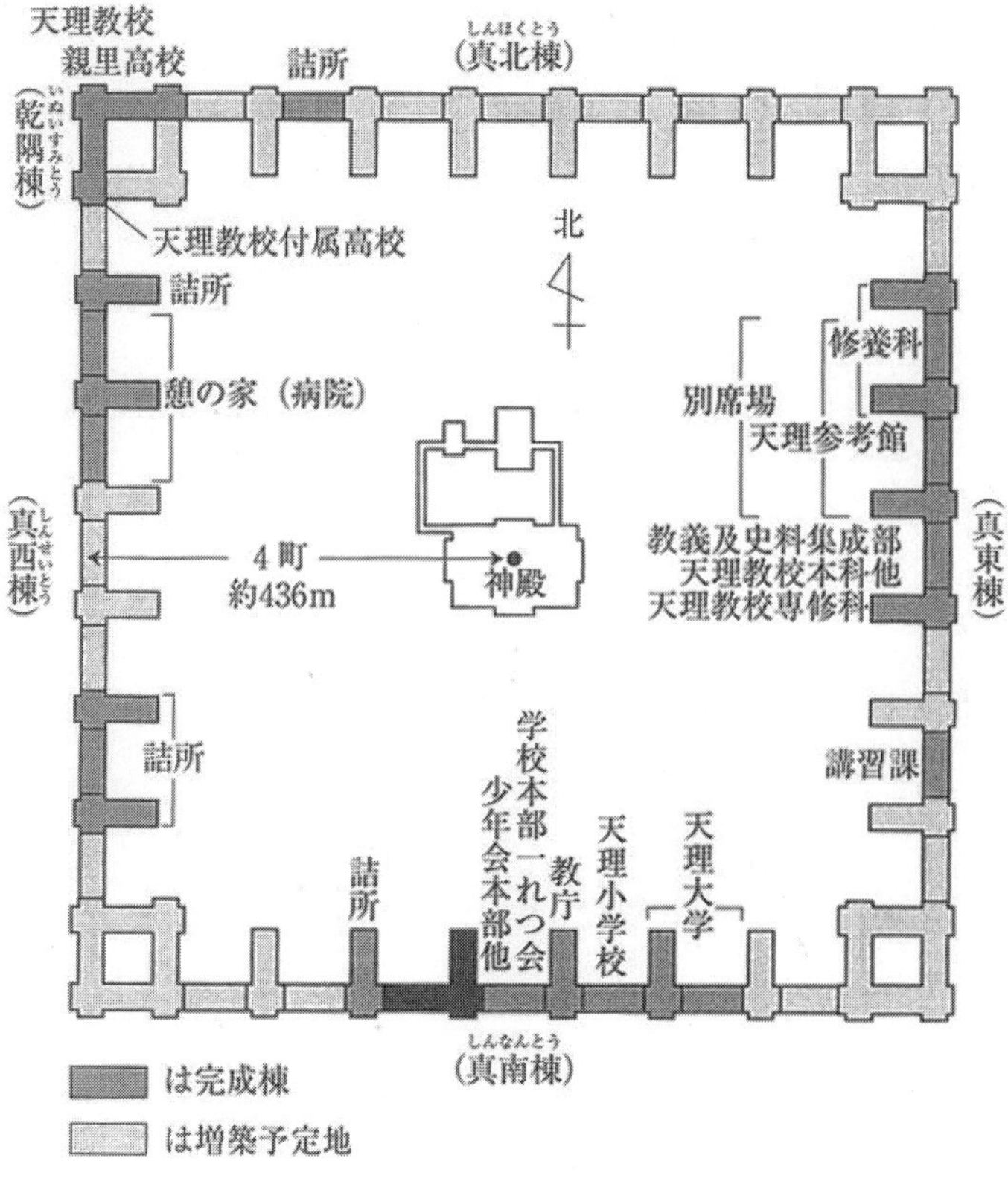

おやさとやかた計画

（1995年1月現在。それ以降、完成した部分は■で表わした）

2022年現在、2種類の濃い色の部分は完成したが、
1990年代以降はほとんど増えていない

コフフン

みると、歳出の総額約一八五億円のうち、おやさと整備費は一五億一〇〇〇万円である。全体の一割に近い。メンテナンスの費用もばかにならない。今後も金銭の工面や土地の取得問題などを解決しながら、このプロジェクトはゆるやかに進められるだろう。

未建設の部分の用途は未定らしい。現在までの傾向は、最初に着手した東棟は別席場の宗教施設や博物館（現在は南棟に移転）、次いで西棟は病院などの公共施設や詰所、南棟は教庁の他に小学校や大学の文教施設、遅れた北棟は詰所が入っている。おそらく残りも、主に詰所を移転しながら、おやさとやかたに組み込むのではないかと思われる。

おやさとやかたの意義を考察しよう。中山正善は無謀とも思える計画を動かしたことで、切り無し普請の理想にかなう壮大な目標を与え、教団の建設活動を活性化させた。絶えず普請や増改築を続けることは重要である。祭日以外にも聖地のにぎわいを持続させるからだ。聖地は単なる観光地と違う。信者が寄進し、建設に参与することが重要だが、このプロジェクトによりその機会が与えられた。また各教会は、当面の計画が明示され、せっかく建設した詰所をすぐに移転するといった不測の事態が避けられる。なお、緑化などのイメージはないようだ。

問題があるとすれば、一度、デザインのコードを決定すると、後継者が新しい試みにとり組みにくいことだ。おやさとやかたは都市の枠組みと建築の様式を同時に固定した。今後、意匠面の新しい展開が難しい。つまり、おやさとやかたのシステムは、同じデザインを繰り返すには便利だが、保守的になり、新しい創意を生むときには抑圧的に機能するかもしれない。とはいえ、建設を続けることに意味がないわけではない。もし二一世紀中にすべて建設できれば、間違いなく、世界的にも貴重な宗教都市が完成するからだ。ところで、若い市長のまちづくりによって、駅前広場のイメージが大きく変わっている。二〇一七年、nendoが設計した公共空間のコフフンが登場したからだ。これは奈良に多い古墳をイメージし、大小の同心円状のヴォリュームを上下に展開することで、明るい遊べる場をちりばめている。

7. 地方教会

天理教の拡大

最初の布教は、一八五三年に教祖の娘が大阪に向かったことだとされている。一八六三年頃、各地に信者ができると講をつくり、一八九一年から九六年までに、講社は五〇から一三四八へと爆発的に増加した。専用の集会所がないときは、信者の家を使ったり、寺を借りたという。おさしづは各地の教会設置の願いに次々と許可をあたえ、無理をして最初から大きなものをつくらないよう伝えている。またぢばとは対照的に場所にこだわらなくてよいと述べ、これが一般教会の移転を促進した。

明治二〇年代、各地の信者は財産をなげうって布教し、家屋を失い、教会に住み込んでいる。例えば、甲賀大教会は、神殿建設のために二十数軒が家財を処分し、教会の敷地に共同の住宅を建てた。当時、天理教の歌「あしきはらひたすけたまへ　てんりわうのみこと」をもじって、「屋敷を払うて田売りたまえ、てんてこまいのみこと」と言われたほどだ。だが、一九〇二年、内務省の通達により、本部は教会内の共同生活を解散させている。

信者は続々と増え、明治末には七万五〇〇〇人、大正期に一三万人、一九三六年には二八万八〇〇〇人を超えた。教会数は、一九〇〇年に二〇二一、一九二一年に四六四〇、一九四五年に一万二六八二、一九六〇年に一万五三二四、一九八七年に一万六九六二ヵ所と推移し、伸びが落ちつく。一九九七年末の統計では、総教会数は一万七一〇二（海外は二七七）である。

本部と同じ鬼瓦をもつ、名古屋の愛町分教会

小倉の豊国分教会

地方の教会史

一般的に教会の造営は、以下の経緯をたどる。設立当初は信者数も資金もないために会長の自宅が神殿を兼ねる。その後、信者が増加し、住宅に入りきらなくなると、資金的な余裕も出て、信者の寄進を募り、敷地を購入し、独立した教会を建設する。その際、信者が土地を献納したり、大工の信者が建設を行う。しかし、さらに信者が増えると、より広い土地を求めて移転したり、周囲の敷地を買う。これを繰り返す。また設立の一〇周年などに際して、施設を更新したり、真柱の訪問にあわせて、もてなす場を整備している。

教会内部は、結界の向こうにある神床の正面に天理王命、教会本部と同じく、右方に教祖の目標(めどう)、左方に祖霊殿を置く。床は畳敷きだが、信者の高齢化に伴い、椅子やベンチも導入している。天理教の地方教会では、平面の一部を規制するのみで、本部は外観のデザインを管理しない。とはいえ、無秩序ではなく、一定のイメージを共有する。代表的な外観は、入母屋の屋根の妻側に入母屋の玄関をつけたものだ。正面性を強調する善光寺型の屋根といえよう。西日本では、主要な駅の近くに、時々、こうした造形をもつ大きな瓦屋根の宗教施設が建っている。一見、寺院風でも、実は天理教の教会であることが少なくない。

吉川彰布による地方教会の調査によれば、和風の民家から近代的なビル(綿江大教会など)まで、さまざまな形態が存在する。すべてに共通する外観の形式はない。ユニークな事例としては、ギリシア神殿風の新潟大教会、トップライトをもつモダニズム風の城法大教会、円形のプランを抱える牛込大教会などがある。関東大震災の後、東京では東大教会や東方大教会などのコンクリート造の建築が登場した。一九五〇年代、兵神大教会（一九五四）や東愛教会では、教祖の生家にちなみ、大和地方の大和屋根形式を採用した教会を建てている。当時、これは意表をついたらしく、中山に好評だった。しかし、重量感がなく、後に中山は、大和屋根は大和の国か、海外で意識的に採用する場合はよいと述べている。なお、大教会の敷地内には教職者の住宅、信者会館（詰所的な施設）などもある。

竹中工務店の建築

戦後、竹中工務店は多くの地方教会を手がけた。同社の「天理教神殿実績リスト」（一九八五年一月現在）によれば、一九五八年以来、五五の神殿に携わり、設計も行った物件は一九六一年の本愛大教会以降、四三を数える。いずれも和風のデザインである。先のリストに収録された図面を見ると、神殿の平面と立面がかなり規格化されていることは興味深い。例えば、日野大教会神殿（一九八〇）、泉大教会神殿（一九七九）、博多分教会神殿（一九八一）は、参拝場の規模が二〇〇畳、一〇五畳、七二畳と違うだけで、平面は前から順番に大階段、玄関、参拝場、そして奥に神床を置く同一の形式である。これは縮小や拡大の操作に近い。正面は妻入りの屋根、二層が多く、上は神殿、下はサービス関係が入る。同社によれば、地方神殿のデザインのマニュアル化やＣＡＤによる設計を進めているという。

もともと竹中工務店が天理教に関わったのは、一九五四年に天理のプールスタンドを増設した際に設計したことがきっかけだった。最初は二代真柱の交友関係から依頼したらしい。ともあれ、プールを皮切りに、竹中工務店は、多くの天理教の施設を生みだすことになる。当初は、天理図書館（一九六〇）や天理ビル（一九六五）、横浜天理教館（一九七三）など、非宗教の施設を担当したが、泉佐野御宝分教会（一九六二）、堺大教会（一九六二）などの教会も設計するようになり、おやさとやかたも西右第二・三棟（一九六三）から参加した。そして一九八〇年代には、教団にとって最も重要な東西礼拝場の仕事を任せられる。天理教が自前のひのきしんだけに頼らず、戦後に工事を外注するようになったことは大きな変化といえよう。なお、簡単な作業では、現在もひのきしんは行なわれている。

満州天理村

宗教は拡張する性質をもつがゆえに、国外にも広がった。天理教の海外布教は一八九三年に始まる。一八九七年には、最初の海外教会を台中に設立し、一九三〇年代はアジアで教会が急増した。アメリカやブラジルにも布教している。そして戦前における日本の海外進出に伴い、天理教は満州に小さなユートピアを建設した。一九三二年に満州国の建国宣言が出され、日本から多くの移民が渡ったが、宗教団体の集団移住は珍しい。

天理青年会が主導し、関東軍の指示を仰ぎながら、移民事業が進められた。昭和普請の完成する頃であり、教団の勢いも強かった。ただし、経験がないために、農場経営を得意とする東亜勧業株式会社が、ハルビン郊外の土地を教団に分譲し、計画を援助している。教団は「天理村はただに帝国移民事業の雛型となる」と意識し、期待を抱いていた。

最初の天理村は、生琉里《ふるさと》村と命名された。計画では五〇戸を想定し、中央の半分を教会、残りを小学校、診療所、事務所、倉庫、広場の共用施設にあて、両側からオンドル付きの住宅群が挟む。いずれも煉瓦造の平屋である。村全体は東西五〇〇メートル、南北三一六メートルという長方形の平面であり、防衛のために壁に囲まれ、東西に門を置く。教会が東南を向くのは、ぢばの方角にあわせたからだろう。教会の平面は奥に典型的な参拝場をもつが、外観はオンドルの煙突が目立つ。

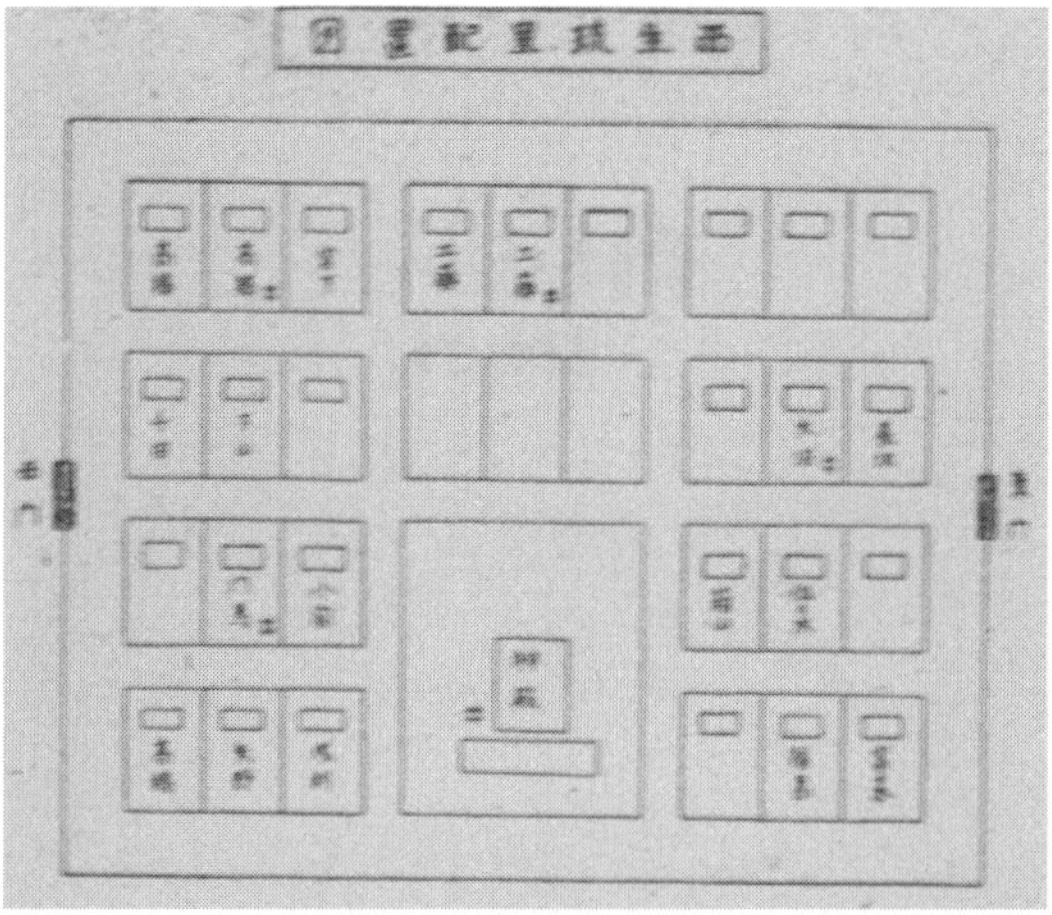

満州天理村の配置図

次の西生琉里村は住人がほぼ半数だったため、布教所と共同倉庫の他は生琉里村と共有し、東西三四〇メートル、南北二二〇メートルの規模となる。

一九三四年、第一次移民の四三戸二〇六人がおぢばを出発し、生琉里村に入植した。構成員は、布教専任者の他、小学校の先生、大工、左官、鍛冶屋などの特殊技能をもつ人間が入れるよう配慮されている。また通常の移民団は同じ農村の出身者で構成されるが、天理教は信仰にもとづく共同体であるために出身がばらばらだったのが特徴である。一九三五年には、第二次移民として二〇戸一一六人が旅立った。

その後、移民が続き、一九四四年には「千戸の大天理村」構想がうたわれた。移民は信仰中心の生活を営み、農業に勤《いそ》しんだが、経営面では苦労したようだ。粗末な建物への不満も記録されている。また建物は烈風や豪雨の被害で幾度も修理を行う。一九四三年には時世を配慮してか、鳥居つき神明造の神社が建立された。しかし、日本の敗戦により、全員が引き揚げ、ユートピアは終わる。後に教会は地元の学校に転用された。

8. 分派したほんみちの建築

正統か？　異端か？

天理教から幾つかの教団が分派したが、最も異彩を放つのは、ほんみち教団だろう。ほんみちは戦前に天皇を公然と否定し、開戦と日本の敗北を予言したために、二度の弾圧を受けた。同じく迫害された大本教やひとのみち教団が、決して天皇制には反対しなかったことを想起すれば、その特異性が浮かびあがる。創始者の大西愛治郎（一八八一〜一九五八）は、天理教の教義をラディカルに読み換え、天理教から異端とみなされた。

大西は自分こそが甘露台だと考えた。構築物ではなく、人間としての甘露台。一見、荒唐無稽に思えるが、もともと天理教は建築的な用語を人間にあてはめる慣習を持っていたから、あながち不自然とはいえない。また柱を人間に見立てることも決して特殊ではない。西洋の古典主義建築のほか、「人柱」や「大黒柱」などの言葉で確認されるように、古今東西に存在する考え方だ。彼は教義の研究を徹底し、隠喩のレベルにとどまらず、柱と人を完全に同一視することにより、天理教からほんみちという変異体を生んだ。

当初、大西は熱心な天理教の信者となり、山口県に赴任する。そして一九一三年、大西は「甘露台人の理」の天啓を受けた。同日、彼は夕方からむさくるしさを感じ、衣服を脱ぎ、家族とともに六畳間を憑かれたように歩き続け、午前零時過ぎ、自然に足がとまる。突然、彼は「ここが甘露台である」と直感したが、柱は奈良にあるはずなので、自分が生き神の甘露台だと結論をだす。天理教のぢば定めの儀礼を反復し、その意味をズラした。

宗教が継続し、拡大すれば、必ず分派は発生する。ほんみちは天理教が動揺する絶妙の時期に登場した。みきは一八八七年に九〇歳で亡くなったが、天命の一一五歳にあたるのが一九一二年である。ゆえに、この翌年に次なる天啓者の登場を期待する考えが信者に広がっており、それを引き受けるかのように大西が現れた。彼は、『泥海古記』の神話を本家以上に重視し、原始天理教的な性格を帯びる。天理教のファンダメンタリズムといえる。反対に、天理教は明治教典において国家神道と相容れない『泥海古記』を封印した。

ほんみちも、教祖の死後、分裂の危機を経験する。教祖の娘が弥勒菩薩であると自覚し、彼女を中心とするグループが、みろく会（後にほんぶしんと改称）として独立した。ほんぶしんは岡山に移転し、神山御苑を開き、一九七八年に石の甘露台を建立した。天理教がずっと仮の木造甘露台を設置したのに対し、分派教団が本来の石造甘露台を実現させる。そして一九九四年、墓苑の中央に石造の球体による再生殿を完成した。

ほんみち事件

ほんみちは弾圧を受け、教祖みきの通った道を繰り返す。大西は、日本の神話が架空の物語であり、天皇は国家を統治する資格がないことを論じた。驚くべきことに、一九二八年にほんみちは国内の有力者、官公庁や警察署に堂々と天皇制批判の冊子を配る。すぐに不敬罪として検挙されたが、精神鑑定によって心神喪失中の犯行と判定され、無罪になった。精神異常者の烙印を押されたのである。これは正式に裁判を始めると、逆に天皇の存在を合理的に説明する必要が生じるために、大西を狂人扱いすることで、面倒な事態を避けるためであった。つまり、まともな人間は天皇制を否定するわけがないというわけだ。

大本教が天皇制を模倣する錯綜したナショナリズムに傾いたのに対し、ほんみちは天皇制を完全に否定することで、不可侵の天皇制に代わろうとした。もうひとつの同化である。ほんみちは日本の危機を予言し、一九三八年に九〇〇万部も配布した冊子『憂国の士に告ぐ』は、「天皇は天意に逆ひ」、日本が史上空前の非常時に直面しているからこそ、大西が神の世界を建設すべきだと説く。その結果、信者が一斉検挙され、一九三九年八月に活動禁止と解散を命じられる。建物は破壊されなかったが、信者は強制移転させられた。

中心性の欠如と労働奉仕

ほんみちの建物を見よう。最初は、奈良の竹内に住む教祖のもとに多くの信者が泊まるようになり、一九二五年、急造のバラックで教団施設がつくられた。朝日のごとく教団がのびるよう赤いペ

ほんみち本部

ンキで塗ったトタン屋根があり、「赤屋根御殿」と呼ばれる。だが、一年余で追い出され、大阪を経て、最終的に羽衣に落ち着く。移動は、やむを得ない事情によるが、ほんみちの場合、甘露台は人間だから可動であり、場所に強くこだわる必要はない。実際、羽衣という場所は教義上の意味をもたない。

戦後、国家神道の束縛がなくなり、ほんみちの本格的な聖地造営が進む。一九五三年、一二〇〇畳敷きの大きな木造の神拝殿が完成した。甘露台はない。中央奥に礼拝の対象として御神鏡を置くのみであり、鏡の前は通路として空け、向かって右側に男性、左側に女性が座る。天理教と比較すれば、ほんみちの空間では中心性の欠如を指摘できるだろう。人間が甘露台だから、建築の形式に反映されない。また組織の構造においても、教祖の世襲を認めず、職業的な宗教人を設けず、各教会が序列をもたず、中心性が弱い。

現在、大阪府高石市羽衣の本部は、入母屋屋根が交差しつつ連続する神拝殿を中心に置き、回廊のように連続

ほんみちの案内図

する入母屋屋根の東・西・南の修道所が敷地を囲む。これには宿泊施設も含まれる。神拝殿の左側には礼拝の時間を知らせる太鼓堂があり、修道院を連想させる。

　ほんみちが特徴的なのは、今もほとんどの建設を自前のひのきしんで行うことだ。教団は宇陀に山林を所有し、人材育成の修行と山林作業の場にあてている。一九八七年、泉南支部に巨大な神拝殿を竣工したが、このときもいっさい、外部の業者を参入させていない。自ら各種の機械を購入し、原材料の加工から行う。アマチュアの信徒が労働力なので、難しい作業を可能なかぎり単純な作業に分解するほか、素人でも使える工具や機械を開発して構法を簡略化した。神拝殿は和風の外観から予想しにくい立体トラス構法により、大空間を確保する。ほんみちは信者の建設作業への参加を強調している。かつて天理教が実施したことだが、現在は一部の作業になっており、ほんみちは天理教以上に天理教的な方法を追求している。建設のコストを下げるメリットもあるのだろう。だが、各地の信者が施設の造営を通して信仰心を強め、共同体の結束を高めることが大きな目的なのではないか。逆に言えば、建設という行為は、信者を共同体に帰属させる重要な手段になりえる。

2章

金光教と大本教

1. 金光教の思想と空間

金光教の空間概念

一八五九年、金光教は、義弟の神がかりを契機に神の言葉を聞くようになった岡山の農民、赤沢文治（一八一四〜八三）が創始した。彼は生神金光大神《いきがみこんこうだいじん》と名のり、すべての人間は神の氏子として平等であると説き、陰陽道系の俗信を攻撃しつつ、信仰による人間の内面的な救済を求めた。金光教は、組織よりも個人の信仰に重きを置く。そして社会の変革よりも、個人の努力によって各自の生活をよくすることに意識が向けられた。したがって、反社会的な要素がなく、あまり弾圧を受けていない。参拝者の貧富や職業に関係なく、徹底した平等を貫いた態度は、江戸時代の身分制度から離脱したものだった。

金光教の教祖が示した特徴的な空間概念は、以下の二つに要約される。

第一に、祟《たた》り神として恐れられた艮《うしとら》の金神《こんじん》こそが実は救いの神であるとみなし、既存の価値観を転倒させたこと。ゆえに鬼門は忌むべき存在ではなく、大地を守る神の方位となる。そして家相や方位家に従う必要がないと説き、空間観の近代化をもたらした。

第二に、具体的な建築物よりも、神と人を媒介する「取次」の儀式を行う、「広前」と呼ばれる場を重視すること。だが、それは天理教のおぢばのような唯一絶対の地点ではない。取次を始めた教祖の自宅にも限定しない。「天地金乃神の広前は世界中」というように、「取次」さえ行われれば普遍的に存在しうる。具体的な建築よりも、広前という場所の概念のほうが重要だった。ゆえに、建築の造形に対するこだわりは読みとりにくい。

方位観の解体

金光教は方位の迷信を否定した。例えば、普請をする際、方角と日柄を気にすべきではない。悪い日でも、いつ建てるかを神様に届けでて、許しを得ればよいと伝えた。つまり、周期的に方位をめぐる金神の留守をうかがうのではなく、逆にこれを祭ることで救いの神に変えてしまう。こうした考えは後に大本教がさらに展開させる。しかし、金光教の教祖は最初から古い方位観を否定したわけではない。逆に最初は常に関心をもち、完全に信奉していた。実際、建設のときは、いつも方位や日時を相談している。それが開教してからは、信者に対し、方位は見なくてもいいと述べた。完全な方向転換である。

教祖は、かつては自ら盲信した古い方位観からの解放を主張した。その転向はなぜ起きたのか。彼の生い立ちを見よう。一八一四年、教祖は備中国で農業を営む家の次男として生まれた。一二歳のとき、大谷村の川手家の養子となる。一三歳から、庄屋の小野光右衛門に学び、方角説の考えに大きな影響を受けた。かくして文治は、結婚式、風呂場や便所の増築、門納屋の建設など、事あるごとに方位家に吉凶を尋ね、日や方角を改めるようになる。一八三〇年には、文政のおかげまいりに村人と参加した。

一八四〇年代以降、文治は細心の注意を払い、金神の無礼にならないように、新しい家の普請を行うが、相次ぐ不幸に見舞われた。一八四七年の長女の急死。一八五〇年には、三男と四男が天然痘を患い、二頭の飼牛はおかしくなって死ぬ。さらに翌年、両親が亡くなる。並み外れた信心にもかかわらず、親類が続いて他界し、「金神七殺《しちさつ》」の祟りのごとき、不幸が続く。彼自身も重病にかかり、九死に一生を得た。こうした体験から彼はどこで金神の無礼になったかと考える。そして彼は開眼し、人間中心の考え方を反省した。

一八五九年に立教してから、文治は「お知らせ」というかたちで神の声をきき、農業をやめて神中心の生活に変わり、家族は窮乏する。所有していた田畑を手放し、屋敷とわずかな土地が残った。初期の天理教のみきの行動と似ている。だが、一八六一年、東隅に「三間に四間」の座敷を建てる神命がでた。これは「四二（死に）間」として忌まれた建て方だった。当時の人々は今に悪いことが起きると噂したらしい。だが、教祖はもはや迷信にはとらわれない。もちろん、縁起をかついだ建てはじめの期日も指定されなかった。

教祖の新しい考えはこうだ。金神はあらゆる空間をめぐる。すべての場所が金神の地所なのに、人々は方角日柄ばかり見て、無礼をしてきた。金神を避けるようなやり方は「金神をだます」こと

金光教の教祖をまつる八つ棟造の神殿

になる。だから、金神そのものをまつればよい。彼は信者にこう伝えている。普請に日柄はいらない。「神にすがって、いつでも吉日にしてもらうのが安心であろう」。すなわち、金神の留守を狙うのはよくない。いつも方角や日柄を気にしていても限界がある。むしろ、「建物をする時には天地金乃神に頼んですればらくじゃ」という。以上を裏付ける信者の証言は多い。前近代が方角と日時の選定により、悪い運を避けるとすれば、近代はそれを迷信として全否定し、時間も空間も均質化する。金光教はその中間といえよう。古い方位観を合理的な思考により批判しつつも、神のおかげにより、すべての方角と日時を祝福されたものに変えるからだ。

一八七三年、明治政府は太陽暦を採用し、金神などの暦神をつまらぬ迷信とみなして禁止令をだす。当然、非合理的な迷信の否定は、金光教にとって望ましい。しかし、問題は単純でない。政府が金神の存在までも完全に否定すれば、教団存立の根拠を失うからだ。金光教には微妙な立場の近代化だったのである。

遍在する広前

金光教では、「取次」が宗教行為の中心である。取次を行う場所を「広前」と呼ぶが、これは限られたものではない。教義の解説書によれば、「我が教祖金光大神によつて現はれ給うた神は、空間的には宇宙に遍満して居られる」という。神が遍在する。金神があらゆる空間をめぐるというイメージに起因するのではないか。かつて広前の棚の上に粗末な社を安置していたことを信者が気にすると、教祖は「天地金乃神が社に入られたら、この世は暗闇になる。神の社は、この天と地とが社である」と返答した。つまり、社は金神を閉じ込める施設ではない。そして「金神はみな、家ごとにござるなり」と述べ、無理に神棚に行かなくても、手に鍬や鎌を握っている時にお願いしてもかまわないという。

一八六二年に笠岡出社が本家より盛んになったとき、教祖はどこで教えが広まってもかまわないと述べた。これは平等に広前が存在するという教えからの帰結だろう。教祖は、大きな社や小さな祠であろうと神の区別をするなと説く。天理教では、聖地につくられた本部と地方の一般教会の上下関係が絶対的である。おそらく地方教会のほうが栄えることは許されない。当初、金光教では、教祖の家で取次が行われていた。お知らせに従い、自宅の改造は続く。門の鳥居を撤去し、家が開放され、ときには浮浪者が無断で寝泊まりした。信者を多く収容することや神前の平等性を示すことが目的だったのではないか。

一八七三年には取次の形式が決定する。四月一一日に教祖自らが「生神金光大神、天地金乃神一心に願《ねがえ》。おかげは和賀《わが》心にあり」と書き、「天地書附」を完成させた。教祖はこれを神前に掲げ、礼拝の対象とした。金光教の空間では、写真、絵画、彫刻など、具象的な礼拝対象を置かない。代わりに天地書附の書が存在する。四月二〇日は「いままでは広前へむき。今日から、金光大神、おもてぐちへむき」という神命により、取次の方向を改める。こうして結界の座が定まった。つまり、それまで教祖は神前に向いていたが、今度は横向きに座ることになった。以前は、信者が来るたびに教祖が向きを変えたと思われるが、これ以降、常に横向きとなり、神と人を媒介する役割を視覚的に表現する。

造営中止という挫折

教祖は、自ら建築的なイメージを提出したことがある。一八六四年の元日に「天地金乃神には、日本に宮社なし、まいり場所もなし。二間四面の宮を建ててくれい。氏子安全守りてやる」という神命があり、棟梁の川崎元右衛門に依頼した。これは神の宮ではなく、氏子のための取次を行う広前とされている。方形と推測されるが、具体的にはわからない。結局、棟梁の素行の問題や明治政府の宗教政策の影響で完成しなかったからだ。

工事は遅れ、一八六八年の神命「棟梁、神の恩知らずゆえ、神がいとまを出し」により、川崎は解任される。どうも素行が悪かったようだ。一八六九年九月、信者は再び川崎を呼び、工事を再開するが、彼は改心することなく、参拝者に寄付を強要する。こうした行いは貧者を排除し、神の前の平等を説く金光教にふさわしくない。さらに棟梁が横領するなど、金銭のトラブルから、一八七二年九月に教祖は川崎を解雇する。ただし、この時点で唐破風は完成しており、後に金光幼稚園の玄関の一部に転用された。さらに唐破風のモチーフは、教祖存命時の貴重な先例となって、将来の金光教建築の形成に影響を及ぼす。

その後、信者は幾度か工事の再開を試みたが、結局、完成に至らない。ところで、天理教も一八六四年につとめ場所の造営を開始していた。両教団は、同じ年に最初の造営を始めている。出発点は並んでいた。だが、金光教の普請が挫折したのとは対照的に、天理教はすぐに完成する。これはそれぞれの建築史を暗示する。天理教は切り無し普請を掲げ、順調に造営を続けたのに対し、金光教は建築のトラブルがつきまとう。

教祖は金銭に厳しい態度を要求した。貧しい人から金を集めて建設をするなと述べるとともに、「金目を出すと、それだけになって、後のおかげが受けられない」という。あるときは寄付札を除去させた。金額の競争になり、信心に不浄が入るからだ。教団は建物が完成しないことより、神意にそわない建物ができることを問題視する。教祖の死後も造営は慎重だった。信仰心のない寄付や強制的な寄付は、神の広前を汚してしまう。金光教は、大工の不正事件が原因となって、建設に対する潔癖な体質が生まれた。

一八九一年頃、古木を用いて、立教聖場を改築し、拡張した広前の西側に流造の神殿ができる。これは旧広前と呼ばれ、入母屋の大屋根と下屋根の間に窓が設けてあった。このデザインは後の金光教建築で参照される。旧広前は、すでに一八七九年に信者が広前の新築を提言し、高弟の佐藤範雄が教祖に許しをもらい、準備をはじめていた。しかし、寄進勧化をしない方針から、なかなか進行せず、教祖の没後にようやく実現する。

金光町の門前町化

岡山県の金光町には、吉備乃家（現存せず）や土佐家などの老舗の旅館が残っていた。本部正門の前には、屋根付きの短いアーケードが東西に設けられ、一軒の食堂と岡本神器店がある。ふだんは人通りが少ない。そして本部周辺の各宗教施設は、一周して巡礼できるよう配置されている。金光町では、明治二〇年代以降、教会の南側が門前町として形成された。しかし、観光や遊楽の機能が少なく、金光教の門前町は純粋に宗教的な空間だった。金光の名が町名になったのは、一九二三年に町制が施行されたときである。天理市よりも早い。また、すでに一九〇一年に金神駅の営業を開始し、一九一一年には金光駅と改称されていた。

金光教では、平常時の参拝形式である取次が長時間に及ぶ。例えば、佐藤範雄は「時には五時間も座っており、足が立たないようになることもあった」と回想している。ゆえに、日帰りが可能な地域であっても宿泊を要した。その結果、早い段階で街に宿泊施設が必要になる。幕末の頃から、近隣の信者が参拝者を宿泊させた。やがて零細な農家だった古川家と藤井家は、教祖の依頼で旅館業を始める。参拝者は少ない頃であり、もうけにはならない。ゆえに、信者への協力の意味が大きい。その後、一八八九年に木綿旅館、一八九一年に吉備乃家が開業し、境内のまわりに門前町を形成する。ただし、天理の街の規模と詰所の移転の激しさに比べると、金光町の拡張はおとなしい。

取次のおかげで、最初は早く門前町化した。しかし、天理教の街は、教祖年祭を区切りとしながら、計画的に造営を行い、巨大化する。ぢばに特殊な意味を与え、本部の求心力を増した。また詰所の制度を整え、旅館のない都市を形成する。一方、金光教の場合、春秋の大祭以外は宿屋の維持が困難だったせいか、その数が増加しない。常設の店舗もあまり育たない。天理教に比べて、大祭と造営が計画的に催されていない。つまり、祭典が少ないために、門前町化が抑制され、爆発的に拡大しなかった。

金乃神社

本部前のモール

2. 金光教建築の様式

様式の生成

教祖の存命時には、ほとんど建築が成立しなかった。しかし、明治時代に国家の公認を得るために作成した教規・教則において、地方教会の模範となる設計が明らかにされた。教祖の死後、一九〇〇年に教団の独立が認められ、『金光教教規　金光教教則』がつくられた。これは金光教建築の基本的な方針を最初に明文化する。教則の第九号「教会所構造方式規則」において、七種類の図面を付して、次のように各施設の概要を記した。

斎殿を内殿と外殿に分け、内殿に主神と教祖をまつり、外殿では礼拝を行う。祖霊殿は祖霊を奉安する。教場では宣教、調饌所は供物の調理など、必要な施設のデザインが示された。教会の外観は、裳階《もこし》付き入母屋の木造建築であり、正面に唐破風の向拝が出る。また本館内部の斎殿正面は、三角形の破風の下に金光教の紋章をつける。表門や冠木門など、外部の様子も規定された。敷地の大きさにあわせた変更も認められている。

ちなみに、教規・教則で示された教会の外観は、長野の善光寺とよく似ている。やはり入母屋の屋根と裳階をもち、正面の向拝に唐破風をつけているからだ。したがって、善光寺型のデザインとでも呼べるかもしれない。興味深いのは、この外観が、金光教に限らず、天理教の地方教会にもみられることだ。新宗教に対して神社と類似した行為を禁じた法律が、こうしたデザインを誘導した可能性はある。そして善光寺の姿は大衆がもつ立派なお堂という一般的なイメージとして共有され

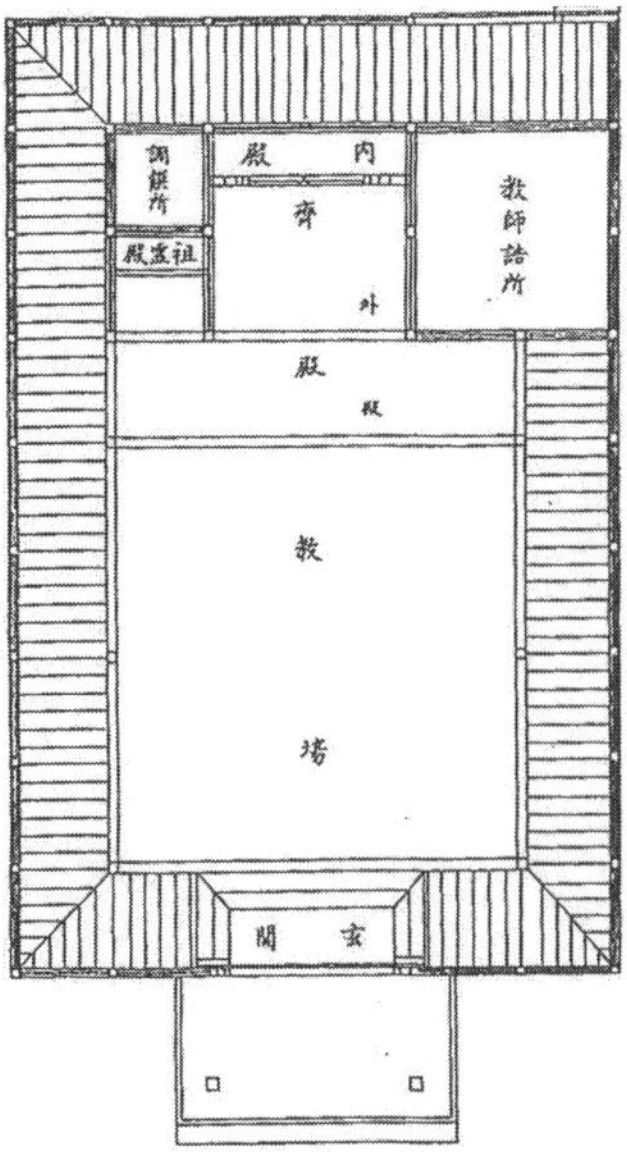

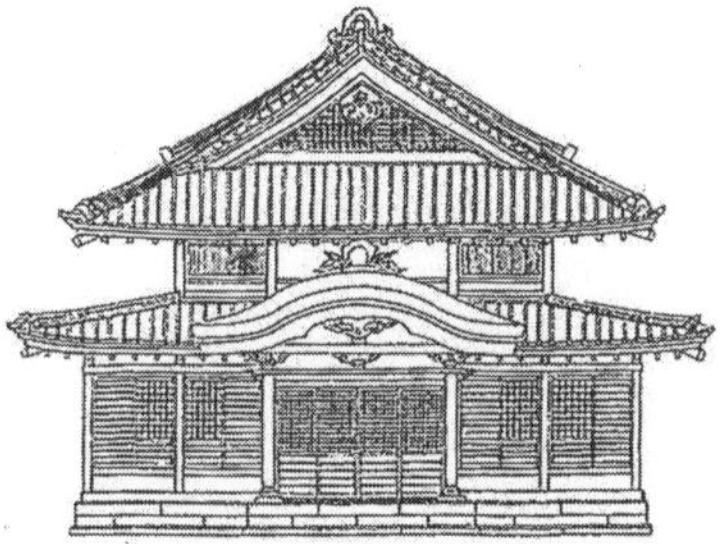

教規・教則に示された教会所の図面

標準の図面とよく似たファサードをもつ金光教の米子教会

ていたのかもしれない。

教規・教則は、どのように決まったのか。一九〇〇年四月一九日に金光教は教規・教則の認可願をだすが、教会の建築に特徴のないことが問題にされる。教団は漠然と神道風のものを考えていたようだ。しかし、これでは神社類似行為を禁じた法律に抵触するかもしれない。翌日に神社局宗教局の斯波淳六郎は、教団の佐藤範雄に何かの由来を根拠にして設計を行うようにうながす。その結果、教祖が生きていた頃の妻入の御須屋《おすや》と寄木窓、また未完に終わった宮の唐破風の向拝を採用する。佐藤は元大工だったが、彼が図面を引いたわけではない。内務省の安藤技師と金光教の教師で棟梁である中島治郎吉が実際の設計を行う。かくして、六月一六日に教規・教則の認可を受ける。つまり、建築様式は自主的に決定したわけではなく、教団独立をめぐる国家とのかけひきから生まれたものだった。とはいえ、これは既成事実となり、教会の造営に大きな影響をあたえる。

地方教会への影響

金光教は西日本を中心に展開した。地方教会の平面の主要な部分は規定を厳守している。後に規約は何度か改訂されたが、基本的に平面は変更していない。教団独立直後の建設ラッシュでつくられた地方教会の外観は、標準設計のデザインに類似している傾向が強い。例えば、一九〇〇年代と一九一〇年代に設立が認可された国東教会、杵築教会、北九州八幡教会、直方教会は、『金光教教規　金光教教則』の様式図に忠実である。

一九二五年に改訂された教規・教則では、第四六条「大教会所ハ一般教会所ノ模範タルモノトス」が注目される。すでに大教会所（一九二〇）が建っていたから、それが地方教会のモデルになった。例えば、入母屋の屋根に二つの千鳥破風を並べた若松教会などは、本部教会を直接に参照している。だが、一九三七年には第四六条を削除する。大教会が焼失したからだろう。また「祖霊殿ハ必ス本館ノ右方ノ地位ニ設クヘキモノトス」（正面から見て左側）を追加し、位置を示す。これは教祖の葬儀の際に柩を置いた場所に由来する。図面は「教会所平面図」と「斎殿正面扉図」の二種類に減り、立面の規定がなくなる。

やがて、地方教会の外観も厳密に様式図に従わない傾向が生まれた。また住宅を改造した小規模の教会は外観まで変更することは難しい。とはいえ、金光教の教会は和風の屋根をかける場合、おおむね妻側を正面に向け、強い正面性をもつ。特に入母屋の屋根はほとんど妻側が正面になり、金光教建築の特徴といえる。これも様式図の影響だろう。一九五九年の教規・教則には図面がない。名称の変更が認められるものの、内容は変わらない。「神殿は、内殿及び外殿に分け、外殿の左側に取次の場を設ける」こと、そして「祖霊殿は、神殿の右方に設ける」ことのみを記している。戦後は、オブジェをのせた烏丸教会、銀座教会、高槻教会、宇部教会など、和風のイメージから遠い、近代的な外観の教会が登場する。立面図の規定をやめたからだろう。一方、松山教会や泉尾教会は保守的な善光寺スタイルを採用している。

最も大胆な造形をもつのは、建築家の六角鬼丈が設計した福岡高宮教会（一九八〇）だろう。完全に伝統的な形態から離れ、巨大な大砲のようなシリンダーをかついでいる。住宅街において突如、異形の教会が現れる。しかも円筒の前面には、教紋にちなむ「金」の字が刻まれる。象徴性を再導

福岡高宮教会

入するポストモダンの建築だ。これにはおもしろいエピソードがある。設計者の六角でさえ、断られるのではないかと思い、模型をもっていったら、教会が承諾したという。実際は幹部がほとんど反対したからこそ、次世代に重要なのではないかと責任者が思い、案を受諾したらしい。寄進によるプロジェクトとはいえ、英断である。外観は自由なデザインだが、平面の核となる部分は、厳密に教規・教則に従う。

烏丸教会

3. 幻の復興計画

大教会所の造営

公認後、金光教は金光中学校（一九〇四）や教義講究所の修徳殿（一九一一）を境内に建設した。天理教と同様、教義研究と教育施設の充実をはかり、教団の近代化を進めた。

一九一〇年、本部の大教会所造営の発表式を挙行した。教団は「一切の形式を去りて其精神を重んずる点」を強調し、修徳殿の建設では「建築費献納者に対して、賞金、商品を付与されたりしは、半ば公共的事業とは云へ、本部が世の常の慣例に倣ひたるものにして、予てより吾人の私かに眉を顰めつつありし所」という。理想と異なる献納が行われたために、純粋な宗教施設である大教会所の造営を契機に、本来の姿に回帰しようと試みた。

ゆえに建設は独特な方式をとる。過去の事件を教訓にして、寄付の強要のない浄財を求め、「予算なく、工程なきと共に、立札なく、表彰なく」というスローガンを掲げた。工程が曖昧な点は、天理教の教祖祭を目途にした施設の造営と対照的である。大教会所の本殿は竣工の期限や予算を決めずに建設を発表し、一九二〇年の完成までに一〇年もかかっている。天理教ならば、各教会が競う精力的なひのきしんがあるが、金光教は組織的な労働奉仕を強調しない。資金の調達を無理しないことが前提なので、建設に時間がかかる。造営資金は各支部を経て、本部会計課に献納費を収納するのではなく、代表の管長が直接に管理した。工事では、神様は裏も表も見通しだから、天井裏から床の下まで鉋《かんな》をかけるよう棟梁に頼んでいる。棟梁は、明治神宮の建設に参加した宮大工の中島宗七が選ばれた。

大教会所の本殿（一九二〇）は、二つの千鳥破風が並ぶ、銅葺の入母屋の屋根と裳階をもち、妻側に檜皮葺の唐破風の向拝がつく。千鳥破風を付加して、『金光教教規　金光教教則』で制定した様式図を複雑化している。地理的に近いことから、黒住教の神殿と同様、吉備津神社の影響を指摘できるかもしれない。吉備津神社も入母屋の屋根をもち、千鳥破風が二つ連続する。教祖は何度か吉備津神社を参拝したと伝えられる。唐破風も、金光教の最初の造営時に使われた。屋根が妻入になっているのは、教祖を祀る御須屋が妻入だったことにちなむ。そして旧広前の形式を踏襲し、大屋根と裳階の間に窓を設けた。

本殿の内部は、結界の手前が教場、奥が斎場である。斎場はさらに外斎殿と内斎殿に分かれる。規模は大きいが、様式図と同じ構成をもつ。地方の模範になることも意識したのだろう。斎殿は「座二重、天井二重、大屋根と屋根も二重」であり、教祖が屋内に須屋を納めて祈念したことによる。なお、内斎殿が四方に扉をもつのは、神に表裏はなく、天地四方神という神意に基づく。内斎殿の扉の上に設けた高棟の合掌形も、教祖の時代の御須屋に由来し、教規・教則の「斎殿正面扉」の図面と共通する。大教会所は、様式図と同様、金光の過去の建築を参照し、それらを総合しながら独自の形式を目指した。

境内の北側では祖霊殿と神饌殿が本殿を挟む。各施設は廊下で連結し、祖霊殿（一九二一）は本殿の左側である。銅葺の屋根は入母屋造、妻側に唐破風の向拝がつく。外観は善光寺スタイルから裳階を外して単純化する。ここの檜も教祖の存命時に集めた木材が使用された。中断された工事を完成させる意味もあったのだろう。教殿（一九二一）は、入母屋造の平屋であり、正面に千鳥破風と唐破風がつく。

聖地炎上

一九二五年、金光教にとって痛恨の事件が起きる。春の大祭直後の四月一四日、午後一一時半頃から翌一五日の午前三時にかけて、金光教の本部を猛火が襲う。神饌殿は瞬く間に灰となり、火事に気づいた信者は、本部の防火用ホースを携え、境内の消火栓を開けて、町の消防士とともに消火活動にあたった。しかし、境内の北側を焼き尽くす。消火施設の不備も災いした。火は廊下伝いに燃え移る。そこで教殿と楽寮のあいだの廊下を壊し、延焼はくい止められた。消防隊の努力により、早朝には火の勢いはおさまる。

一夜にして、本部は変貌した。本殿、祖霊殿、神饌殿、旧広前、教殿など、主要な宗教施設が炎上し、かろうじて事務施設は残った。教団は本部の半分以上を失う。出火場所は神饌殿の彫刻場だった。職人の火の不始末が原因らしい。大教会所が完成し、本部の施設が整備されてから、わずか四年である。金光教は、外圧をあまり経験せず、暴徒に施設を破壊されることはなかったが、不慮の事故による建築にとって不幸な出来事が続く。

この事件は、岡山の新聞社の号外やラジオ放送により、すぐに全国の信者に伝わった。各地から駆けつけた信者は、ショックで茫然としつつも、焼け跡を処理する奉仕作業を行う。教団は造営の方法が神の意志にそわなかったのではないかと動揺した。しかし、事件後、佐藤範雄は「吾々は信

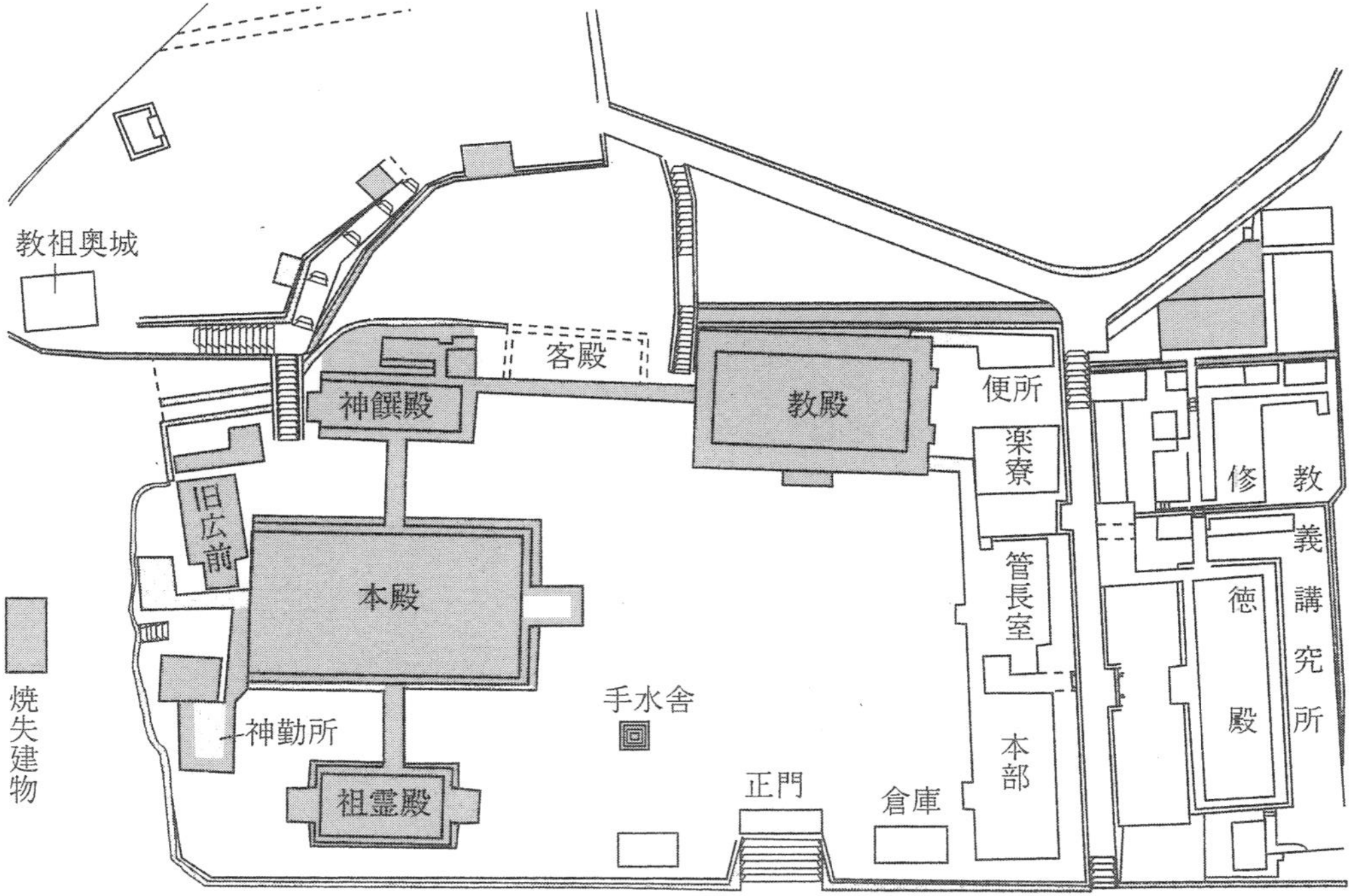

1925年の火災により焼失した本部の建物

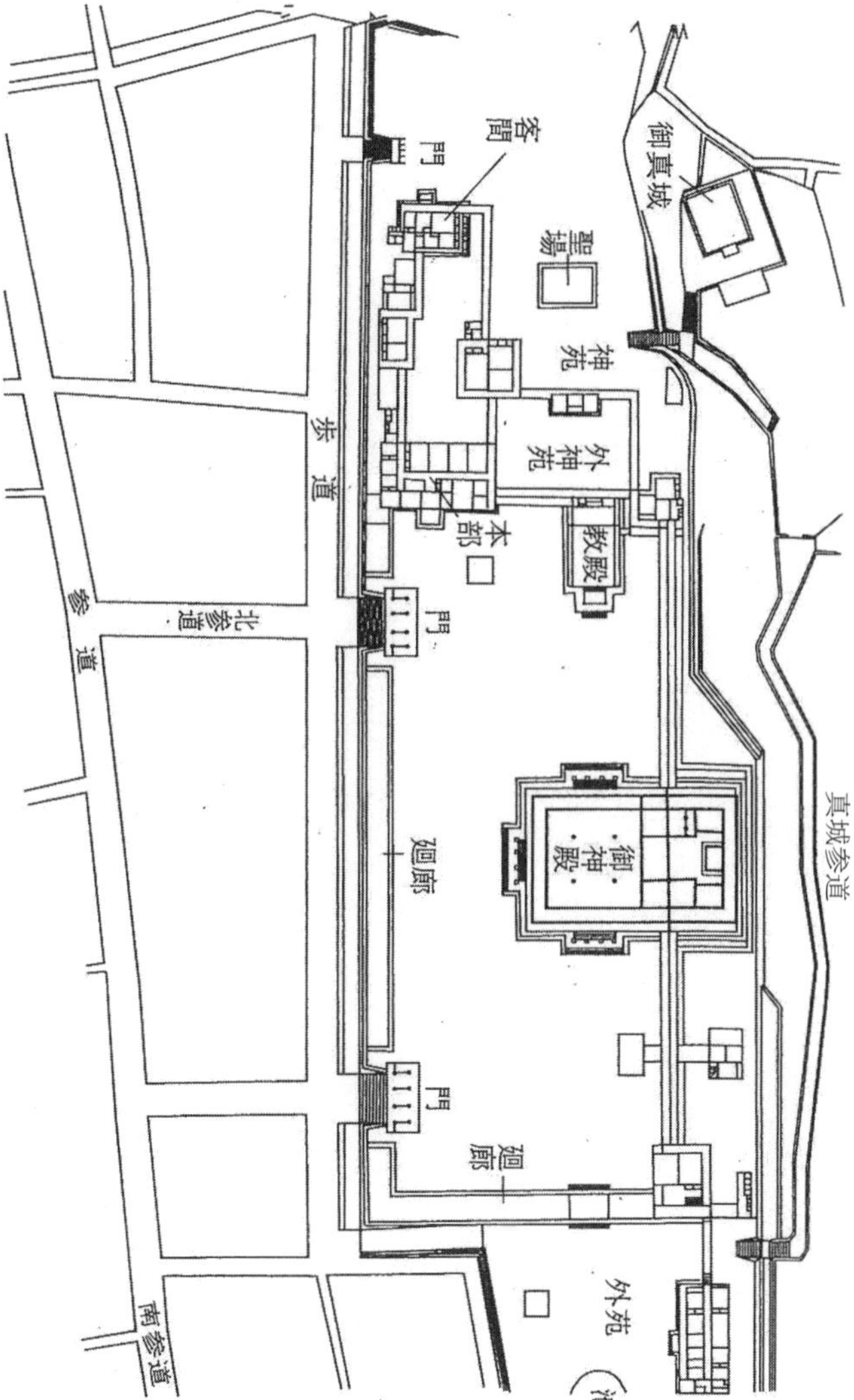

幻の復興計画（上が北）

心を焼かんからのう」と語り、ひるむどころか「却て信仰が熾烈になる」と決意を新たにしている。そして教団は大教会所の仮本殿を緊急に建設することを申し合わせ、教祖五十年祭をめどに完成する計画を発表した。大教会所復興の建設費は一〇〇万円に決定される。仮神殿は一九二六年に完成した。

復興計画

一九二七年、復興造営部を設け、一二月に方針が発表された。復興計画では、教義講究所と金光中学校を移転させ、境内の南側を空け、大教会所の敷地を倍増している。つまり、残された境内南の建築群を移築させると同時に、敷地が手狭になり、増築が困難だった講究所を思い切って広い敷地に移す。風致上と防火上の観点から、木造建築の周囲に空き地を設けることも配慮された。一九二八年、仮斎場が炎上跡地に完成し、ここで教祖四十五年大祭を行う。機関誌に発表された大教会所の模型写真を見ると、入母屋の屋根に二つの千鳥破風が並び、正面と側面に唐破風の向拝がつき、焼失前のデザインを踏襲していた。

一九三三年頃、教団は境内の全体を射程に入れた復興計画を作成している。金光図書館が所有する図面から分析したい。大教会所の再建案は幾つか存在するが、千鳥破風が並ぶ入母屋の屋根をもち、裳階に唐破風の向拝がつき、燃えた旧大教会所と基本的に同じ形式を予定していたようだ。斎殿の奥に設置する神殿は、入母屋に唐破風の向拝をつけ、三方向に扉と階段がある。これも旧大教会所にならったものだろう。旧大教会所では、左隣に祖霊殿を並べたのに対し、新大教会所の計画では、内部に三角の破風をもつ霊殿を設けた。資金に余裕がなく、再建案では両者を一体化させたと思われる。

次に境内の全体計画を見よう。まず、大教会所を境内東側に西面して置く。そして、これを中心にしながら、長方形の回廊により、調饌所、楽殿、教殿、門などの全施設をつなぐ。焼失前は境内北側だった大教会所が東側に移動している。ぢばを中心に神殿を造営する天理教では考えられない。

再建される予定だった大教会所の模型

火災後に使われた旧広前会堂
後に修徳殿として使われた

ともあれ、計画では中心的な施設が境内の北側から東側に移動し、回廊が全体の一体感を強化している。また東西の中心軸が大教会所を貫き、西側に二つの門を左右対称に配し、それぞれから二つの参道がのびる。旅館や家屋があった境内のまわりを外苑にすることも検討された。全体的に言えば、火災の前に比べて、整然とした施設の配置であり、よりモニュメンタルである。境内にぎっしりと施設が並び、不規則な廊下だったので、焼失を機会に施設の関係を整理することを試みたのだろう。

中断された復興

いよいよ大教会所を造営する本工事が進むはずだった。だが、思わぬ事件が起こり、教団をあげての計画が挫折する。金銭管理に注意したはずなのに、信者からの献納がいつのまにか教会の長に私有化され、大きな支出も稟議や決裁の手続きなしに自由に行われたことが問題視された。会計簿が不備なために、諸経費の記録が不明瞭になっていた。こうした態度は、大教会の造営時に予算や工期を決めないまま進める特異なシステムを採用したことに起因するらしい。浄財を集めようとしたことが裏目に出た。

そこで一九三四年と三五年に見直しの運動を行い、大教会所の収入はすべて教団のものとし、全体の運営をまかなうことや責任制度の確立を決める。一九三五年、大教会所の工事は正式に中止になった。そして戦時体制に入り、復興計画は幻に終わる。一九四三年、仮神殿が手狭になり、両側に東西の脇殿を増築し、広前会堂として使う。現在、これは修徳殿になっている。一九四二年に移築した仮斎場は、参拝者席を増改築しながら、戦後に新斎場が完成するまで使われた。金光教の造営は順調に進まなかった。信仰と浄財への厳しさゆえに建設が遅れる。天理教との違いは、火災と事件によって決定的になった。

4. 戦後の建築と田辺泰

広前斎場と立教百年祭

戦後の金光教における重要な造営は、立教百年祭の年に完成した本部広前斎場（一九五九）と、教祖九十年祭の年に竣工した広前会堂（一九七三）である。これらは設計者に一任するのではなく、細かい部分も教団との徹底的な話し合いによって決定された。

一九五五年、本部教庁に広前造営委員会が設置される。委員会は専門家の意見をうかがうために、早稲田大学教授の田辺泰（一八九七〜一九八二）を招聘し、彼に設計を嘱託することを決定する。だが、なぜ教団は田辺泰に意見を求めたのか。彼は伊東忠太に学び、一九二四年に早稲田の建築学科を卒業し、『日本建築の性格』（一九四六）の著作を書き、寺院の設計を行っている。なるほど、建築史を専攻し、宗教建築に詳しい。そして彼は金光教と縁があった。田辺は一九一七年に金光中学校を卒業していた。信者だったという記述は確認していないが、彼は金光の町の出身者である。『金光教報』によれば、「田辺氏は、金光中学校出身という縁故と宗教建築の権威者」だったから、設計を依頼したと記されている。

田辺は、斎場と会堂、そして将来建設する本部教庁の三施設をまとめた構想を独自に提案した。けれども、委員会は、技術的な問題があること、敷地を拡張する見通しがついたことから、会堂と斎場を別棟にした当初の立案に戻る。その後、「会堂は本教の中心施設であるから、その建築様式に本教の精神を十分表現すること」や、常時奉仕する「教主の健康上のことを考えて、日中、会堂内への採光が出来るよう考究すること」が設計に要望された。

また教内から、屋根に千木があると神社の形式を受け入れている印象を与えるのではないかといった疑問が出る。実際、千木は神社を連想させるだろう。これに対し、千木は「神社の形をまねたのでなく、古代住宅建築様式の一部を表現した」と回答される。確かに千木の造形は古代において切妻を構成する木が交差したものに由来する。後に会堂の設計でも、千木の使用が神社とまぎらわしいことが議論された。このときは日本最古の住宅様式であり、金光教が土に芽ばえた宗教という特性を説明しつつ、天地根元造《てんちこんげんづくり》を現代化したデザインだと答えている。天地根元造とは、想像上の最も古い日本の建築様式である。

つまり、千木は神社よりもさらに古い起源の建築だから構わない。はるかに純粋な日本の原初の姿があるというわけだ。ここに戦後の新宗教のアイデンティティをめぐる問題が噴出している。天理教の鬼瓦も同じ問題を抱えていた。戦後の新宗教は神道的なものから離脱し、本来の宗教精神を表現すべしという欲望を抱く。だが、天理教は戦前に採用した千木のデザインが慣習化していたために、また金光教は他に参照すべきものがなく、このモチーフを使う。ただ、金光教の場合、戦前

広前斎場

広前会堂

に使わなかった千木を戦後に用い、神道の建築に近づいている。かくして一九五九年、千木のモチーフを正面に掲げた広前斎場が完成し、教祖大祭と立教百年祭を行う。本部から善光寺風のデザインは消える。

広前会堂と教祖九十年祭

次に金光教は、広前会堂の造営にとりかかる。会堂は人の収容が問題になる斎場とは違い、宗教活動の中心であるために、取次広前の構造や奉斎の様式と密接に関わる。それゆえ、造営の議論は儀式服制等審議会と連動して進められた。

一九六一年、本部広前造営委員会は、設計者の選定に一般公募や指名公募は不適当と考え、仕事を通じて教団を理解している田辺泰の再任を決めた。教団では、国鉄の車両のキャパシティと関連づけて、施設の収容人員を検討したり、椅子式を導入する可能性を考察している。日本人の生活様式の変化から椅子と畳の折衷案も強かったが、信仰感情や収容力の維持から畳敷きに決定された。ちなみに、この問題は何度も議題にあがっている。屋根は入母屋と神明造の両案が審議された。親しみやすさから入母屋案も支持されたが、結局、神明造風の斎場との統一感を出すために、簡素な美がある神明造案を選ぶ。

その後、しばらく計画が止まる。途中、会堂の向きを変更しており、金光教が方向へのこだわりがないことを確認できる。一九七〇年、委員会は信者から質問を集め、それに答えている。例えば、坪当たり一〇〇万円の建設費は高いという意見に対しては、単純にビルの坪単価と比較できないこと、金光教の建築は簡素にして必要を満たすものだと返答した。できるだけ、信者の要望を建築に反映させようとする姿勢がうかがえる。

ただし、造営委員会は神殿部分のデザインには触れなかった。別の委員会が儀礼方式を決定するのを待っていたからである。ここでは次の方針が導かれた。神の間は会堂正面に設け、中央奥の壁面に「天地書附」を掲げ、左側を「霊をまつるところ」とする。氏子の間、取次の間、神の間と奥に行くに従って、床を高くする。取次の座は右側に置く。

一九七三年に広前会堂は完成する。施工は竹中工務店。外観は、外削ぎの千木と教紋が特徴的である。黒住教の太陽の神殿の千木は、教団と伊勢神宮とのつながりを強調した。天理教の千木は、国家神道への接近を示すものだった。一方、金光教の千木は、純日本風に近づき、教祖の時代からあった唐破風の排除をもたらす。本部の建築において伝統的なデザインが途切れるとともに、地方の教会も一九〇〇年の様式図から離脱する傾向にある。すなわち、千木ははからずも、金光教建築の戦後を象徴することになった。

だが、本当に最初の精神を失ったのか。金光教の両会堂は計画の過程が興味深い。教報により全信者に情報を開示し、民主的な手続きによって、計画を進めている。これは戦後の民主主義に触発されたものというよりも、教祖存命時の建設から続く、浄財の使用法への関心や、戦前の金光教の事件から導かれたものだ。つまり、最初の造営における棟梁の横領は、金光教建築のトラウマとなり、復興計画時は昭和九年十年事件として反復する。戦後も、強迫観念のように、その恐れがつきまとっていたのかもしれない。

5. 大本教の終末論

出口なおの世界革命

大本教は、一八九二年二月三日に京都の綾部で出口なお（一八三六〜一九一八）の帰神によって始まった。彼女は母を失い、住み込みの奉公を経て、大工と結婚した。なおは信仰心が篤く、いつも神床を設け、合掌を続けたという。夫は働き者の職人だったが、酒や芝居にのめり込み、やがて病気で寝たきりとなって生活は困窮した。そして子供たちが次々と問題を起こす。三女が神がかりになって金光教の祈禱を受け、長女も狂乱する。こうした状況において、なおも神がかりに陥り、「わしは艮《うしとら》の金神《こんじん》であるぞよ」と語りだした。

開教時、「三千世界一度に開く梅の花、艮の金神の世に成りたぞよ。梅で開いて松で治める、神国の世になりたぞよ。……天理、金光、黒住、妙霊、先走り、とどめに艮の金神が現はれて、世の立替を致すぞよ」という神諭が出る。なおは艮の金神による世の立て替えを通じて、農業中心の「水晶の世」を目指した。そのユートピアでは、金や病気の心配がなくなり、寿命が長くなり、人々は平等になり、平和になる。水晶のように浄化された世界は、風雪に耐えて梅のように花咲き、松の緑のように変わらない。これは民衆の理想社会であり、現実生活に疲れ、近代化に取り残された人々に美しいヴィジョンを見せたに違いない。だが、なおは救済神に依存するために、実現への具体的な方策に乏しい。

なおによれば、鬼門の金神は、本来世界の根本神だった。しかし、善悪の価値が転倒し、三〇〇〇年前に艮の隅に押し込められ、祟り神とされる。つまり、現実の社会は悪の世界である。そこで艮の金神を解き放つために、真の天の岩戸開きを行わなければならない。獣の世、すなわちさかしまの世界を再び転倒させるために。艮の金神への注目は、金光教の影響だが、大本教はこの思想を発展させた。大本教は抑圧された艮の金神が世界を改革すると考えたのである。世界を初源の状態に戻すべく、もう一度価値観をひっくり返す。一方、金光教は過激な世界革命に向かわなかった。天皇を中心とした国家神道から見れば、艮の金神は古い迷信の類であり、いかがわしい外部の神である。当然、なおは現世と対決しなければならない。それゆえ、彼女は終末論を展開した。

世界の終わりと世界の始まり

出口なおは、一九一八年に亡くなるまで、膨大な筆先を残した。断片的な内容だったが、後継者の出口王仁三郎《おにさぶろう》（一八七一～一九四八）が編纂し、『大本神諭』として体系的な思想にまとめる。王仁三郎は、なおの神がかりを天照大神の天の岩戸開きに続く、「二度目の天の岩戸開き」とみなし、『大本神諭』を『古事記』と並ぶ、重要な本と位置づけた。そして明治の「王政復古」に対し、大正の「神政復古」を提唱する。だが、大本教の本は不敬を理由に発禁処分になった。

なおは、西洋かぶれになり、神を忘れた近代社会を批判し、煙草、肉食、洋服などを禁止する。そして日本が滅亡の淵に追いやられたところで、救済神が登場して外国を排斥し、ユートピアが到来すると予言した。一九〇一年になると、なおは立て替えが近いと告げて、次々と信者は綾部に移住する。日露戦争の頃、その時期が設定され、日本の敗戦を予言した。しかし、これが外れると、一九一二年の筆先で、来るべき戦争を「神と神の大戦争」と解釈し、再び終末感を漂わせる。さらに第一次世界大戦に刺激され、なおの終末意識は強くなり、世界改革に際して邪悪なものが淘汰され、世界の人口が激減すると語った。

世紀の変わり目には、なおによって、水晶の世を近づける象徴的な儀式があった。綾部の丑寅（北東）に位置する舞鶴沖の沓島《めしま》は艮の金神が落ちた霊島、隣の冠島《おしま》は乙姫殿が住む竜宮の入り口とみなし、一九〇〇年、なおは船で島に渡り、沓島と冠島開きを行う。祠をつくり、太古に押し込められた艮の金神と竜宮の乙姫が世に解き放たれた。彼女は実際の行動を通して、自らの威信と教義を示し、世界の意味を組み換えようとした。

一九〇一年、なおは元伊勢お水の御用と出雲火の御用と呼ばれる行為を実践した。元伊勢とは、京都の加佐郡大江町の内宮、元伊勢皇大神宮を指す。彼女は神聖化された伊勢神宮を神がいない不浄の空間とみなし、既存の価値観を逆転させた。教団の一行は元伊勢の内宮に到着し、うぶらだいとうぶ釜の水を竹筒に汲み、綾部に持ち帰り、屋敷の井戸に入れる。残りの水は冠島と沓島のあいだの竜宮海に注ぐ。清らかな水は三年経てば大海をめぐり、泥水の世界を洗濯し、社会の変革がはじまるとされた。そして七月になおは出雲大社に出かけ、神火と社殿床下の土をもらい、綾部に持ち帰る。すなわち、神社の神聖な水と火を使い、世界の浄化を試みた。

初期の建築

初期の建築に見るべきものは少ない。なおは建築に関心がなかった。とはいえ、その空間観は示されている。例えば、隣家の植木の下から掘りだした青石を村ざかいに捨てさせたり、特定の場所で塩や水をまくように指示した。また自分の屋敷に万年青《おもと》と松と葉蘭を植えた。「万年青」（おもと）は屋敷が世界の「大本」（おおもと）になること、松は不変の理想世界である松の世が来ること、葉蘭は世界がばらけることを意味する。自分の村が神と因縁のある場所だからと、村人の立ち退きを迫ったこともあった。こうした儀式は神聖な領域を決定していく。なおは俗なる空間の連続性を断ち切り、聖と俗の闘を設定した。

最初は教祖が金光教と関わったことから、一八九四年に座敷を借りたとき、金光大神と艮の金神を併祀した広前を開く。そして、しばらくは借家の移転を繰り返す。後にも、元天理教の教会を獲得した際、大本教の開祖と天理教の教祖を合祀し、二聖殿（一九二五）と呼んでいる。他の新宗教の神も合祀することは、絶対神を信奉する天理教や金光教では考えにくい。一方、大本教は他の新宗教を批判しつつも、同時にさまざまな教義を折衷する傾向をもつ。多くの要素を飲み込みながら、再構成し、自らが中心に位置するのだ。

一九〇八年に「雑のお宮でよいから、早くしてもらいたい」という筆先が出て、翌年に初の神殿造営を開始した。王仁三郎らは最初の神殿ということで、参考のために綾部町にあった黒住教の神殿を見学している。ただし、なおは具体的な設計には口出しをしていない。

世界の写しとしての綾部

大本教は綾部（現京都府綾部市）に神苑を造営した。なおによれば、丹波の綾部は神の都である。

そして聖地の綾部を世界の雛型とみなした。王仁三郎も、綾部の町が日本を縮小したものと考えた。綾部の所属する「何鹿郡は戸数、面積、歳出、歳入までが日本全土の千分の一に相当して居る」という。あるモデルを伸縮させて、他の事例に当てはめる相似形の思考だ。西洋にもこうした抽象的な考えはあるが、彼の場合は妙に具体的な指摘を伴う。例えば、「世界の地形は日本のそれと相似形をして居る……日本は五大島からなり、世界は五大洲からなつてをり、其地形もそつくり其儘である。九州は阿弗利加《あふりか》に、四国は濠洲に、北海道は北米に、台湾は南米に、本洲は欧亜の大陸に夫々相当して居る。……日本国内では鹿児島県の大島が又日本の縮図であつて、総てが相似形をして居る」という。世界の縮図が日本なのだ。人間は宇宙の完全な縮図である。つまり、宇宙、世界、日本、綾部、人体の各階層が同型の構造として認識されていた。

王仁三郎は多忙を極めたが、自ら聖地の造成を行う。一九一四年から綾部では、彼の指示により金竜海を掘りはじめた。沓島と冠島が造成され、それぞれに神明造と流造の小さい神社を建立する。なおが島開きをした二つの島が綾部に写された。一九一七年には沓島・冠島・大八洲《おおやしま》・六合大島《くにひろ》、大和島が金竜海にそろう。これらの島々は地球の五大州をかたどる。つまり、王仁三郎は綾部の神苑において、国生みの神話を反復した。また五つの島は梅の花の五弁にもなぞらえられている。

一九一七年、大八洲の天の岩戸の上に大八洲神社を建てる。これは切妻平入りの神明造風の建築だった。天理教や金光教が神社に類似した建築を避けたのに対し、大本教は初期の段階から神社と同じ形式の建物を意図的に造営している。そして増加する修行者の収容のために、本宮山麓に五六七《みろく》殿の上棟式を挙行し、一九二〇年に落成祝賀会を迎えた。

ただし、神の都とされた綾部のランドスケープは、全体の配置計画に明確な軸線がなく、あまり計画的な意志は認められない。また、王仁三郎は日本各地における教団の分所と支部を巡教し、地方とのコミュニケーションをはかり、共同体の絆を強化した。近代になって天皇が日本全国を巡幸したように、彼はばらばらだった日本の身体を縫合する。

6. 第一次弾圧による本宮神殿の破壊

言霊閣の思想

関東大震災の後、出口王仁三郎はこう語った。「鉄筋コンクリートの高層建造物の世の中に、生存難や人間苦が存在してゐる。一つの大建造物に幾万の生霊を容れて、一瞬の間にその生命を奪はれたる東京の震災を思ひ出さずには居られない。只々天地惟神の法に従ひ、竹柱茅屋の神代的生活であつたならば、斯様な無残な事は出来なかつたであらう」。彼は西洋文明の限界を指摘し、日本の姿をとり戻すべきだと唱えた。また地震は堕落した人間への神の怒りであり、地震がなければ、人による社会革命が起きるという。彼は宗教を掲げ、科学万能の時代を批判する。大本教は近代化と資本主義に抵抗する思想をもち、大衆の反近代的な感情を吸収しながら成長した。

近代日本の新宗教には珍しく、出口王仁三郎は教祖に近い立場でありながら、歌や陶芸など諸芸術の制作を積極的に行い、自ら建築の設計に参与した。また彼は言霊学者の中村孝道の家に生まれ

金竜海と言霊閣

た祖母の手ほどきにより、一〇歳頃からこの学に触れ、独自の言霊学を形成した。その集大成として言霊閣（一九一九）を綾部に建設している。これは金竜海を望む、三層の方形造であり、金閣寺や銀閣寺を連想させる外観と配置だった。言霊の神威発揚を担う言霊閣は、黄金閣とも呼ばれ、大本教のシンボルになる。当時、教団の機関誌『神霊界』の表紙を飾っていた。

内部を見よう。下二層は各五間四方、一階は教主の書斎、二階は筆先や神宝を配した。三階は三間半四方、一二畳敷一室であり、天津金木を多角形の神算木台《かなぎだい》に置き、天井にますみの鏡を表す七五の鈴を吊る。中央に大きな鈴がひとつぶら下がり、そこから放射状に分かれて、小さな鈴が並ぶ。言霊学では七五音を基礎とするからだろう。建物の頂上にのる金色のひょうたんは日月星をあらわしていた。

近接する金竜海（一九一四）は、「ア」の言霊つまりは国常立神言の顕現する霊域であり、神秘の「水茎文字」を映すとされ、ここに五大父音アオウエイを象徴する五大州の島がつくられた。一九一九年の末、王仁三郎は「いよいよ言霊閣の落成と共に、神軍の活動は益々激烈の度を加へて来た。神の生宮たる大本の信者は、神軍の活動に後れないやう言霊戦の大活動を始めねば成らぬ場合である」と宣言する。

言霊の思想は宇宙の創成に関わり、聖なる空間はさらに多義的な意味をおびる。そして言霊の空間化が実行される。正確に言うならば、王仁三郎が既存の空間を言霊的に読みかえた。だが、新しい意味の創出により、彼は来歴のない綾部の土地に物語をあたえ、信者にとっての聖なる場所に変える。大本教の聖地は、他教団に比べて、指導者の思想をより直接的に反映させた。

奥津城の強制改築

一九一八年になおが死去し、天王平に教祖の墓が建設された。奥津城《おくつき》は円墳型のもので両側に石灯籠があり、正面には二つの靖国鳥居を配していた。一九一九年、奥津城の後に神明造の稚姫《わかひめ》神社が造営された。だが、警察は個人の独立した墓をつくることは墓地取締規則違反として罰金二〇〇円に処し、改築を命じる。これは最初の建築的な干渉だった。そこで教団は共同墓地として綾部町に寄付を申し出ることで許可を得る。しかし、次は明治天皇の桃山御陵と似ていることが問題化した。そして一九二〇年九月、京都府警による墓の改築命令を受けて、奥津城の饅頭形を方形に変え、三段の石積みのものに変わる。

興味深いのは、後に王仁三郎が、最初から饅頭形のつもりはなく、方形に石を積むのが本来の姿

改築前の奥津城

改築後の奥津城

明治天皇　伏見桃山御陵

だったと述べていることだ。つまり、改築の命令によって、もとの案になったと巧妙に説明している。そして「この奥津城は築き直されてからの方が、私の計画通になつて居るのは、不思議である。……神様が官憲の手を借りて、本当のものに直されたのである」という。弁解ともとれる発言である。が、こうして彼は憤慨する教団の役員をなだめた。そして無理矢理に改築させられた受動的な負の出来事を主体的な行為として肯定的に再解釈した。しかし、墓の強制改築は第一次大本事件の前哨戦に過ぎない。

一九二〇年、綾部の本宮山では、各地から献金を募り、神殿の造営を開始した。これは翌年七月二七日に完成し、初の本格的な神殿になった。言霊閣に続く、大本教建築のシンボルとなり、これも機関誌『神霊界』の表紙を飾る。神殿は意識的に「神明造」を採用した。材料はすべて尾州の檜を使い、屋根の棟には九つの堅魚木と千木を置く。教団では「実に森厳壮重を極めたものでありまして、その神々しさはとてもたとへ方がない」と説明している。戦前に靖国神社や明治神宮を称賛した常套文句と似ているのは興味深い。

だが、神殿は完成後、わずか三ヵ月で姿を消す運命だった。

第一次大本事件

一九一九年、警察が綾部に訪れ、監視の目が厳しくなる。世間では根拠のない不穏な噂が流れていた。大槍を一〇万本注文した、青年の白骨死体がある、秘密を握った文学士の殺害、秘密の部屋で婦人を姦淫している、武器庫をもち内乱を準備している、などである。成長する教団は、近代化に向かう社会にとって不気味な存在だった。世論の後押しもあって、大本教の調査が進められ、一九二一年一月一〇日に検挙の命令が出る。

一九二一年二月一二日、総勢二百余名の警官隊が本部に突入した。一隊は午前八時四〇分に綾部駅に到着した後、神苑を包囲し、全交通と電話を遮断する。そして大本の役員を不敬罪・新聞紙法違反の疑いにより、一斉に捜索を開始した。警察は綿密に各施設を調べながら、筆先や大量の書類を押収し、次々にお宮の扉を開いて神体を点検した。倉庫では武器がないかを調べ、言霊閣の下では生き埋めや紙幣偽造の噂が本当かどうかを確認する。が、何も出てこない。各役員の家宅捜索も行われた。メディアの報道も規制される。

第一次大本事件は奥津城の問題を再燃させた。今度は墓と玉垣の一部が共同墓地からはみ出ていることや、稚姫神社の設置が違法とされた。一九二一年五月二〇日、京都府警察は、墓地の一部をとりのぞくよう要求する。大本教側は、すでに要求どおりに改築し、認可されていたことを理由に抵抗したが、官憲が譲らず、結局、王仁三郎は要求をのむ。七月二三日、自主的な改築工事が終わり、奥津城は三間に二間半、高さ八尺に縮小され、石垣で囲われた。そして八月二八日、問題の稚姫神社は焼却された。

本宮神殿の解体

本宮神殿は一九二一年に竣工したが、建設中から警察の案内により、京都府建築課長が本殿を調査し、伊勢神宮を模したものと判断されている。確かに同じ神明造だった。ただし、堅魚木の数や切妻屋根のむくり（微妙なふくらみ）などの細部のデザインは違う。本宮神殿の本殿の左右に脇社を置く配置は、伊勢神宮の正殿と東西宝殿の関係と似ている。ただし、本宮神殿は回廊でつなぐ。類似は否定できないが、まったく同一とはいえない。大八洲神社や稚姫神社など、他にも神明造の社が存在したことは、警察に悪印象を与えたに違いない。邪教によって「唯一神明造」が汚されている、と。天皇は崇拝すべき対象であり、天皇との同化は許されない。にもかかわらず、王仁三郎は

焼却された稚姫神社

服装をまねたり、白馬にまたがるなど、明らかに天皇を模倣した。ゆえに彼の建築も同様に見られたのではないか。

本宮神殿を「神宮」と呼んだり、宮内賢所と同じデザインであることも問題視された。確かに宮中三殿が並行し、廊下で連結する構成は似ている。しかし、決定的な類似とは言えない。一方、奥津城は桃山御陵を模したものと断定された。王仁三郎は、桃山御陵を知らなかったと弁解したが、近くの有名なモニュメントを知らないはずがない。そこで誠意のない弁解であり、敬神の念が足りないと非難された。近代において天皇陵は各地で数多く「発見」され、増えている。だが、その模倣はオリジナルの根拠を改めて問う危険性をもつ。大本教は近代国家の神話に同化するあまり、触れられたくない領域に踏み込んだ。

一九二一年一〇月、王仁三郎は京都府庁に呼びだされ、教団の負担で神殿を解体することを命じられた。彼は信者に壊させるのはとうていできないと返答し、官憲が民間業者に依頼して破壊することに決まる。強引な破壊に対して、さすがに外部からの批判があった。当時、法的な根拠に疑問を述べた法律の専門家もいた。京都府の大本教事件関係書類の「取毀命令要旨」によれば、一八七二年大蔵省達一一八号（無願の神殿建築を禁止）、一九一三年内務省令神社創立に関する布達第三一条（地方に縁故なき神社創立を禁止）、同第三二条（一定形式により創立の出願許可を必要とする）を違反したかどにより、神殿の全部を壊すことが決定された。つまり、破壊の直接的な理由は無許可の点である。

伊勢神宮や桃山御陵との類似性が官憲を挑発し、破壊の口実を与えたのは間違いない。だが、破壊の法的な根拠にはならなかった。類似性から破壊命令を法的に導くことは難しいと判断されたのだろう。当時、建築の専門家から、神明造は伊勢神宮以外にもあるから、いけないことはないという意見が寄せられた。神殿の建設に巨費六〇万円を投じ、すべて檜材を用いたことや、彫刻や金具を付けた「壮厳豪奢を極めたる大建築」だったことも当局の反感を招いたようである。

本宮神殿の本殿

本宮神殿跡

神話の構築へ

幕末以降、民衆から生き神が登場し、神の言葉を語りはじめた。新宗教は独自の神をもち、日本という共同体の内部に発生した異物としての小さな共同体である。だが、新宗教は、戦前の天皇制と共存しようとした。大本教も決して天皇制を批判していない。むしろ愛国的だった。にもかかわらず、なぜ国家から憎まれたのか。出口王仁三郎は、天皇の崇拝を越えて、天皇を模倣したがゆえに、不敬とみなされた。しかし、国家から見れば、これは正しいナショナリズムではない。いわば倒錯したナショナリズムである。

キリスト教が外部から侵入する異教だとすれば、新宗教は、国家神道と完全に異なるわけでなく、微妙に類似するやっかいな存在だ。中心の近くで、中心をズラす。日本という神国を分裂させる危険な思想となる。ゆえに、国家は自らの内部に差異の存在を許容できず、抹殺に向かう。近親憎悪的な感情である。大本教の行動は国家に対する挑発と受けとられた。その結果、建築が政治的な問題となり、破壊という最悪の結果を招く。

一九二一年一〇月二〇日、神殿の取り壊しが始まる。一週間の作業中、信者は近づくことが禁じられた。また不測の事態を恐れ、大量の軍人や武装した中隊が訪れている。綾部の人々は、神殿の破壊に反感を抱き、人夫の宿泊を断ったという。取り壊し直前の一八日、王仁三郎は『霊界物語』の口述を開始する。物理的なシンボルが破壊されることに対抗し、精神的なシンボルとして、八一巻に及ぶ壮大な神話を構築したのだ。また活動の中心を綾部から亀岡に移し、新しいモニュメントとなる月宮殿の造営を決定する。聖地の役割分担も行い、綾部は祭祀の本部、亀岡は宣教の本部とされた。つまり、暴力的な外圧により、大本教の中心は分裂し、綾部と亀岡の二つの聖地をもつ空間の構造に変容する。

弾圧後、大本教は破壊の記憶を空間に刻む。神殿の旧用材は山の下に運び込まれ、神殿の礎石は清められ、そのまま残された。一九二四年二月、王仁三郎は教旨を彫り込んだ長方形の大岩を神殿の跡に伏せて置く。そして再びこの岩が立つときは世の変わり目の幕開きだと語る。神殿跡には歌碑も建つ。また神明門風の綾部西門（一九二四）や中の宮などでは、破壊された神殿の材料が積極的に転用される。特に穹天閣（一九三〇）は、破壊した作業員の霊魂が永久に救われないとして、短い柱を苦労しながら、旧用材をつぎ足す。すなわち、中途半端な弾圧はかえって共同体の絆を強化し、破壊の跡はモニュメントに転化した。

だが、警察はこうした成りゆきを見て、次は徹底的な弾圧を準備した。

7. 出口王仁三郎の月宮殿

相互補完する綾部と亀岡

大本教のもうひとつの中心、出口王仁三郎の生い立ちをみよう。彼は、亀岡の貧しい農家の長男として一八七一年に生まれ、幼少の頃から文字を相当に読みこなした。そして、丑寅の木を切った後、一八九七年に父が病死したのを契機に宗教にのめり込む。一八九八年、彼は村の高熊山にこもり、七日間の断水・断食の修行中に霊界を探検し、宗教者として自覚する。そして、彼はなおと初めて出会い、金明霊学会《きんめい》を結成し、五女のすみと結婚して、出口の姓を名のりはじめた。少しの間、彼は大本教を離れ、京都の皇典講究分所に学び、建勲神社の主典をつとめる。そして一九〇八年、綾部に戻り、教団の指導者になった。

王仁三郎はなおを開祖と位置づけ、自身を聖師と呼び、対等の地位を確立した。そして森羅万象を霊系と体系に分ける。なおは厳の霊であり、国常立尊が降った男霊女体の変性男子、王仁三郎は瑞の霊であり、素戔嗚尊が降った女霊男体の変性女子とみなす。これは単なる二項対立ではない。彼は「霊」と「体」が合一して「力」になると説き、相補的な関係をもたせる。「変性男子と変性女子の経と緯との二つの御魂」により、神業は成就する。二人の存在が必要なのだ。またなおは水の洗礼、王仁三郎は火の洗礼を行う。

こうした思想は二つの聖地にも反映する。一九一九年、王仁三郎は亀岡の城跡を第二の聖地として購入し、教団に新しい遠心力をあたえ、二つの極を形成した。第一の極は、なおの開教した「天地の神々が経綸する地の高天原」の綾部である。ここは梅松苑と呼ばれ、日の大神様の聖地であり、祭祀の本部とされた。第二の極は、王仁三郎ゆかりの亀岡の天恩郷であり、月の大神を主宰神とする宣教の本部だ。すなわち、日と月、祭祀と宣教、両聖地は意味的にも機能的にも互いに補う。そして天界には日神の天国と月神の霊国があるとされ、綾部が天国、亀岡が霊国にあたる。天界の二重構造を地上に写している。

大本教は分裂した中心をもつ。逆に天理教は甘露台という一つの柱をめぐる教義体系である。絶対的な天理王命を信奉し、ぢばという不動の中心を軸に展開する。天理教が中心の分裂に全面抵抗したのに対し、大本教はそうした事態に教義上の意味を積極的にあたえた。召喚された神も多岐にわたる。空間の性格も違う。天理教はぢばを中心とした明快な建築・都市像を発展させたが、大本教は幾何学的な構図を拒否し、無秩序にも見えるランドスケープを造成した。振動する神道、大本教は、自らも分裂を繰り返し、生長の家、世界救世教、松緑神道大和山などの分派教団を生み、後の新宗教に影響をあたえる。

大本教は理論を固定化しない。状況の変化に合わせて、読みかえていく。例えば、大正の初期、なおの言葉をもとに綾部の両端に西石の宮と東石の宮がつくられる。ここは天地創造の神々が昇降する場所と考えられた。しかし、亀岡が聖地になってからは、綾部が西の宮、亀岡が東の宮になる。さらに両者の関係は世界レベルで拡大し、東の聖地は日本、西の聖地はエルサレムだと解釈された。他の説明も紹介しよう。例えば、綾部を左の乳房、亀岡を右の乳房、あるいは前者を心臓、後者を肺とみなした。世界を身体になぞらえる思想は少なくないが、二つの場所の関係性に注目した点は特徴的である。他にも、両聖地を鶴山と亀山で対比させている。

メディアと芸術

王仁三郎は多産な人物だった。彼の思考は高速度で横断する。膨大な著作を残し、幾つもの教団の機関誌の舵取りを行い、宇宙論的な言霊学を展開し、一〇万首もの歌を詠んだという。彼は言語のセンスに長け、さまざまな修辞を駆使する。例えば、教団で推奨したエスペラント語習得のための語呂合わせの暗記本を作成したり、検閲をくぐり抜けるために掛詞を多用した歌を詠んだ。特に五六七（みろく）の数字にこだわる。五六七殿（一九一九）を五六七畳敷として、数字を文字通りに空間化した。長生殿の全工費は五六万七〇〇〇円に決めている。ある時は太鼓を七五三調から五六七調に変更させた。

王仁三郎は、茶、能、歌、画、楽焼などの伝統芸術を大事にし、自ら創作活動を行う。一九二九年に金沢で作品展を開いて以来、全国各地のみならず、台湾や朝鮮にも巡回した。彼は地方施設の計画にも関わり、九州別院では簡単な図面を描いた。いつの時代も、宗教は布教のためのメディアに意識的である。彼も新しいメディアの戦略に意欲的だった。レコード、歌劇、映画の製作のほか、教団の宣伝のために幾つかの博覧会に参加し、個性的なパヴィリオンによって話題を集めた。大本教は戦後も芸術活動を奨励する。

大本と神話

なおの筆先は内容に重複が多く、断片的な啓示と予言の集積だった。一方、王仁三郎は豊かな学識に裏付けされた神学の展開を試みる。特に第一次大本事件以降、弾圧の再発をかわすために、なおの唱えた社会改革と終末思想をひっこめて、教義と神話の洗練に向かう。王仁三郎が、なおのヴィジョンを継承しながら、艮の金神を国常立尊として再解釈したことは特筆される。艮の金神のままであれば、いかがわしい外部の神に過ぎない。だが、艮の金神を国常立尊と同一視すれば、なおの思想は記紀神話と融合し、より高次の理論的な体系において組み換えられる。かくして、彼は正統的な記紀神話を攪乱した。

なおの思想は『大本神諭』に集約されるが、王仁三郎の思想は『霊界物語』(一九二一~三四)で展開された。『霊界物語』は、壮大な神話の世界を繰り広げる。その描写はダイナミックな躍動感にあふれ、冒険活劇のようだ。なおの神諭は世界の終わりを告げる緊迫した内容だったが、王仁三郎の語りはエンターテイメント的である。だが、天皇家をめぐる記紀神話を正史とみなせば、『霊界物語』はその権威を震撼させる恐るべき偽史となるだろう。もうひとつの神話は、天照大神を頂点とした神々のヒエラルキーを崩し、八百万のあらぶる神々を解き放ち、さらなる起源の世界を捏造したからだ。

王仁三郎のユートピア

なおのユートピアは具体性に欠けていたが、王仁三郎はナショナリズム的な性格を強めつつ、理想の世界を詳しく描写した。曰く、日本が地球の中心国であり、天皇が世界を治める。これは反西洋であり、近代化の裏返しだ。そして資本主義文明を批判する。彼によれば、宇宙の創成から五六億七〇〇〇万年を経て、その完成期を迎えたときにユートピアが到来する。末法の世を救済する菩薩へのみろく信仰を継承したのだ。そして明治維新が西欧礼讃だとすれば、彼は欧米の真似と私有制を否定する。議会は「神聖なる神廷会議」となり、「国家家族制度」が打ちだされ、貨幣と租税の制度は廃止される。

ユートピアの住宅も構想された。王仁三郎は「国民住宅の全部は職業家族及び家庭に応じ、幸福の実現を目的とし供給せらるべき事」と述べている。彼は大邸宅を否定し、家族の人数、気候風土、職業に適した住宅が大事だと考えた。そして「統一的国民の住宅は、天産自給の国家経済を充実円満ならしむるのが大主眼である」という。彼の趣向から想像するに、おそらく近代建築や洋風建築ではない。未来的な交通手段も想像された。

次に、王仁三郎の空間観を見よう。彼は既存の家相を批判したが、艮の方角は尊い方角であり、家を建てるときは、汚いものを建てないようにすべきとされた。そして、やむを得ない場合、お祭りをして神様にお願いすればよいという。なおが所属した金光教が影響している。さらに彼は「日本国は、地球の艮に位置して神聖犯すべからざる土地なのである」という。つまり、東北を神聖化し、特殊な意味を与えている。金光教が特定の方位を重視しなかったことを考慮すれば、これは王仁三郎の特徴といえる。

王仁三郎は霊の世界に敏感であり、日常の空間に異空間を幻視した。彼は自然への深い関心をもち、独特な自然観を示したように、大本の神苑には自然が多い。天理教の神殿周辺には緑が少なく、人工的な構築物に占められているのに比べると、大本教は自然を生かしたランドスケープを形成した。また金銀など多彩な色を塗る寺院に対し、白木の素地である神社は「皇道の本義」だという。つまり、建築家のブルーノ・タウトに代表される、装飾過多な寺院対簡素な神社という当時の典型的な二項対立の構図を共有していた。

1935年の亀岡天恩郷の全景

霊国の写しとしての亀岡

もともと亀岡の聖地は明智光秀の城跡であり、当初は石垣が埋もれ、雑草と雑木だらけの廃墟だった。一九一九年に王仁三郎がこの地を購入する際、逆賊の城という不吉な由緒から、反対や不安の声も出ている。だが、彼は亀岡の位置を言霊学的に分析して必然性を説き、さまざまな意味を与えながら、約束の場所として祝福する。彼は幼少の頃から城址を知っていた。そして自ら決めただけあって、亀岡への思い入れは深い。綾部は第一次大本事件の苦い記憶が残っていた。ゆえに、亀岡は心機一転して活動を再開するのにふさわしい。彼は神苑の造営を指揮した。その結果、亀岡は彼の世界観を十分に反映する。ここは布教の拠点であり、一九二六年に修行者や参拝者の宿泊する安生館を完成させた。

亀岡では、霊国のランドスケープを地上に移しかえる作業を試みた。王仁三郎は「霊国の姿そのままうつしたる天恩郷」と述べている。例えば、一九一九年、円形の月の輪台がつくられたが、これは霊国における月照山に相当するとされた。また、その神体として一三層の石造みろく塔を建てている。彼は高熊山の修行時に霊界を探検したという。霊界は、神界、中界、幽界の三つに分かれ、各宗教の構造に対応するとされた。例えば、神界は、神道の高天原、仏教の極楽浄土、キリスト教の天国にあたる。また「高天原の天界には、地上の世界と同様に住所や家屋があって、天人が生活している……天人の住宅は、地上の世界の家屋と何等の変わりもない。ただその美しさがはるかに優っている」。一方、地獄には殺風景な原野があり、巨大な洋館が建つ。西洋文明を嫌う王仁三郎らしい着想だ。

彼によれば、「霊界は想念の世界であって、無限に広がる精霊世界である。現実世界はすべて神霊世界の移写であり、また縮図である。……たとえば一万三千尺の大富士山をわずか二寸四方くらいの写真にうつしたようなもの」だという。写真の比喩は興味深い。空間のスケールが伸縮し、広大な霊界の縮小模型として亀岡が造成されるのだ。空間はあらかじめ計画された天上のイデアの設計図を写して成立する。「天国にも霊国にも花園が無ければならぬ」という記述どおり、彼は花を植えた。弾圧で聖地の建設が中断しなければ、もっと厳密に霊界と対応した空間が生まれたかもしれない。

王仁三郎は、なおの救済神による世界革命の思想から、霊界と現実の二重世界の思想に大本教を移行させた。ゆえに大本教の空間概念は、二重の構造において理解されねばならない。天理教は現世中心主義の思想である。霊界は存在しない。現実の社会に甘露台を中心とした世界を構築する。一方、大本教は霊界を現実の世界に写しながら、聖地を造営した。天理教や金光教は農村に発生し、絶対的な神が世界に秩序を与え、人々を救済する。一方、遅れてきた大本教は、救済神を信仰しつつ、近代都市において霊の信仰を行う。合理主義への反動から、霊界を想定した空間観は、大本教の特徴である。

建築家としての王仁三郎

一九二八年三月三日、王仁三郎は満五六歳七ヵ月となり、みろく大祭を行う。そしてこの意義深い年の終わりに月の大神を祭る亀岡において月宮殿が竣工し、「宇宙の完成」の重要な節目とされた。実はこの計画は第一次大本事件の頃に始まっていた。一九二一年に月宮殿の造営の議が起きている。だが、弾圧により、工事はすぐに中断した。事件後、計画を変更し、一九二五年に工事を再開する。彼は予算を確保しないまま基礎工事をはじめ、まとまった資金が入ると一気に完成させた。資金計画はなく、何の工事か理解できないものもあったという。天理教のような計画的な造営ではない。綾部と亀岡では、施設の配置に軸線や対称性などの計画的な発想がない。また金光教のように、信者の寄進に神経質になっているわけでもない。彼は霊感にもとづき聖地の造成を進めた。

むろん、王仁三郎が図面を引いたわけではない。建築の専門家と共同作業をしている。月宮殿の建築主任を担当した大国以都雄によれば、「建築一切に関しても、出口師は万能である」らしく、王仁三郎が「矢つぎ早に何間尺のもので、高さ幾尺のもの」と次々に注文し、「大体の指導に概念的の平面は出来上がった」。その後は、王仁三郎に尋ねながら設計図を作成し、現場でも霊感によって位置や素材の指示を受けたという。とはいえ、月宮殿は王仁三郎の空間観を十分に反映している。石造を決定したのも彼である。木造なら何とかできると思っていた大国も驚いたが、あまりに破天荒な計画だったために、建築の専門家は協力を断ったらしい。建築の素人ゆえに、型破りでありえた。大国は設計者を尋ねられると、王仁三郎と答えている。新宗教において、ほとんど教祖に近い立場にありながら、造営の現場に携わり、ここまで直接的に介入することは珍しい。

月宮殿に付与されたシンボルは、他の大本教の建築のみならず、他の新宗教の建築に比べても、圧倒的に多い。それは王仁三郎という非凡なる人格ゆえに可能だった。特に興味深いのは、彼が月宮殿のために重層的な意味体系を構築したことである。それは意味の回復を目指したポストモダンの建築よりも豊饒だった。ときには語呂合わせや駄洒落を使い、彼は信者に共有される物語を創作し、月宮殿の神秘性を増加させる。

月宮殿の基本構想

月宮殿はとりわけ個性的な建築である。大本の施設が天皇に関わる建築様式と似ていたことが問題視された経験から、独創的なデザインを志向したのだろう。実際、事件前に着手された月宮殿の計画は、事件後に完成したそれとかけ離れている。大国の回想によれば、当初は「総て柱は円柱とし、所謂平屋建神殿模様」を予定していた。とすれば、木造の神社風の建築が想定されていた可能性がある。大国は、「嘗て絵画にある、竜宮の如き形……建築上の技術と云ふ事は全然無視して只想像画に過ぎないもの」という。竣工した月宮殿は木造ではない。「東西両洋の枠を抜き、かつて絵に見たる竜宮城の如き感がある」と説明されたように、鋭く反りあがった屋根や禅宗様風の花頭窓は竜宮城を連想させた。つまり、途中で計画を変更している。王仁三郎は意図的に風変わりな造形を選んだ。実際、教団の機関誌は、月宮殿を「東西両洋古今を通じて未聞の建築」と形容している。

月宮殿は日本の伝統的な様式に頼らない。大国は、屋根、窓、天井は「東西文明の合流点であるイラン、イラク地方の古代建築物を研究し、アジア古代の伝説的絵画を参考にした独得な構想から

月宮殿

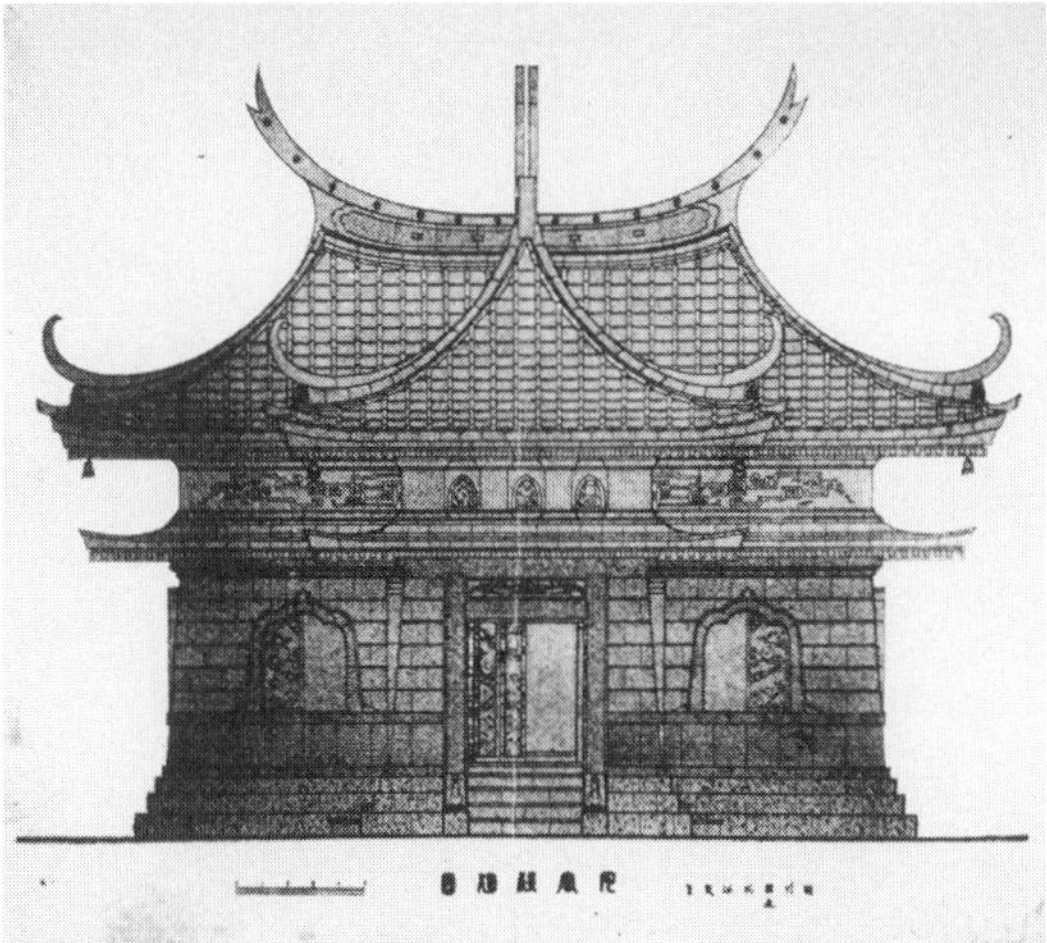

月宮殿の立面

なるもので、家でもなければまた塔や堂宇でも神道的な神殿でもない」と記している。とはいえ、月宮殿の着想源がないわけではない。王仁三郎は、高熊山修行のときに最奥の霊国で見た月宮殿を地上に模写したものと説明している。彼の好む月も参照された。「月宮殿の設計図は月の面である……月の面を眺めては、寸分も違はぬやうにと試みた」と述べている。満月の面をそのまま写したというわけだ。

前方の二本の大灯籠は、日本の光明を意味し、全世界の闇を照らす真実の文明の発祥地を示す。反対に後方の石灯籠は光を発せず、西洋文明の象徴である。宝座は蓮華台とも呼ばれるように、蓮の花に似ており、泥の中から現れる清浄無垢を表す。また月では兎が餅をつくから、兎がよく隠れるという砥草《とくさ》を植え、玄関の両側にも兎一対を彫った。

出口は言霊学と方位観を融合させて、南（みなみ）は「皆見る、皆見（みなみ）える」から神のいる中心を意味し、北（きた）は「気垂（きたる）、水火垂（いきたる）、呼吸垂（いきたる）」から人の向く方向であり、月宮殿を南面させて人が北面して拝むように配置した。そして艮の方位を重視し、小さい登り口を設ける。

実際に月の表面や霊界が王仁三郎の言うとおりなのかどうかが問題ではない。遠くの現前しない場所のイメージから着想を得て、月宮殿はつくられたという物語性が重要なのだ。彼の世界観は霊界と現実の二重構造をもつ。ゆえに、はるか彼方の世界の理想形を写したものとして大本教の建築は立ち現れる。巧みな意味づけが、その世界観を補強した。

王仁三郎は綾部と亀岡の対比からも月宮殿の構想を説明する。彼によれば、「天界すなわち神界

月宮殿の四十八宝座

高天原にも、また地上のごとく宮殿や堂宇があって、神を礼拝し神事を行っている……殿堂や説教所は天国にあっては木造のごとく見え、霊国にあっては石造のごとくに見えている」。そして綾部は愛善の徳に住む天国、亀岡は信真の光に住む霊国であるとされた。つまり、綾部は木材に対応し、「古来の純日本神道の姿」である一方、亀岡は岩石に対応し、「種々の様式を形に現」した「華麗にして明透」なものとして相互補完的に位置づけられた。これは木材を用いた綾部の本宮神殿、石材を用いた亀岡の月宮殿に対応する。また綾部は「静寂」、亀岡は「多端」という対照的な性格をもつ。

国魂石と月宮殿

一九二五年、突然、王仁三郎はけがれのない国魂石を集めるよう全国に指示し、月宮殿の土台となる四十八宝座を建設した。各地の国魂石の集積は世界の縮図になった。これはいろは四八文字に由来するが、月宮殿は四方に四個の灯籠を置き、中央に十字形の平面をもった建物があり、八の字の形をした通路もつくられた。文字通りの空間化である。

石垣の工事は王仁三郎が立ち会い、石の配置を指示した。「月宮殿の石垣の測定も、聖師の足取りによつて惟神的に決定された」という。国魂石は、一九〇三年頃に綾部の別荘の庭で小石を積んだものが模型になっており、石垣が囲む不整形な敷地は、彼とゆかりのあるオリオン座の形を写したものと伝えられる。宝座の建設では、出口が必ず一面は外部に露出する規則をつくって石の配置を決めたり、神秘的な夢のお告げによって、石を取り除きながら進めた。完成した宝座は荒々しい巨石から構成され、異様な雰囲気を漂わせる。ともあれ、宝座が築かれると神聖ゆえに踏むことが禁止され、続く基礎工事の際は、コンクリートで汚さないように板で隠し、お祓いを受けて板の上で作業を行う。

工事は一二という数字の因縁にこだわった。一二月二四日に一二人の作業員が一二本の鉄骨を立ちあげ、柱の角を合計すれば四八となり、高さはミロクの吉数にちなみ一八尺(＝五＋六＋七／＝三×六)である。他の数字による意味づけを紹介しよう。例えば、満月が十五夜(＝三×五)だから、亀岡の土地が東経一三五度三五分、北緯三五度であることに因縁を感じている。ともあれ、作業は冬も続き、一九二八年二月八日に上棟式を挙行した。

屋根、垂木、軒先、天井、瓦、桁は石造でつくられ、棟の中心に瑞《みず》の御霊《みたま》にちなむ三つの玉石を重ね、三尺三寸の高さとした。王仁三郎は言葉と数字と空間を横断する。その真下は拝殿にあたり、円座を置く。棟には四八の神紋石が使われた。屋根にあわせて、近くの瑞月門や石造の鳥居も、上部が強く反った独特な形態をもつ。次に室内を見よう。玄関は石材を組み合わせた丸天井である。信真を表す外部の石材に対し、内部は愛善を表す木材であり、木曾の檜を使用した。障子は徹底した調査により、既存のものに似ている案を廃した独創的なデザインを採用し、薄絹を張る。装飾として壁に張られた緞子は、全体で四八〇匁であり、数字合わせを意識した。神座は三段にして黒花崗岩、背面に大理石が用いられた。神座の窓は、日月のかたちをした厚いガラスを、その他は花頭窓を使用する。神座の両側面は紫色、拝座と左右両室は上を青色、下を白色とした。色彩も意味を担う。紫は神の色、天火結水地の結びの色である。青は天の色、深遠、悠久、清廉、真理を含意する。白は汚れなき神聖な色、純潔無垢を表現する。

一九二八年の後半、王仁三郎は地方巡教に出かけたまま、しばらく亀岡を離れたが、一一月五日に戻り、ほぼ完成した月宮殿に満足する。一一月一一日、綾部の言霊閣の最上階に鎮祭されていた月昇石、日昇石、三光石を含む六個の石を降し、翌日に亀岡に向けて運びだす。道中三六名が参加したが、これもミロクの数字にかけている。

ある逸話によれば、工事も完成に近づいた頃、ふいに王仁三郎は「ああ、このお宮も潰されてしまうのか」と詠嘆した。この予言は第二次大本事件の破壊行為によって的中する。また「あまり丈夫につくったら壊すのが大変だ」と語ったエピソードもある。実際は破壊された後に生まれた作り話かもしれない。だが、真偽は問題ではない。この物語は信者にとってどういう意味をもつのか。おそらく、月宮殿の破壊を予期せざる不条理な外部の暴力に委ねてしまうのではなく、王仁三郎の言説空間にとり返すことが重要だった。ただ、受動的に壊されたのではない。すでにそれも彼は見通していたというわけだ。

長生殿と十字形

教団は危機をのりこえ、さらに教勢を伸ばす。それは建設にもあらわれ、神苑の整備は絶えず行われていた。建設の比重は亀岡に傾く。しかし、明快な計画への意志は認められない。複雑な地形や土地の買い足しも、その一因だろう。

月宮殿の完成後、両聖地のバランスをとるかのように、綾部でも重要な施設の造営を開始した。例えば、本宮山の山頂に建設を予定された長生殿である。一九二九年一月には長生殿の設計図の準備にとりかかり、「十字形の新殿は其一辺が六間」の大きなものに決まっていた。一九三一年八月に基礎工事が終わり、花崗岩と御影石を用いた十字形の礎石ができる。完成図によれば、反りの強い入母屋の屋根が交差した二層の建物だった。十字の棟の中央には、やはり三つの玉石がのる。「長生殿建ち上りたるあかつきは神の経綸も漸く成らむ」と歌われ、教団の重要な節目となるはずだった。しかし、第二次大本事件により、工事は中断し、戦後に持ち越される。ただし、当初の計画とは違うものがつくられた。

幻の長生殿で注目されるのは、月宮殿と共通する十字形のプランである。大国は、月宮殿の独自性について、平面が十字ゆえに「建築史上にその類例を見ない」ものであり、「奇想天外」だという。なぜ十字形の平面なのか。月宮殿ではこう説明された。十字の形は表裏がない神を表象し、上

長生殿の計画図

に進む「火」と横に進む「水」を惟神的に組み合わせたものであり、「火水」（かみ）と読み、完成を意味する。王仁三郎は「スの言霊は、鳴り鳴りて遂に大宇宙間に、火と水との物質を生み給ふ。抑々一切の霊魂物質は、何れもスの言霊の生むところなり。而して火の性質は横に流れ、水の性質は縦に流るるものなり」という。火と水は初源の要素である。これが交差し、十字形を生む。神の国は、火・霊・日（か）と水・体・月（み）の結合であり、火水（かみ）の国、霊主体従の国、日月（かみ）の国となる。戦後、この十字形プランは大本教から分派した新宗教の建築に受け継がれる。

8. 第二次弾圧による聖地の破壊

宗教弾圧と建築破壊

一九三七年、亀岡を訪れた坂口安吾は、『日本文化私観』（一九四二）に「上から下まで、空濠の中も、一面に、爆破した瓦が累々と崩れ重つてゐる。茫々たる廃墟で一木一草をとどめず、さまよふ犬の影すらもない。四周に板囲ひをして、おまけに鉄条網のやうなものを張りめぐらし、離れた所に見張所もあつた……鉄条網を乗り越えて王仁三郎の夢の跡へ踏みこんだ。とにかく、こくめいの上にもこくめいに叩き潰されてゐる」と記した。

いったい何が起きたのか。日本の近代宗教史上、最悪の弾圧によって、大本教の聖地が完全に破壊されたのだ。ゆえに現在、戦前の大本教の建築はいっさい残っていない。オウム真理教のサティアンが合法的な手続きによって解体されたのに対し、大本教は正式な裁判の前に壊されている。報道も規制され、闇の中で蛮行が進められた。大本教の壮絶な歴史には、輝かしい強烈な創造と凄まじい理不尽な破壊がつきまとう。

歴史的に考えれば、宗教建築の破壊は決して珍しいものではない。キリスト教やイスラム教の紛争に関わる破壊は枚挙にいとまがない。社会主義や文化大革命によるヴァンダリズムもある。近代の宗教では、初期のモルモン教が神殿を放火された。日本の場合、キリシタンの弾圧、不施不受派の建築改変、水戸藩の寺院整理が知られている。明治以降は、政治的な存在になった神社に関わる施設破壊が挙げられる。特に一八六八年の神仏判然令は、失われた起源としての神道を追及し、外来の仏教的な要素を排除した。その結果、廃仏毀釈の嵐は全国に広がり、多くの寺院が打撃を受ける。また天皇の御幸に際しては、伊勢神宮の参道にあった一八の寺院が撤去され、純粋な神道の空間を演出した。もうひとつの明治革命は神々の戦争だった。

近代国家は権威づけられた神のみを奉斎し、それ以外の神を排除した。神社整理では、弱小神社を統廃合したり、一町一社の方針を掲げ、大量の神社を減らす。これに対し、柳田國男は潰される神社に危機感を覚えて民俗学に力を入れ、南方熊楠は神社合祀反対運動を展開した。また植民地支配のシンボルだった朝鮮神宮、台湾神宮などの海外神社は、戦後に破壊された。戦時下のハワイでは、日本人移民の神社は閉鎖を余儀なくされている。だが、以上の事例と比較しても、大本教の弾圧は特異なものだった。

第二次大本事件

第二次大本事件では、施設の破壊にとどまらず、教団が存在した痕跡をすべて消滅させようとした。ナチスによるユダヤ人の虐殺を想起させるものだろう。当然、大本教の刊行物、本部の資料など、文書類もほとんど焼却された。その結果、皮肉なことに、警察側の写真資料は、貴重なものになっている。例えば、強制捜査の際、月宮殿内部の御神体が撮影されたが、実物はもはや存在しないからだ。天理教が甘露台の写真を公表しないように、神聖なものだから、教団の刊行物にもおそらく掲載されたことがない。

一九三〇年代に大本教の分所と支部は増加の一途をたどり、急成長していた。そうした矢先に第二次大本事件が勃発する。他の新宗教が教派神道として国家神道に組み込まれていくなかで、大本教は危険思想とみなされ、スケープゴートにされたのだ。

一九三五年一二月八日の夜明け、警官隊四三〇名が両本部に突入し、再び弾圧が始まる。多数の信者が検挙され、施設の捜索と証拠品の押収が行われる。交通は遮断され、神苑一帯を封鎖し、部外者の出入りは禁じられ、報道も統制された。

今度は何が問題だったのか。一九三六年二月八日の内務省警保局長による警保局保発甲第七号は、やはり「無願寺院仏堂創立禁制ノ件」から建物を撤去する方針を導いている。二月二五日付の内務省警保局保安課による私案では、施設の破壊によって、「邪教撲滅ノ徹底ヲ期スヘキ必要アリ」と目標を掲げていた。そして法律を検討し、無願の件で取り壊せるが、これは第一次大本事件で適用したから、今回は神社類似行為を違反したとみなすべきだとしている。だが、建築的に見れば、独創的な月宮殿よりも前回の神明造の本宮神殿のほうが、神社との類似度は明らかに大きい。このへんの判断はちぐはぐである。

この私案では、建物の撤却が信徒にとって致命的であるという認識を示した。信者に動揺が広がらないように、破壊時の写真撮影を禁止し、報道を制限することも述べている。とにかく施設の破壊を重視したことは特筆すべきだろう。また信者の将来の生活への配慮に触れた。社会復帰させることで、大本教の活動が再燃しないようにするためだ。そして「今回コソハ処分ヲ徹底シテ再ヒ悔ヲ後日ニ貽スコトナキヤヤウ積極的態度ヲ以テ本件措置ニ臨ムノ必要ガアルト信ズ」と結ぶ。つまり、大本教を抹消することが狙いだった。

破壊の方法

一九三六年三月一三日、不敬ならびに治安維持法の嫌疑により、大本事件の起訴が決まる。この日、各庁府県の特高課長に配られた内務省警保局の印刷物には、「大本教の徹底的掃蕩潰滅を期する為め当局は今後あらゆる手段を尽くす積もりであります」という唐沢警保局長の談話が掲載されていた。排除への強い意志が認められる。別の談話では、将来的に信仰の対象が残ることを恐れ、施設の全破壊を命じたことが明言された。

同日、内務省警保局長から警視総監と各庁府県長官に対し、警保局保発甲第一四号「大本教ノ神社ニ紛ラハシキ奉斎施設ノ撤去其他ニ関スル件」が出された。それによれば、教団が新築したもの

破壊された月宮殿

は完全破壊、既存施設を改造したものは原形に戻す、単に神壇の付加であればその除去が指示される。三月一八日、当局は京都府達第二一五号の命令書を王仁三郎に渡す。内容は、無願の社寺創立禁止に違反したことを理由に、一九三六年五月一五日までに建物をすべて破却するというものだった。最終的には無願の件が問題にされている。

続く三月二三日の保発甲第三〇号は、各庁府県の警察部長に対し、解体のマニュアルを具体的に記していた。「建物破却（改修）の処理方針」が命じたのは、ただの破壊ではない。例えば、神紋のある瓦飾や釘など、建物の付属品は破却すること。壊した後の材は、それを用いて同じような建物をつくれないように、梁や柱を切断すること。そして碑石を破壊する場合、碑面の文字を消し、完全に石材に戻して処分するか、あるいは砕いて地中に埋めること。つまり、大本教の空間の痕跡を残さないことに配慮していた。木材を切り刻むのは、第一次大本事件後に行われた古材の転用を阻止するためである。

さらに全国一二五の施設について、処分の方法を個別に指示していた。やはり王仁三郎の関わった主要な施設ほど破壊の割合が高い。大本教が建設したものは完全に取り壊し、改築した施設や重要度の低いものは祭壇のみ撤去になっている。例えば、北海道別院の鳳凰殿は「取毀」、信州別院は「一部改修」、三重分院は「祭壇のみ撤去」というふうに。あらかじめそれぞれの施設の来歴をよく調べあげたうえで、リストが作られた。

同じ頃、拘束されていた王仁三郎は、土地を二足三文で町に譲渡するという覚書に判を押している。これは警察が強要したものだった。教団の復興資金をつくれないように、綾部と亀岡の土地を廉価で売却させたのである。処分された財産は、懸案だった信者の更生と救済に割り当てられた。なお、施設の取り壊しの費用も大本教が負担している。

かくして全国四五ヵ所で建物二一六棟と碑石類五二が撤却された。

廃墟

一九三六年の五月一一日から六月一二日にかけて、建物は破壊された。その様子を信者は「ダイナマイトで爆破したり、柱を切りまして、棟木に綱をつけて引き倒したりしたわけなんです。……石なんか日本海に捨てられたということなんです。また再建したりするといけないということなんですね」と回想する。また後の教主、出口直日《なおひ》（一九〇二〜九〇）はこう語る。

「みろく殿の柱など、こまごまに切りさいなまれ、おまけに風呂屋の焚物にされ、わたしの住居であった掬水荘も、十曜の紋のついた着物も、日出麿が使用していた机も、その上ご苦労にも、手洗い鉢まで、日出麿が使用したという、ただそれだけの理由でこわされました」。王仁三郎の着物も簞笥ごと焼かれる。日用品も、礼拝の対象になるからだ。

このように神体、祭壇、神具、王仁三郎の書画や楽焼は、すべて押収され、看板と一緒に神苑内で焼却された。焼くことができない霊石は、水上署の船で日本海に捨てたり、地中に埋めた。一方、家具、畳、ふとん、機械、紙類など、再利用できる日用品は、ただ同然で古道具屋に売り払われた。裁判費用をかせがせないためである。貴重品を持ち帰った警官もいた。天声社の在庫にあった八万四〇〇〇冊の書籍はすべて焼かれた。

解体は清水組が請け負い、連日綾部に一五〇名、亀岡に三〇〇名の人夫を派遣した。月宮殿は頑強な構造だったために、ハンマーで砕き、ガスで鉄を焼き、一五〇〇発のダイナマイトで爆破したと伝えられる。五六七殿はワイヤーをかけて一気に倒された。木造建築の残骸は三尺以下に切って処分される。開祖の墓は掘りおこされ、樹木を引き抜き、出口家の墓碑や信者の納骨堂まで壊した。聖地の六四点二百四十余棟に及ぶ全施設を手にかけ、歌碑の文字を削り、礎石をひっくり返し、金竜池は埋め戻してグラウンドとした。神域を根こそぎつぶし、地形すらも抹消する。発見された聖なるランドスケープは無に帰る。暴力の後には何も残らなかった。それは徹底的な弾圧を計ったからなのだが、逆に言えば、それだけ建築が宗教の象徴たりえたのであり、力をもっていたということだ。

出所した王仁三郎は、廃墟と化した聖地に立ち、「このように日本はなるのや、亀岡は東京で、綾部は伊勢神宮や。神殿を破壊しよったんやから宮城も空襲されるのや」と語ったらしい。日本の敗戦を予期したかのようだ。彼は、大本教を最初の事件、日本の出来事をその反復と位置づけ、自己を日本の雛型とみなして神聖化する。大本教の考えでは、第二次大本事件が勃発した一九三五年一二月八日は、六年後の一九四一年一二月八日の真珠湾攻撃により、世界的な規模で拡大・反復した。

記憶と禁忌

戦後、亀岡町と綾部町から教団に土地が返還された。大本教は愛善苑として再出発する。王仁三郎は再び新構想の神苑造営を指示した。一九四六年、彼の指示により、破壊された石片を集めて、長生殿の礎石のうえに月山富士を築く。だが、一九四八年に王仁三郎は亡くなる。一九五八年、万祥殿が完成し、亀岡に礼拝の場所ができる。これは綾部の長生殿に匹敵する施設として弾圧前から計画されたものだ。一九六二年に完成した鉄筋コンクリート造の大本会館は、京都大学で教鞭をとっていた建築学者の西山卯三が協力したモダニズムのデザインである。一方、綾部では、

亀岡の大本会館

綾部の緑寿館

一九五〇年代に金竜海の工事が一段落し、一九五三年にみろく殿が完成する。

一九七三年、三代教主だった直日は「末永く後世に残るような純粋な日本建築」の教主館の新築を要望した。そこで文化庁を定年退職した杢正夫を設計者に決め、木村明次郎を棟梁にする。杢は法隆寺を含む、一〇〇〇件以上の古建築の調査・修復に関わり、木村は金閣寺再建を担当した人物だった。工事は大本造営部の直営で施工し、一九七九年五月に「純木造の数寄屋風書院造り」の緑寿館《ろくじゅのやかた》が完成する。引き続き、杢が基本設計を担当した大本資料館(一九八八)は、資料を保管するという目的から、高床式土蔵造の建物になった。

一九九二年には、直日の意により、「在来の工法による伝統的建築で、後世に残しうる」純和風の長生殿が綾部に完成し、戦後の復興に一区切りがついた。第二次事件で造営が中止になった建物であり、開教一〇〇年を祝うプロジェクトだった。長生殿は、本宮山を大神の降臨する神体山とみなし、神殿に主神と八百万の神、開祖・聖師・教主らの神霊をまつる。設計は杢正夫だった。正面の鶴亀殿から渡廊下を通ると、中央に長生殿、右に老松殿(教祖殿)、左に白梅殿(書院)の三棟が並行する。老松殿の右奥には能舞台と茶室を配した。長生殿の奥には神明造の神殿、同様に老松殿の奥には流造《ながれづくり》の神殿がある。落ちついた空間だが、王仁三郎の奔放さや重層的な意味体系はない。教主の変更により、建築は正統派に向かい、聖地は変容した。現在も、綾部の梅松苑は祭祀の中心地、亀岡の天恩郷は宣教の中心地として位置づけられている。

往年の姿には及ばないとはいえ、大本教は少しずつ再建を進めた。しかし、あえて再建せずに空白のままに残したものもある。例えば、月宮殿を再建していない。その代わりに月宮宝座が建設さ

亀岡の大本資料館

綾部の長生殿

綾部の案内図

れた。王仁三郎の考えにより、亀岡は月の大神様の聖地であるから、月をかたどった円形の聖壇を設け、跡地に散乱した国魂石を半円球状に積む。完成した一九四九年一二月八日は、第二次大本事件が発生した日であり、弾圧の記憶を呼びおこす。

ちょうど開教一〇〇年にあたる一九九二年二月三日、本宮神殿のあった本宮山は神体山に指定され、登拝禁止になった。新しい長生殿の敷地が山頂から麓に変わったのは、本宮山が不可侵の聖域になったからである。同年一二月八日、月宮殿跡の月宮宝座の周辺も、禁足地に指定され、立ち入り禁止となる。現在は下から見ることしかできない。近づけないがゆえに、その場所は聖性をおびる。弾圧の記憶はひっそりと封印され、不可視のモニュメントに変わる。そこに戦前の大本教の荒ぶる魂が眠っているのだ。

戦後、大本教のもうひとつの歴史が文学によって想像された。高橋和巳の小説『邪宗門』(一九六六)は、教団が武装蜂起する可能性を描いている。ひのもと救霊会と名を変えているが、明らかに大本教がモデルだ。戦前は天皇制と対決して弾圧を受け、戦後はアメリカの占領軍を相手に革命を実行すべく教団は立ち上がる。新教主はこう宣言した。

「神の時の近いゆえにこそ、皆の衆の命はひとたび神に捧げられねばなりませぬ。皆の衆よ。開祖の予言された最後の愛による最後の石弾戦が、遠からず、明日にもこの神部の地に起り、それは近畿を覆い、関西を席巻し、全日本中にひろまりましょう」、と。だが、壮絶な闘いの末、壊滅する。教団とともに全施設が壊滅し、神の国を実現させる革命は失敗した。

3章

戦後の新宗教空間

1．黒住教の分散する霊地

黒住教と浦辺鎮太郎

岡山の吉備津神社の裏手にある神道山を登ると、黒住教の大教殿・太陽《ひ》の神殿《みあらか》（一九七四）が建っている。設計した浦辺鎮太郎は、倉敷アイビースクエアを代表作とし、独特の装飾を用いたり、古い建築と調和するモダニズムに才能を発揮した建築家である。

なぜ、彼が仕事を依頼されたのか。実は大正の末、五代教主の黒住宗和（一九〇五～七三）と旧制岡山一中の同級生だった縁から、白羽の矢がたつ。浦辺は電話で依頼され、「喜んでご奉仕いたしましょう」と答えたらしい。彼は、教主には「弥生期の日本人が持っていたであろうおおらかさ——現代の日本人が失いかけているおおらかさが少年の日の宗和教主に備わっていた」と回想し、久しぶりにあう教主に「世の常の老醜を少しでも感じたならばお断りしたいという肝もあった」と述べている。そして二人は会見した。浦辺は「生来の赤く清く直き心を持ちつづけて生きつづけて

大教殿・太陽の神殿

来られたナと直感した。弥生期の建築を原型として、教主のお姿をそのまま建築化したような大教殿を造り上げたいと言う構想はこの会見の時に生まれた」という。戦後の日本建築における有名な伝統論争では、縄文か弥生か、という対立軸があったのだが、それも浦辺の念頭にあったのかもしれない。

太陽の神殿と伊勢神宮

完成当時、黒住教の機関誌は、この建物を次のように説明した。「日本神道の根本たる伊勢神宮をその構造上の主軸とし、教祖神ご在世中に建築された『教祖記念館』がその上に反映され、そして宗忠神社のご本殿を特にその屋根の中央部分にとり入れるなど、外形はあくまでも単純に。おおらかな日本古来の建築用式《ママ》である」。

神殿は、基壇を安山岩、縁と手摺をコンクリートの片持ち梁として張りだし、本体に一九七三年の伊勢神宮の式年遷宮に伴う古材を用い、屋根は玄昌石で葺き、異なる素材を手堅くまとめている。もともと教団は、初期の頃から伊勢一万人参拝のイベントを繰り返したが、ここでは材料を通して、伊勢神宮とのつながりを強調した。太陽の神殿は、これに連結する神結館も含め、構造体の下部をモダニズム、上部を伝統的な日本建築の応用としている。戦前の黒住教の建築は、曲線的な唐破風などを用い、装飾的な一面もあったが、そうした要素は排除され、より神道的なイメージが強化された。

特に屋根は、二つの神明造風の切妻を直交させ、内削ぎ（正面側）と外削ぎ（側面側）の千木《ちぎ》を組み合わせた。天理教の神殿と教祖殿はそれぞれ外削ぎと内削ぎの意匠を採用し、建物の差を表現したが、これはひとつの建物で二種類の千木を使う。ともあれ、これは内宮と外宮の千木の形式を参照しており、伊勢神宮を連想させる。また千木や堅魚木は、備前焼作家の藤原健が焼き、独特の色合いや強い素材感により、地方色をかもしだす。長さ四メートルの千木八本と長さ四メートル直径八六センチメートルの堅魚木九本は、備前焼の常識をこえる大きなものだ。しかし、教団の青年連盟の協力によって、巨大な備前焼を実現する。

神殿の内部は、正面の階段を昇って、前殿、二二〇畳の教場、斎場、上段、大床、御内陣と続き、左に神饌所、右に奏楽の間を配する。そして太陽を想起させる妻の部分の円窓は、内部に光を導き、日拝を重視する黒住教にふさわしい空間を生む。太陽の神殿は、教団の新しいシンボルとなった。教団機関誌『日新』の表紙は、この建物のシルエットを用い、屋根の輪郭と千木をはっきり示す。教団関係者の証言によれば、現在の地方教会はこの神殿を真似る傾向にあるが、特にデザインの規定はないという。

太陽の神殿は、有名な建築家が手がけた新宗教の空間である。したがって、作品もすぐれている。山中にたち、周囲の木々は神殿をやさしく緑で包む。現在、訪問すると、周囲の環境となじんでいるために、黒住教があたかも大昔から、ここに本部を構えていたような感覚すら抱く。だが、実際

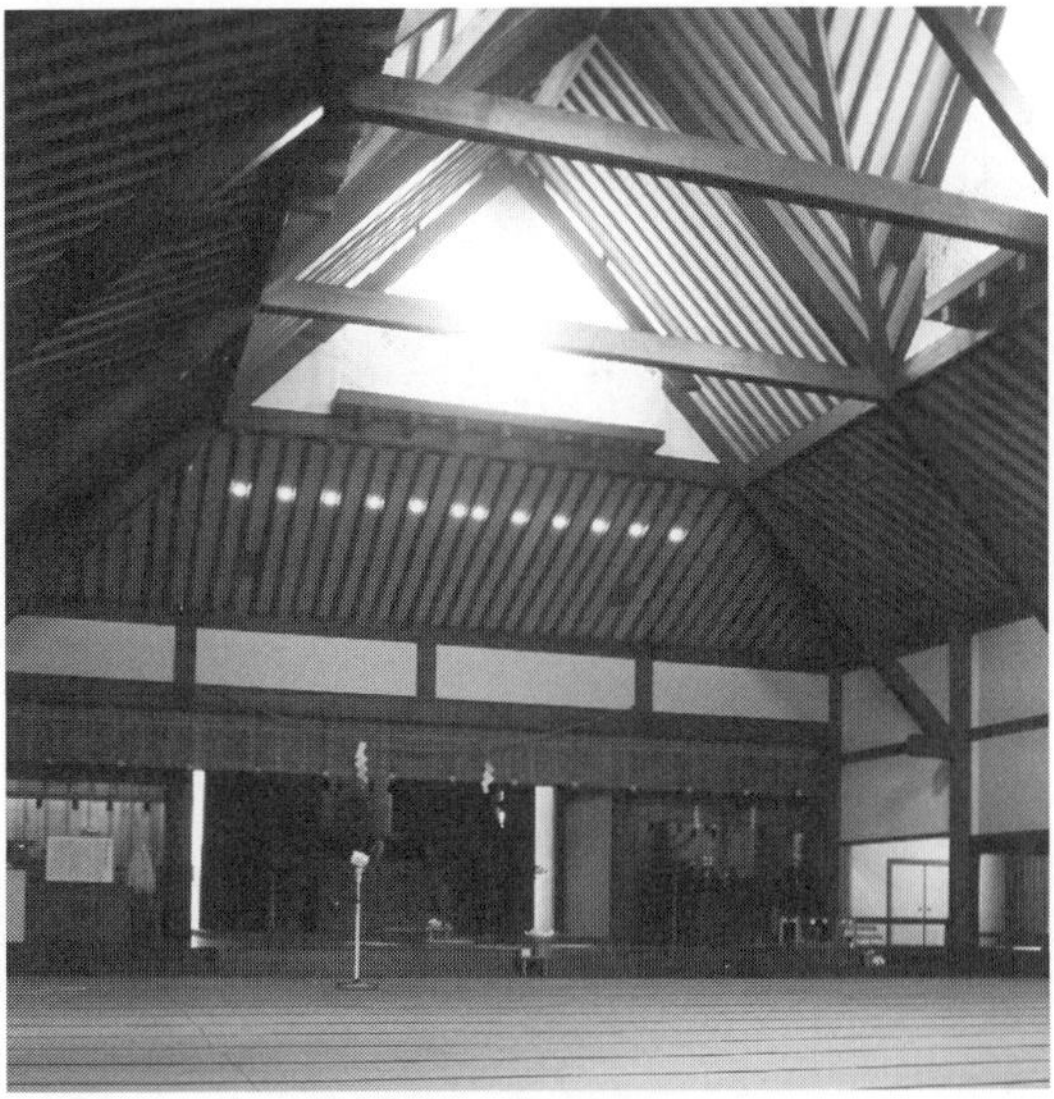

大教殿の天井見上げ

大教殿の模型

は、この神殿の造営時に教団が都市化の進む岡山駅付近の旧本部・大元《おおもと》を嫌い、緑の多い神道山に本部を移転して、つくられたのである。つまり、一九七〇年代に誕生した新しい霊地なのだ。

創成期と神楽岡

一八一四年、黒住教は、黒住宗忠（一七八〇〜一八五〇）が岡山郊外で創始した。彼は肺結核を患っていたとき、冬至の日の出を拝したところ、太陽神、すなわち天照大神と合一する神秘体験を感じ、生き神と自覚する。天理教や金光教よりも早く登場し、明治初年には四〇万の信者を抱える教団に発展したが、その後は伸び悩んでいる。教祖は、口授を重視したために、体系的な書物を残していない。教義に関わる直筆の文章は「日々家内心得の事」（一八四六）だけである。が、それも七つの心得を列挙し、天照大神に感謝しながら暮らす生活の規範を示したもので、空間の概念を抽出することは難しい。

初期の建築は、他教団と同様、見るべきものはない。一八四六年に教祖の住宅の増改築を信者が申し入れた際も、私的な目的は許さなかったが、公的な目的ならばと認め、仰山にならず「できるだけ質素に」という条件がだされた。また教祖は形態そのものにも、思想のメタファーとしての形態にも関心がなかったのだろう。ここは天理教と分かれるところである。ともあれ、信者による資材の寄進と労働の奉仕のおかげで、一八四八年に住宅と教会を折衷した建物（現教祖記念館）が完成する。当時はこの建物への放火未遂や、一八六八年にある村落で熱病の流行を理由に黒住教の社祠が焼かれるという事件が起き、迫害もあったようだ。ただし、国家的な弾圧ではなく、偶発的な事故である。

京都の吉田神社がある神楽岡には、本家の岡山よりも先に建立された黒住教の宗忠神社（一八六二）がある。これは高弟の赤木忠春（一八一六〜六五）の尽力によるものだった。彼は二二歳で失明するが、宗忠に会って開眼し、教祖の死後、京都方面へ布教にでた人物である。その地で彼は、神社事務本庁である吉田家や皇室とコネクションをつくり、大明神号の許可を得て、吉田神社の社地の一部を金一〇〇両で永借し、神社建立にこぎつける。当時、地元の岡山では宗忠をまつる神社が許されていなかったから、これは快挙だった。ただし、立教の地ではなく、布教の地で先に正式な神社がたつことは、ぢばを絶対視する天理教ならば、ありえないだろう。場所に対する違う考え方がうかがえる。

神楽岡の宗忠鳥居

鎮座五十年祭を控えて、宗忠神社は改築された。明治四二年の「設計要旨」には、「建設物は努めて細巧の趣致を避け完結の体裁を具フルコト」、「政府の規定を標準となし後世頽廃の憂ヒナキ様計画スルコト」、「附属品的装飾物ハ之ヲ省略ス」とある。つまり、別格官幣社の標準設計を参考にしながら、装飾のない簡素なものを目指し、材料はすべて檜を用い、ほかに透塀《すかしべい》と祝詞門は豊国神社を、中門と玉垣は伊勢を参考にしている。なお、宗忠神社は「宗忠鳥居」と呼ばれる独特な鳥居の名称の由来にもなった。

大元と吉備津神社

黒住教発祥の地では、別派独立を果たした後、一八八五年に神社が完成した。宗忠神社の拝殿は屋根に千鳥破風を二つ並べ、吉備津神社の形式にきわめて類似している。両神社が四キロメートルしか離れていないことを考えれば、宗忠神社が影響を受けたのだろう。当時の文献でも、両者の類似は意識されていた。拝殿の正面は唐破風の向拝と千鳥破風をもち、本殿は全体が流造でありながら、入母屋と千鳥破風と唐破風を付加しており、ともに華麗な装飾をもつ近世風の特徴が認められる。

この神社に対する当時の教団の解釈は、こうだった。神社が正確に日の昇る東を向くのは、教義にふさわしい。暗鬱な山奥の秘境的な空間ではなく、のんびりした平地であることは陽気な教義をよく表している。堀をめぐらす長方形の敷地が規則正しく、他の新宗教のような怪しさがない。そして配置は鳥居から本殿まで、中心軸がはっきりしており、簡明なのは喜ばしい。一方、緑が少ないことを惜しんでいる。境内に自然が必要なことはしばしば説かれるが、黒住教もその例外ではない。

神社の右側に建つ大教殿は一八九九年に完成し、大元は本格的な聖地として整備されていく。諸般の事情により、当初は神楽岡に中心施設がつくられたのだが、こうして黒住教の重心が大元に移動した。黒住教はそれほど強く場所にこだわらない。大元は教祖の生家だったわけだが、戦後に大

大元の宗忠神社拝殿

吉備津神社

神道山の案内図

教殿は神道山に移転してしまう。

神道山

一九六四年の立教百五十年祭は本部大元の拡張整備を行い、新教主邸宅、道連会館、帰若館、職員住宅、大食堂など各種の施設を建造し、全国の戦災教会所の復興を刺激したが、もはや大教殿が手狭になり、信者が入りきらないことが露呈する。さらに、山陽新幹線の開通を見越した岡山市の都市計画が大元を含む地域を開発しようとしたことは新しい霊地の創設を強くうながした。なぜなら、田園風景のなかの大元は、大きな道路に囲まれ、まわりに家々が建ち、環境が大きく変わることが予想されたからである。

そこで教団は会議を重ね、一九六九年に大元は宗忠神社の地としつつ、神道山に大教殿を中心とした霊地を新たに設置することを決定した。その場所が選定されたのは、以下の理由による。第一に大元、ならびに都心に近く、静かで一〇万坪の丘陵地であること。第二に大自然におおわれた山中であり、ありがたい日拝のできること。第三に古代吉備津文化の中心地であること。すなわち、霊地を分散するプロジェクトは、高度経済成長期の都市化を避けるかのようにして行われた。かくして一九七〇年に新霊地の建設が開始し、翌年に全長一五〇〇メートルの表参道が完成する。また一九七四年に冒頭で触れた太陽の神殿や鶯鳴館（教主の部屋・事務所・単身者の職員宿舎）が竣工した。

2. 創価学会と大石寺のモダニズム

構造表現主義の傑作

新宗教の建築としては珍しく、近現代建築の概説書で触れられるのが、横山公男の設計した大石寺《たいせきじ》における作品群である。日本建築学会編『新訂版　近代建築史図集』（一九七六）では、近代建築の機能主義に対する反省から、構造技術の可能性を利用した「表現性と記念性」をかねそなえる動向の作品として、鉄とコンクリートによる正本堂（一九七三）と宝蔵（一九五五）が位置づけられた。これらは中世以来の伝統をもつ日蓮正宗の信者団体のひとつ、創価学会（一九三〇〜）が勢力を伸ばし、その総本山に建設したものである。

横山公男は、創価学会の成長と共に、一連の施設の設計と伽藍配置の総合計画を手がけた。

三〇万平方メートルの広大な境内には、すでに江戸時代からの三門（一七一七）や五重塔（一七四九）などが存在するが、モダニズムのデザインによる大講堂（一九五八）など、この計画は新たに各種の施設を南北の軸線の両側に配し、最も奥に正本堂を置く。ただし、理念上の軸線は長大であっても、実際は幾度か視線を遮られ、レベルも異なることから、それほど効果的に演出されているわけではない。また大階段で始まる南北三三四・五メートル、東西一四八・五メートルにも及ぶ巨大な正本堂は、手前が塀で仕切られているし、いささかヒキが足りないので、正面から見るよりも近くの山の中腹から眺めるほうが全体像をとらえやすいだろう。

教団のパンフレットによれば、正本堂は「背後に秀麗な富士山を臨み、飛翔する鶴のイメージをもつ」と書かれている。教団の鶴の紋章を参照したらしい。実際、この建物はダイナミックな吊り屋根構造をもつ構造表現主義の傑作だ。内部の大空間には柱がない。構造表現主義は、構造を表現の要とするデザインをいう。近代建築は装飾を否定し、構造を正直に見せることに美を見いだしたが、正本堂はこうしたデザインの系譜にある。

正本堂の意味体系

同時に、正本堂の各部分は教義を担うものとして説明されている。例えば、本堂の正面、法庭のプランは日蓮正宗の象徴である蓮華の八葉をかたどったものだ。また「湧出泉水」の義から大噴水を置き、入り口の円融閣には「妙法蓮華経」の五文字を象徴する五本の大柱があり、全体は「地涌六万恒河沙」にちなんで六万人収容だという。多くの信者を抱える宗教建築は、意味を発信するた

大石寺の正本堂

法庭

めに、しばしばメディア的な存在になる。

大石寺正本堂は、大客殿（一九六三）が完成した後の一大プロジェクトであり、東京オリンピックが開催された一九六四年に計画が発表された。造営に際しては、第三代会長の池田大作が委員長をつとめ、建設委員会の会議が一〇〇回以上行われている。かなりの力の入れようだ。一九六五年に横山は設計のために世界の建築の視察に出かけている。そして大阪万博の前年にあたる一九六九年、礎石としてカプセルの中に一三五ヵ国の石を埋めている。六〇年代の創価学会には、日本全体の動きと興味深い平行現象が起きていた。

新宗教とグロテスク

ところで、建築史家の村松貞次郎は、正本堂が巨大過ぎるがゆえに「グロテスク」で、「ファシズムを連想するおそろしさを感ずる」と評していた。だが、大石寺正本堂は、丹下健三が東京オリンピックのために設計した国立代々木競技場（一九六四）にも、かなり近接したデザインではなかったか。いずれも構造表現主義だ。なるほど、丹下は屋根の曲線によって、どことなく日本的なるものを感じさせる。ちなみに、大友克洋の漫画『ＡＫＩＲＡ』に出てくるミヤコ様の新興宗教も、丹下風の神殿を建設していた。

丹下と新宗教の違いは何なのか。同じ造形原理なのに、代々木の競技場が洗練された日本的な造形とほめたたえられ、大石寺の正本堂が「あやしげな」と形容されるのは、作家の資質の違いにのみ起因するのか。そう簡単には割り切れない。邪推すれば、一方だけがファシズムと結びつけられるのは、批評する際に新宗教がキッチュであり、前衛ではありえないという先入観が介入しているからではないか。その背景には、二〇世紀のファシズムと社会主義が前衛芸術とモダニズムを攻撃し、キッチュな保守的デザインを支持したことが挙げられる。だが、正本堂も基本的にモダニズムの造形である。一方、戦時下の丹下は、軍事主義と国家神道の日本のための建築のコンペで一等を獲得していた。

とすれば、逆に熱狂的な場となる国家の競技場も、ファシズムの空間と紙一重と言えるかもしれない。あるいは、競技場が先に実現されてしまった以上、もうひとつの代々木体育館、すなわち二番手の正本堂は悪しきコピーとみなさざるをえないのか。しかし、完成した順番が逆だったら、どうなるのだろう。代々木の競技場と正本堂は、意外と近い位相にあるのではないか。建築の評価の難しさを感じさせる事例だ。

納骨堂

和風への回帰

二代会長戸田城聖（一九〇〇～五八）と三代会長池田大作（一九二八～）の二代にわたり、横山は仕事を続け、中空の六角形をした納骨堂（一九六一）を含む、幾つかの周辺施設を残した。だが、木造とR

C造の対比がすばらしい六壺（一九六五）のほか、軒下の表現を工夫した大客殿（一九六三）や大化城（一九六〇）、そして正本堂は残念ながら現存しない。取り壊されたからだ。特に正本堂の解体は、外国の建築家のあいだでも話題になった。モダニズムといえども、完成して三〇年以上が経ち、老朽化はしていた。世間でも二〇世紀半ばの近代建築は壊されるようになった。当然なのかもしれない。正本堂を撤去した理由は、一三世紀に日蓮が日本国民に与えたという本尊、すなわち礼拝の対象である曼陀羅を移動し、この施設の宗教的な存在意義を失ったからだと表向きには説明されている。だが、実際はもっと複雑な問題がからんでいた。

創価学会は、日蓮の遺命により、国家予算で総本山富士大石寺に戒壇を建立する国立戒壇論の実現を目指して、会員から正本堂資金の寄付を集め、壮大な施設を建設した。けれども、一九七〇年に創価学会は国立戒壇論を放棄し、やがて日蓮正宗とのあいだにきしみが入る。両者の関係悪化の末に、創価学会が建設した大石寺正本堂は解体された。おそらく、日蓮正宗が破門したことの結果だろう。いわゆる宗教弾圧ではないが、宗教的な紛争が建築のレベルで顕在化した。古い六壺がなくなり、新しい六壺のコンセプトが「日本古来の伝統的木造建築」であることを強調したように、大客殿の再建もモダニズムを嫌い、和風を基調としたデザインだ。こうした日蓮正宗によるデザインの路線変更は、横山のモダニズムを支持した創価学会との違いをわかりやすく視覚化するだろう。

3. 天照皇大神宮教のダイナミズム

踊る宗教

山口県の田布施駅の近く、のどかな風景が続く地方に、天照皇大神宮教の本部がある。北村サヨ（一九〇〇～六七）を教祖とし、一九四五年に自宅で説法をはじめ、日本敗戦の翌年を「神の国」の紀元元年と宣言した宗教である。戦後、同教団は、簡素なバラック小屋から出発し、無我の舞から「踊る宗教」としてメディアに注目された。大きな時代の変わり目という追い風を受けて、天照皇大神宮教は急成長する。そしてサヨはハワイを「世界のかけ橋」の地とみなし、一九五二年には巡教に出かけ、ハワイに支部を設立した。

当初は、農家だった教祖の自宅六畳二間を開放し、神の国建設精神修練道場としていた。特別な設備はなく、正面の床にお祈りの詞がはってあっただけらしい。しかし、増加する信者のために、すぐに本部道場に人があふれるようになる。そこで信者は新道場の建設を申し出るが、教祖は「無理をせず、無駄を省いてつくれ。わしもやる」と答えたという。一九五七年に新道場の建設を決定し、北村家からそう遠くない場所に新しい敷地を購入する。その結果、純粋なモダニズム建築が誕生した。

装飾と対称の否定

教団では最初、三つの設計グループに計画を依頼し、最終的に丘に囲まれた地形を活かした案を採用したという。そして設計を丹下健三研究室の沖種郎と大谷幸夫に依頼する際、以下のことだけを要望した。既存の宗教建築にとらわれないこと、サヨの教えに従い、偶像崇拝的な要素を排除することである。なるほど、これらは戦後の新しい時代に注目されたモダニズムのデザインと合致するだろう。既存の神社や寺院と似ていない建築は、新しい宗教であることを強くアピールしたに違いない。

一九六四年に本部新道場は竣工する。彫りの深い打放しコンクリートの軀体をもち、シンボリックな装飾はほとんどない。モダニズムの禁欲の美学が、天照皇大神宮教の思想と共振する。そして建築の軸線をズラしながら、静的な対称性を崩す平面は、教祖のダイナミックな教えや踊りを象徴するという。これもモダニズムの流動的な空間の特性が巧くいかされている。歴史的建築は左右対称にこだわっていたが、これを否定したのが、まさにモダニズムだった。現在、緑に囲まれて、本部道場は強い存在感を放つ。道場へは真正面から入るのではなく、正式なアプローチは左に大きく旋回する。これも空間の運動性を感じさせるだろう。またコンクリートの大屋根は両側に反り返り、リズミカルに組み合わせられた水平・垂直のヴォリュームと好対照をなし、躍動感のある造形が強調された。道場には、サヨの説教壇を置き、正面左側に祈りの詞を掲げている。敷地の全体は、大小の道場、信者が宿泊する詰所棟、教祖の家族の住居、事務棟から構成される。

天照皇大神宮教の本部道場は、大石寺正本堂とならび、日本近代の宗教建築としては珍しいモダニズムの傑作である。しかも、教団の考えと近代建築の表現が接続していた。これは当時の先端的な表現だった。決して保守的なものではない。新道場は、破壊された正本堂とは反対の運命をたど

天照皇大神宮教の本部正面

る。天照皇大神宮教の本部を訪れると、数十年を経過したとは思えないほど、道場は若々しいコンクリートの肌を保っている。宗教施設だけあって丁寧に扱われ、メンテナンスに気をつかっているようだ。

立体的な構成の本部

大谷幸夫と天照皇大神宮教

大谷幸夫は、続けて教団の施設を手がけている。本部の全体計画や記念詰所（一九七〇）のほか、ハワイ道場（一九七六）、東京道場（一九七八）、そして一九九〇年頃に教祖が修行した山につくった階段・広場・柱のモニュメントなどだ。いずれも、強い個性のあるモダニズムのデザインである。特にハワイ道場は、本部道場と同じ曲線の屋根をもち、同じ教団の施設であることが視覚的にも感じられるだろう。また田布施駅から本部へ向かう途中にある教団の東宿舎も未確認ながら、作風から大谷の作品ではないかと推測される。

大谷は東京大学などで教鞭をとった建築家だ。一九六三年に京都国際会館のコンペで勝利した力強い造形で知られる。ゆえに、本部道場は勢いのある時期の作品といえよう。横山が創価学会の関連施設を次々と手がけたように、大谷も天照皇大神宮教の仕事を続け、独自の建築色をだしている。一般的に新宗教はキッチュな建築というイメージがあるけれども、ここにはまったくそれがない。モダニズムが宗教的なユートピアに寄与している。また日本を意識したデザインでもなく、むしろ国際的なモダニズムに近い。

なお、田布施町には、信者の職住のために神和工業と団地があり、天照皇大神宮教は小さな宗教共同体を営む。彼らは子だくさんの傾向があり、それで信者数を維持しているという。そして地上における「神の国」建設をめざしている。

4. パーフェクトリバティー教団とニュータウン

ひとのみち教団の弾圧

大阪の富田林市には、新旧の宗教都市がある。近鉄長野線の富田林駅から南に歩くと、一六世紀中頃に成立した宗教自治都市の寺内町にたどりつく。ここでは中核となる興正寺や、旧杉山家などの古い住宅の数々、そして防衛のために見通しを悪くする微妙にズラされた碁盤目状の街並みを見ることができる。一方、富田林駅から北に行き、ニュータウンと緑の風景をぬけると、パーフェクトリバティー教団の聖地が広がっている。ただし、当初からここに拠点をかまえていたわけではない。長い歴史がある。

パーフェクトリバティー教団は、大正時代に初代教祖の御木徳一《みきとくはる》（一八七一～一九三八）が大阪で活動を開始した宗教である。そして昭和に入って、ひとのみち教団を名乗っていた。一九三四年には、大きな仮本殿を布施町（現東大阪市）に建設する。これは善光寺風の建物であり、外観は仏教寺院のように見えるだろう。高さ八八尺、延べ二三〇〇坪、鉄筋コンクリート三階建ての一〇〇八畳敷きで、二万人を収容した。十分に壮大な施設なのに、「仮」神殿とされたのは、教団が将来、さらに広大な本部をつくる意志があったからである。

教団は広い土地を買収し、五〇〇〇畳の広間をもつ巨大神殿の造営と交通機関の整備も計画していた。だが、戦前の宗教弾圧によって、教団は解散と建物の破壊を命じられた。これを大本事件に続いて一九三六年に起きた、ひとのみち事件という。信者は「裁判の判決も出ないままに、教団は解散させられたばかりか、動産、不動産の処分、債務の処理、さらには建物の破壊もしくは売却までさせられました」と、当時を回想している。一九三七年の解散後は地下活動によって、ひとのみち教団を維持していた。初代教祖は不敬罪で起訴されている。ひとのみちは太陽を主斎神としていたが、それが問題とされたようだ。また検事側は次のような誤解をしていたらしい。教団は太陽の表象として檜（火の木）を選び、伊勢神宮の内宮の檜の柱を太陽降臨の場所として拝んだが、天照大神とその御霊代の鏡を拝まなかったのではないか、と。

ゴルフ場から宗教都市へ

戦争が終わり、一九四六年、ひとのみち教団はＰＬ教団と改称し、佐賀県鳥栖市において再出発する。翌年に五〇畳の広間をもつ建物が完成した。が、一九四九年には、静岡県の清水市に本部を移転し、仮本殿を落成する。この施設は、伝統的な日本建築とは似ていない、むしろ近代建築風のデザインだった。広間も畳をやめ、椅子式に変更している。戦後のＰＬ教団は、社交ダンスをとり入れるなど、積極的にアメリカ化を引き受けていた。そうした姿勢が建築にも反映されたのだろう。

現在の場所に落ちつくのは、一九五二年、富田林市がＰＬ教団を誘致したからだ。市の有力者が当時の教祖の友人だった関係で紹介されたらしい。一九五〇年に市制が施行され、富田林市は「観光と田園工業地帯」という指針を決め、公営住宅の建設、近鉄や南海の住宅計画をうながしていた。そのかたわらで、市は開発が困難なために、手つかずだった羽曳野丘陵地帯の山林をＰＬ教団に任せた。市が新宗教を誘致するのは、珍しい事例だが、こうしたメリットがあったのだ。一方、教団も広い土地を欲しかった。この地は、初代教祖が残した言葉「永遠の大本部は山を控え水を控えた広ぼう三〇〇万坪以上の土地でなければならぬ」にかなっていた。そして聖地錬成として信者が熱心に開墾を行う。

二代教祖の御木徳近《とくちか》（一九〇〇～八三）は、ここに独創的な様式の各施設を建設し、「芸術の都」をつくることを目指したが、そのプロセスも興味深い。彼は、最初に本殿を完成させてしまうよりも、丘の全体を芝生にすることを優先した。そして「とりあえずゴルフ場にしてしまっておいてから、必要に応じてそのゴルフ場を廃して、そこに殿堂を建てるようにすれば、かえって好都合ではないか」という。先に宗教施設が完成してから、ランドスケープを造営するという通常の順番が逆転しているのだ。

相田武文が設計した
丘に埋もれるようなPL学園幼稚園　1973年

かくしてゴルフ場のほか、小中高の学校（一九五五～）、病院（一九五六）、婦人会館（一九五六）、ＰＬランド（一九六七：現存せず）、幼稚園（一九七三）が敷地に点在している。相田武文が設計した正方形の幼稚園は、芝生の小山の下に展開する。建物が隠れ、古墳のようだ。

ＰＬの宗教都市は、車か専用バスを使わないと移動しにくい広さである。歩いて散歩するような街ではない。大きな敷地を求めただけあって、さすがに広い。またニュータウンにおいて、ＰＬの聖地ははっきりと隔てられた領域を形成し、混じりあうことはない。ほとんどの施設は自由に出入りできない。自然発生ではなく、後から計画的に移転したことが、その一因だろう。天理市では、詰所などの宗教施設が街にとけ込み、全体も駅から歩いて十分に散策できるスケール感をもつのとは対照的である。

白亜のモニュメント

一九七四年からは「パーフェクトリバティー教団」が正式名称となる。宗教施設としては、一九五九年に正殿と円墳状の奥津城が完成し、芸生殿（一九五五）、左右脇殿（一九六三）、第一・第二錬成道場（一九六三、一九六五）、宿泊棟を含む錬成会館（二〇〇九）がつくられた。正殿は階段状の基壇の上にたつ、白い新古典主義風のデザインであり、西洋的なイメージが漂う。戦前の本殿はコンクリート造であっても近代和風の建築だったが、古来の神仏によらない新宗教を掲げたパーフェクトリバティー教団の建築は、一般的にあからさまな和風の表現をとらない。

最も知られているモニュメントは、高さ一八〇メートルに及ぶ大平和祈念塔（一九七〇）だろう。同年の大阪万博に登場した岡本太郎による太陽の塔の約三倍の高さである。緑とニュータウンの中でそびえたち、遠くからも目立つ。ぐねぐねした表現主義風の白い塔であり、展望室からの眺望もいい。ここは信者以外の人も、のぼることができる。この塔は、人種・民族・宗教を超えた超宗派万国戦争犠牲者慰霊を兼ね、中二階の未来的なデザインの銀色の神殿において、万国の戦争犠牲者の名前をマイクロフィルムで黄金の聖函に納めているのだ。有史以来のあらゆる戦争のための記憶の装置である。

この塔はディテールが少ないために、近づくとスケール感を喪失する。実際は大きいのだが、その感覚がわからなくなるのだ。模型を拡大したような造形だからである。このデザインは二代教祖が自ら行った。当初、ピカソに依頼する計画もあったらしい。ともあれ、二代教祖は、粘土を用いて、アントニオ・ガウディを思わせる彫刻的な原型を制作した。これはかなり不規則な造形だったために、実現にあたっては、大規模な模型による構造実験を繰り返し、日建設計が設計を行い、東

第一錬成道場

大平和祈念塔

急建設が施工している。

ＰＬといえば、高校野球と花火大会が有名である。甲子園におけるＰＬ学園の活躍はめざましい。そして八月一日の花火大会は、大阪近郊の人々に親しまれる夏の風物詩にもなっている。実は、これは教祖年祭の行事である。「死んだら花火を打ち上げて祝ってくれ」という初代教祖の遺志により、一九五三年に開始され、ＰＬの理念「人生は芸術である」を表現したものとされている。教祖年祭の晩、夜空のキャンバスに花火が華やかな光の建築を描きだす。これは日本で最も認知度の高い新宗教の祭りではないだろうか。

5．真光教のポストモダン

真光の世界観

世界真光文明教団は、一九五九年に岡田光玉《こうたま》（一九〇一～七四）が、高熱による昏睡状態から覚めたときに「天の時到れるなり。起て、光玉《こうたま》と名のれ」という啓示を受けて始まった宗教である。よく街頭で信者が手かざしによる「真光の業」を熱心にやっているのを見た人も多いだろう。教団では、これが人の魂を清め、身体の毒素や不幸の原因を解消すると考えている。一九六二年、岡田は「火の洗礼の第一年なり」と知らされ、災害が多発する神の裁きの時代に突入したことを告げた。この発言は次のような世界観に基づく。

かつて主神は神々を産み、最後に人を創造し、霊の世界から物質の世界へ移行した。やがて人類は自由競争による物質文明を暴走させ、これを制御するために主神はイエスやブッダを出現させる。それでも人々の欲望は止まらず、とうとう二〇世紀後半に世界を浄化する天意転換期を迎えた。が、これを過ぎれば、新しい霊主文明が訪れ、地上天国の実現により、主神の経綸が達成される。そこで人類滅亡を避けるために、最後のメシアとして岡田が遣わされ、二キロメートル四方を浄める手かざしの業が与えられたという。

岡田は「主座造りなせ」という神命に従い、人類を救う鎮護のための神殿の建立を計画した。一九五九年には神田の中華料理屋の二階を借りて活動を開始し、六二年に世田谷に本部を移す。そして一九六八年に田園調布で屋根の反った仮本殿を竣工する。一九七二年、熱海を聖地とみなす。だが、県からの開発許可が下りず、計画が中断した。教祖は富士山の見える景色のよい場所を聖地にすることを望んでいたという。そこで一九八三年には、鹿島建設の設計によるミロク神殿（現在は養成所）が、伊豆の高原に完成する。

黄金の神殿

一九八七年に完成した主座世界総本山御本殿も、鹿島建設の手がけた壮大な建築である。設計に際して、教団は「光」をテーマにしたデザインを求めた。その結果、昼間は複雑な屋根の切れ目の高窓から自然光を取り込み、逆に夜間は本殿から光を放つ。かくして本殿は「真の光」を表現する。また教団は強力なシンボル性をもつ形態を要望した。そこで大屋根は仮本殿やミロク神殿の特徴で

世界真光文明教団の主座世界総本山御本殿

主座世界総本山御本殿の大階段

ある竜骨の棟飾りを継承し、大きな竜骨をもつ切妻を四方に広げ、五段重ねに展開させている。他に類例がない独特なひだ状の屋根だ。

近代以降の宗教建築は、屋根がデザインの焦点になる傾向をもつが、その一例といえよう。大量の信者を収容するために、屋根が肥大化すると、伝統的なディテールが困難になる。そこで屋根自体を複雑な形態にしながら、同時に装飾化させているのではないか。この竜骨の棟飾りは、信濃方面指導部の施設などにも使われている。

本殿には約三〇〇〇畳の畳が敷きつめられ、天井高は約三五メートルである。奥の神座に設置された黄金神殿は、三段重ねの神社風の切妻屋根が四方に展開する。この建築は一〇〇キログラムの純金におおわれ、まばゆいばかりの「真の光」を発する。神殿の高欄には赤玉（火／霊）と青玉（水／体）が並び、先端が丸いきわめてユニークな千木は、大宇宙を表す「〇」に由来する。

意味の折衷

ところで、高山市の郊外には、崇教真光の本部がある。なぜ、別の本部が存在するのか。岡田光玉が一九七四年に亡くなった後、継承者争いが起こり、養女の岡田恵珠《けいしゅ》（一九二九〜二〇一六）が崇教真光を分立したからだ。もとは同じだけに両方の真光の教義は似ているが、相互の交流はない。崇教真光によれば、教祖に「天越根中日玉国、高山の聖地に世界総本山を建立せよ」という神勅があり、日玉（ひだま）の国である飛騨（ひだ）が人類創世の聖地とみなされた。場所に特殊な意味を与えている。

一九八四年に崇教真光は、世界総本山・主神神殿を建立した。これで真の天の岩戸が開かれ、天変地異を一時的にのばしたと、教団は説明している。大屋根の曲線は天地の抱擁を表す。これは田園調布の仮本殿の屋根と類似するし、いずれも竜骨が強調されている。そして棟木の中央にある赤い棟玉は、天祖降臨の形を示す。正面の広場には対になった光の塔がたち、同じく光の塔を意味するイスラムのミナレットを連想させるだろう。神殿に向かって右方には、メキシコの神殿を模したモニュメントと噴水があり、中央の正面にはバロック的な大階段が続く。ちなみに、この建物は丹波哲郎の映画「大霊界」（一九八九）において、効果的に使われている。

目を凝らすと、神殿にはさまざまなシンボルが鏤《ちりば》められている。例えば、赤色のタテ（霊心思想）と青色のヨコ（物質文明）を十字に組むもの、二つの三角形から成る籠目紋（神の国）、二種類の鉤

崇教真光の世界総本山・主神神殿

テオティワカン遺跡の神殿をモチーフとする噴水

十字（右回転が水、左回転が火）、一六弁の菊花紋（皇統を抱く日本と世界人類）、輪つなぎの紋（五色人種の和／輪）、神の華の紋（エデンの園）、ピラミッド紋（神霊界の相）などだ。世界真光の本殿が教紋と十字を反復したデザインしか行わないのに比べると、とてもにぎやかなポストモダン建築である。

崇教真光の神殿内部は、鱗のような意匠で天井がおおわれ、神域の結界となる五十鈴川に見立てた四〇メートルの細長い水槽の向こうに、木々と岩山を背景にして平入りの黄金神殿を置く。水槽には錦鯉が泳ぐ。なお、世界真光も同様の形式をもち、川に見立てた階段の上に黄金神殿がある。また参拝席は崇教真光が椅子式、世界真光が畳で座式である。

隔世遺伝する十字形

世界真光文明教団と崇教真光に共通するデザインのモチーフは十字形である。キリスト教の建築では、ギリシア十字の平面形がよく使われるが、日本建築ではあまり類例がない。しかし、大本教の月宮殿や戦前に構想された長生殿は、十字形の平面だった。月宮殿の十字形は、火と水から成る、大本教の世界観を表現する。長生殿についてははっきりと王仁三郎の考えを示した文章はないが、同様の理由から十字形の平面になったと推測される。二つの建物を構想した時期が近接しているからだ。

月宮殿と長生殿は、大本教の両聖地の新しいシンボルとして位置づけられていた。これは大本教建築の特徴といえるだろう。が、戦後の大本教では十字形の平面を用いていない。ただし、隔世遺伝のようなかたちで、十字形の平面は世界真光文明教団に継承されたのではないか。巨大な本殿とその内部の黄金神殿は、切妻屋根が垂直に交差し、十字形に近い平面をもつ。また十字形のモチーフは、内外の壁面や天井に反復して使われる。崇教真光の神殿は、十字形の平面をもたないが、十字のシンボルを含む。

いずれの真光教団も、教義から十字形を導いている。赤色のタテ（霊心思想）と青色のヨコ（物質文明）を組み合わせた言霊だという。大本教と似たような理由である。そして教祖の光玉は世界救世教（一九三五〜）に入信したことがあったが、その世界救世教は大本教から脱退した岡田茂吉（一八八二〜一九五五）が創始したものである。つまり、大本教から見れば、真光は孫教団といえよう。岡田茂吉は、理想社会実現のための霊主体従の原則を唱えたが、これは大本教の強い影響を受けていた。彼の芸術重視も、王仁三郎を想起させるだろう。

実際、真光の認識は王仁三郎と似ている。彼は精神の混乱時代に対し、予言者や救世主による水の洗礼ではもはや不十分とし、火の洗礼による世界人類の覚醒が必要だと説く。そして黄金時代の現世界の住民は清浄無垢な美しい霊であり、天人と交流したが、白銀時代、赤銅時代、黒鉄時代と現実化し、紛争が絶え間なくなり、泥海時代に堕落した。これを仏教は末法の世、キリスト教は地獄、神道は常闇の世という。大本教の建築は消えてしまったが、その世界観と終末論は受け継がれ、建築にも反映されたのである。

日本のピラミッド

一九九二年、五層のピラミッド形の光神殿《ひかる》が位山に完成した。崇教真光によれば、これでエジプト、メキシコ、グァテマラ、日本などに点在するピラミッド群が霊的なネットワークで結ばれる。救い主の座像を変形させて、マヤのティカル神殿に類似した日来神堂（ピラミッド）が作られた。この光神殿、黄金神殿、世界総本山の奥宮（一九八四）や宝珠門は、どれも花頭窓風の開口をもつが、教団創成期に岡田の住宅を改築した部屋で採用された意匠に由来するものと思われる。

また崇教真光は「二一聖紀」の新しい農業のために陽光農園を開設した。無農薬、有機農法、真光の業による害のない作物の生産を実験したり、陽光健康センター構想の一環として陽光診療所を建設し、霊主の医学を試みている。なお、大祭時には、何万人もの信者が高山を訪れるが、真光はあえて自前の宿泊・給食施設をつくらず、大金を地元に落として市に還元するようにしたらしい。天理教が詰所をつくり、教団の大食堂を用意したのとは、対照的な方法である。

光記念館

一九九九年には、竹中工務店の設計した光記念館が開館した。外観はマヤの建築を引用した他、光神殿と同様、急傾斜のピラミッドをもち、人間が昇れない聖なる階を示す。滝の流れる正面から吹き抜けを降り、水晶壁の地下通路を抜けて、日本美術の展示室や能舞台に向かう。中央のピラミッド・ホールでは、定刻になると上部の窓が自動的に閉じ、光と音のショーを上演する。最上階は教祖の業績を展示し、奥の楕円形をした聖の間に黄金の立像を安置する。宗教施設は贅沢が可能だが、光記念館の空間構成と細部の凝りようは納得のいく成功例だろう。二〇二〇年には、「第二のノアの方舟」をめざすという世界総本山第二神殿「愛和館」が完成した。これも竜骨状の大屋根をもつが、再生可能エネルギーを利用するサステナブルデザインは、現代的である。

ともあれ、崇教真光の建築が古今東西の様式をポストモダン的に折衷しつつ、「人類は元一つ。万教は元又一つ」と考えるのは、世界を日本中心的に再解釈した大本教の流れをひいていることに起因するのではないか。

6. 神慈秀明会と美術館

超一流主義のデザイン

神慈秀明会《しんじしゅうめいかい》は、世界救世教に所属していた小山美秀子《みほこ》（一九一〇～二〇〇三）が中央集権化する本部の方針に反対して、創立した。一九七〇年に彼女が地方教会ごと離脱したのである。小山は世界救世教の教祖、岡田茂吉存命時の信仰の復帰をめざしたように、ファンダメンタリズム的な分離運動だった。その後、彼女は神苑建設をスローガンに掲げ、一九八三年には滋賀県の山中奥深く、信楽町に神殿や教祖殿を中心とした神苑を造営する。

ここのデザインには名だたる巨匠が関与した。超一流主義である。流政之による八本の柱の彫刻は、天門と呼ばれている。造園には彫刻家の若林奮が関わった。日系のアメリカ人建築家ミノル・ヤマサキによる晩年の作品、教祖殿（一九八三）は、富士山をイメージして、カテナリー・カーブの巨大な屋根をもつ構造表現主義的なデザインである。彼は、ニューヨークの世界貿易センター（一九七六）の設計者だ。一般に日本の新宗教の建築は、創価学会の大石寺や国柱会本部講堂（一九六八）など、象徴的な屋根の造形を特色とするが、これも例外ではない。教祖殿では、三方の壁が開き、まわりの風景を見せることも可能だ。また皇居の宮殿も依頼された吉村順三による祭事棟は、茶室を含む伝統的な和風建築である。小山の日本趣味を反映したと思われる。同様の例としては、戦後の大本教が教主の趣向を生かすために、本格的な木造建築をたてている。

一九九〇年、神慈秀明会はI・M・ペイによる高さ六〇メートルのベルタワーを完成させた。これはデザインの着想源になった象牙のバチを垂直にたてて、拡大したようなかたちをもつ。ペイは、国際的に活躍する中国系アメリカ人の建築家である。神苑では、小山とその娘が世界最高の建築家を探し求めて、彼らを選定したらしい。ペイについては、ヤマサキの推薦があったようだ。しかし、残念ながら、これらの本部施設は一般公開されておらず、近くからは見学できない。かろうじて、三キロメートル離れた教団のMIHO MUSEUMから、その一部が観察できるだろう。ちなみに、こうした教団の施設は、構造を坪井善勝、音響を永田穂、照明を石井幹子が担当した他、世界的な建築写真家の二川幸夫が撮影しており、これまた一流づくしだ。

神慈秀明会の教祖殿

流政之の彫刻と教祖殿

ベルタワー

桃源郷の美術館

MIHO MUSEUM（一九九六）も、ペイが手がけた。彼は、ワシントンの国立美術館やルーブル美術館の中庭のピラミッド（一九八九）を含む増改築など、美術館の設計では定評がある。実際、建物のほとんどが山中に埋もれており、ライムストーンの床と壁をもつ内部に入った印象はミニ・ルーブルである。だが、これは美術館を貶めるつもりで言うのではない。むしろ、地表には幾何学的なガラスのピラミッドのみを出し、残りを地中で展開させたルーブルの手法を、今度は自然のなかで洗練させている。そして日本の美術館として、きわめてデザインの完成度が高いものだ。

美術館の構成を見よう。まわりから隠れており、建物を外部から見るための視点はほとんどない。逆に建物が外部を眺めるステージになっており、借景のようにガラス越しに遠くの自然の風景をとり込む。寺院建築風の屋根の造形を抽象化したガラス屋根のフレームも、透明感にあふれ、決して嫌みではない。木製に擬したサンスクリーンから光が透過し、館内にストライプの美しい影をおとす。まさに巨匠による正統派の美術館である。新宗教からイメージされるキッチュさはほとんど感じられない。あえて指摘するならば、幾何学的デザインによる入母屋の模倣だが、外から全体を一望する視点がないために、それほど気にならない。

そもそも、MIHO MUSEUMは名称からうかがえるように、小山美秀子と娘が長年収集したコレクションを展示するために建設された。もっとも、当初は茶道具を中心とした日本美術の収集に限定していた。しかし、ペイに設計を依頼した際、箱も大事だが、中身も国際的な美術館になるべきだと指摘され、古代オリエントやアジアの美術品も集めるようになったという。なるほど、収蔵品は広く世界各地から集められており、良質なものばかりである。ただし、宗教的な問題からか、キリスト教の美術品はない。

展示のプログラムでは、二階レベルの北館に日本の美術、地下一階レベルの南館に世界の美術を収蔵し、一階レベルのエントランス・ホールと廊下が両者をつなぐ。大変に明快でわかりやすい。この美術館へのアプローチもよく練られている。山中に造成した新しい道路によってレセプション棟まで着くと、今度はしだれ桜の湾曲する並木道を歩き、小山を貫通するトンネルをくぐる。春ならば、花が満開であり、この世と思われぬ天上の雰囲気を漂わせるだろう。しばらくしてトンネルを出ると、深い谷にかかる吊り橋のむこうに広場と階段、そして美術館のエントランスが見える。つまり、訪問者を歩かせて、なかなか本体を見せずにじらし、期待感を高めている。なお、アプローチが長いために、高齢者や身障者は電気自動車で移動するように整えられている。排気ガスがでない静かな乗り物を使うのは、清浄な環境を壊さないための配慮だろう。

ペイは陶潜の『桃花源記』をイメージしたらしい。確かに、漁夫が洞窟を通って、楽園の谷を発

MIHO MUSEUM

見するエピソードは、トンネルを抜けて異世界に迷い込む体験と重なる。美術館の計画時、敷地がすぐに決まらなかったという。しかし、トンネルで二つの場所を接続する解決案が示され、絶妙な風景のシークエンスをつくることに成功した。ともあれ、交通が不便な山中に、これだけ本格的な美術館が存在することには驚かされるだろう。しかし、それはおそらく俗世間と切断するために必要な距離なのである。

MIHO MUSEUMに向かう、橋とトンネル

新宗教と芸術

神慈秀明会は芸術を重視している。新宗教と芸術の関係では、PL教と世界救世教が思い出されるだろう。前者は、人生は芸術であるという理念を掲げ、その表現として有名な花火大会を実施している。後者は、教祖の岡田茂吉が、画家になるために東京美術学校の予備課程に入学、眼病を患ってからは古美術商をめざし、さらに流行の装身具をデザインした経歴をもち、熱心に美術品を収集し、自ら施設の設計を手がけた。同教団はMOA美術館（一九八二）を建て、熱海の聖地・瑞雲郷が完成したとされる。天理教では、二代真柱の中山正善が世界の貴重な書籍と民芸品を集め、図書館と博物館を設立した。

先述したように、神慈秀明会をおこした小山は、もともと世界救世教に所属していた。その世界救世教を創立した岡田は、当初、大本教に入信している。多くの分派教団をだした大本教では、芸術家肌の出口王仁三郎が教主として活躍し、建築の設計、歌詠み、書画、陶芸など、積極的に創造活動を行った。とすれば、世界救世教も神慈秀明会も、大本教の子教団、孫教団であり、そうした態度を継承しているといえよう。

神慈秀明会は本格派の美術と建築を志向する。それは教主の強い指導力があって、初めて可能なプロジェクトである。ハコモノ行政が批判される風潮の強い公共施設では難しいだろう。すぐに税金の無駄づかいと叩かれるからだ。しかし、後世に文化的なストックを残すことを考えれば、ＭＩＨＯ ＭＵＳＥＵＭのような美術館の建設は評価されるべきだろう。これは単なる成金の豪華な建築ではなく、施工の精度も高い、すぐれた建築だからである。

7. 新宗教における屋根の造形

近代と伝統のあいだ

全体のまとめをかねて、伝統的表現と近代的表現の二極を軸に新宗教の建築の分類を試みよう。そして、これまでとりあげなかった教団の建築にも触れておく。注目すべきは、屋根の造形だろう。興味深いことに、ほとんどの新宗教の建築は、伝統的なデザインであろうと、近代的なデザインであろうと、意匠の特徴が屋根に集約されている。そうした意味では、材料は変化しても、日本の木造建築の伝統を継承しているのだ。ちなみに、幾つかの新宗教の和風建築では、竹中工務店など、大手の設計組織がデザインに関与している。逆に、有名な建築家が手がけている場合、近代的なデザインになるようだ。

屋根で伝統的な表現を試みることは、戦前の帝冠様式でも行われた。帝冠様式とは、コンクリートの軀体に日本式の瓦屋根をのせた建築をさす。例えば、上野の東京国立博物館や愛知県庁舎（一九三八）などである。近代と伝統を強引にわかりやすく接続する方法といえよう。天理教のおやさとやかた計画は、千鳥破風の連続する独特な屋根をもつが、帝冠様式と類似した造形である。こうしたデザインは日本だけではなく、アジアの各国にも登場した。つまり、木造建築の伝統をもつ地域に共通した近代の問題である。

伝統的なデザイン

まず伝統的表現について考えよう。天理教、金光教、大本教の地方教会は、基本的に和風の瓦屋根である。特に天理教と金光教は、かなりマニュアル化されており、もはやひとつの様式と呼びうるだろう。天理教の神殿や教祖殿は仏教建築風の外観に神社建築の千木を追加した。金光教の本部広前は神社風の切妻である。戦前の大本教の月宮殿は例外的にユニークなデザインであり、その強い屋根の反りはむしろ中国の建築に近い。

日本古来を意識した建築はどうか。黒住教の太陽の神殿（一九七四）は神明造風の屋根が交差する。竹中工務店による嶽之下宮御社殿（一九九二）は天地根元宮造を変形したものだという。阿含宗総本山の本殿は和風である。霊波之光教会の天使閣は域郭のコピーだ。成金趣味の施設群が批判された法の華も和風の系譜だろう。そして伊藤喜三郎による妙智会（一九五〇〜）の新本殿（一九七五）や真如苑の本部（一九六九）は、近代建築風だが、垂木に見える形態を強調する。日本の近代建築も、丹下健三らは垂木を思い出させる要素を巧妙にモダニズムに組み込んだ。

仏教的な造形を強調する教団を見よう。立正佼成会（一九三八〜）は、急増する信者を収容するために、教理の象徴となる大聖堂を一九六四年に完成した。全体が円形なのは、法華経が「円教《えんぎょう》（経）」と呼ばれ、円満な経典だからであり、波羅蜜橋がかかるのは、煩悩の生活から涅槃の岸へ導く仏教の根本義を意味する。ドームの上には一五メートルの大尖塔や多宝塔を置き、特徴的な屋根のシルエットをつくり、まわりの八つの円型小塔は八正道を示しつつ、外観に変化を与える。これらの塔は杉並区の和田に独特の風景を生む。妙智会の久遠仏塔は、インドで発祥したストゥーパを参照している。

次に複雑化した屋根を見よう。世界真光文明教団の本殿（一九八七）は、切妻屋根をひだ状に組み合わせ、タイの伝統建築の屋根と似ている。そして霊友会（一九二四〜）の釈迦殿（一九七五）は、突如、都心の港区麻布台に大屋根が出現する。設計は竹中工務店。ダイナミックに突き出た偏心四角形の屋根と軒下の大きなヴォリュームは細かく分節され、装飾的にも機能する。そこに大階段が貫入するアプローチは劇的だ。全体では、境内・広場・回廊・五〇〇〇人収容の大ホールを垂直に積み、V字形に開く大柱が屋根を支える。ただし、この大建築を鑑賞するための十分な広場が手前に確保されていないのは惜しい。

立正佼成会の大聖堂

霊友会の釈迦殿

一般に新宗教の建築は、伝統的な建築に従う場合、軒下の壁は舟肘木《ふなひじき》ですませ、蟇股《かえるまた》もない簡素なデザインが多く、特定のシンボルを除けば、意匠上の表現は屋根に集中している。もっとも、屋根の複雑化は過去になかったわけではない。神社建築は、古代においては単純だったが、近世になると複雑な屋根を発展させたからだ。とすれば、新宗教は、この流れの延長線上にあると考えることもできよう。

近代的なデザイン

では近代的な表現はどうか。建築家の作品を見よう。天照皇大神宮教の本部道場（一九六四）は自然の中の良質なモダニズム建築である。善隣教（一九四七〜）の御霊殿（一九三五）は清家清が手がけた。神慈秀明会の教祖殿はミノル・ヤマサキ、創価学会の大石寺は横山公男が設計した。いずれも構造表現主義である。両教団とも、他の施設のデザインにも力を入れている。野老正昭による国柱会本部講堂（一九六八）も、強い反りが連続する屋根の建築である。

世界救世教（一九三五〜）の場合、教祖の岡田茂吉が設計に関わった白亜の救世会館（一九七二）や半円形の水晶殿があり、MOA美術館（一九八二）は教祖の構想に基づき設計されたという。そのデザインはル・コルビュジエの影響を受けたと言われる。教団では、これらの施設が集まる熱海の瑞雲郷を聖地と位置づけ、地上天国の雛型とみなす。つまり、理想の世界であることを示すために、美術品や建築によって、美に満ちていることを目指した。また六角鬼丈が設計した金光教の福岡高宮教会（一九八〇）は、大胆に伝統的な形態から離れ、シンボリックな円筒のシリンダーを用いたポストモダンといえる。

個人志向の強さからか、表現主義的な傾向も認められる。例えば、パーフェクトリバティー教団の大平和祈念塔（一九七〇）は、強い情念を感じさせる表現主義風である。丸い塔が中央にたつ生長の家本部（一九五〇）は、東大教授のモダニスト岸田日出刀の作品だ。弁天宗（一九三四〜）の茨木市の本殿（一九六五）は、表現主義的なデフォルメを施した曲線的な造形である。同教団は、一九八一年に高さ七三メートルの日本一の水子供養塔を大阪本部に建設した。これらの施設の設計はゲンプラン。てっぺんに相輪を置くが、教紋の桔梗を平面形に採用し、構造表現主義風に仕上げている。近づいて見ると、虹色に輝く二万五〇〇〇体の童子像のタイルがぎっしりと壁面に貼られており、異様な迫力をもつ。塔の真下には本尊として慈母弁財天を安置し、位牌の並ぶ奉祀室には五万以上の水子の霊を祀る。

生長の家本部

弁天宗の本殿と信者会館

水子供養塔

第2部　近代の神々と建築

4章

日本の近代宗教と建築

1. 神社はなぜ木造なのか

明治神宮と神社木造論

神社といえば、鎮守の森や清浄な木の香りが連想されることになっている。しかし、昭和四〇年代、岡崎市に一風変わった神社がつくられた。地場産業の石屋が集団移転した団地に創建されたもので、すべてが石造なのである。石造の鳥居ならば、特筆すべきことではないが、本殿までが石造である例はきわめて少ない。特殊な石工団地神社が改めて気づかせてくれるのは、われわれが伊勢神宮や明治神宮を思い浮かべながら、神社建築は木造であると暗黙に考えていることだ。

伊勢神宮の神苑は、近代以前は猥雑な場所だったが、明治以降に清浄な環境に整備され、日本的な空間のイメージを代表するようになった。建築学者の中村順平は、『建築という芸術』（彰国社、一九六二）において、伊勢神宮の簡素な構造は、「大和民族の純潔な血」によって具現化されたと述べている。その建築は木造であるがゆえに、二〇年おきに建て替える式年造替の制度が効力をもつ。

完全に朽ちる前に新しい生命を与えられるからだ。近代以前の神社は、選択の余地もなく木造になっていたかもしれない。だが、近代以降に建設された神社は、新しい材料としてコンクリートを採用する可能性もあったはずだ。実際、神社の材料についての議論は繰り返された。これは日本的なるものとは何かを強く意識するようになった近代的な問題構成といえよう。

例えば、戦災で焼失した明治神宮の再建（一九五九）に際して、木造にするか鉄筋コンクリート造にするかをめぐって論争が起きたことがある。明治神宮造営委員会には、建築構造の専門家として佐野利器、内田祥三らの鉄筋コンクリート派がいたのだが、東大教授の岸田日出刀が木造で復興すべしと強く主張した結果、木造案が通ったという。(1) 議論の焦点は燃えないように新しい構法を採用するか、それとも、あくまでも神社建築の特殊性にかんがみて、伝統的な木造を選ぶかであった。岸田はコンクリートの神社に対して違和感を覚えると述べながら、「建築は神社の本義をよく発揚するところの、ホンモノの神社建築、すなわち木造でなければならない」と説いたのだが、この考えは自らも認めているように、彼の恩師伊東忠太から継承したものということになっている。(2)

実は最初の明治神宮（一九二〇）の造営時、建築史家でもある伊東忠太は工営課長として設計監督を担当していたが、このときにも材料に関して議論が闘わされた。主な材料は檜材に決まっていたものの、耐久耐火のために屋根を銅葺にするかどうかで意見が分かれたのである。伊東によれば、銅葺には多数の支持者がいたものの、彼は「社殿建築の正格正式ならんが為には多少物質上の不利益はこれを忍ぶと云ふ覚悟でなければならぬ」と語り、あくまでも檜皮葺《ひわだぶき》にすべきだと主張した。(3) その結果、檜皮葺に決定されたという。つまり、近代日本における最大の宗教的モニュメントである明治神宮は、創建とその約四〇年後の再建において材料をめぐる議論を経験し、二度にわたって木造論が勝利したのである。しかし、なぜ神社は木造で建設されねばならないのか？

伊東忠太の宗教建築観

まず伊東忠太の考えを検討しよう。彼は神社が日本人にとって特殊なものだという。「神社に対する日本国民の考は余程特殊なものであつて、……欧米人には理解出来ない心理であります」[4]。「神社は人間の住宅ではなくして神霊の在ます宮居である。そして神霊の生活は劫久に不変である」から、人間の施設のように建材を変えてはいけない[5]。ゆえに、彼は「神社木造論」を主張した。「神社は初めから材料に意味を持つてゐる。それは木材殊に檜である。此の事は古事記にも出てゐて、太古からの仕来りであるから妄りに破る理由はない。……日本人が其の祖先の霊を祭る神社を木造としたのは、木材が多かったと云ふのが確に根本的の物質上の動機であらうが、又国民性として清浄潔白を尊み、檜を白げて白木のままで建てるといふ精神上の観念に基くものと思ふ」、と。

伊東にとって、神社は日本と建築の起源を想起させるものだった。彼は伊勢神宮の遷宮の式に列し、太古に還《かえ》って「皇祖建国の偉業を想ひ」、現在ではその存在が否定された天地根元造《てんちこんげんづくり》という想像上の建築の原型を神社の一系統に接続している[6]。そして神社建築のさらなる変化を望まなかつた。彼は「時世につれて、明治式、大正式、昭和式の神社を建造しようといふ議論は甚だ誤ったものである」という[7]。なぜなら「「和様」の時代、日本趣味の成立した時代」に神社建築は完成し、同時にそこで終わったのだから、「それ以上に強ひて変化をさせようといふのは意味のない事であつて、謂はば一種の建築的遊戯に属する。其のやうなものは決して造るべきでないと思ふ」と述べている。神社は日本国の連続性を可視化する装置なのだ。

こうした神社建築へのまなざしは、同時に寺院建築へのまなざしを規定する。伊東は神社建築が「明治時代以後国体観念の隆興と共に漸次高波を画いて今日に至つた」とし、反対に寺院建築は桃山時代より「急激に下向するの運命に至り……明治時代になつて漸く復興の曙光が現はれ、今日に至つてやや少康を得てをりますが、素《もと》より昔日の俤《おもかげ》は無いのであります」という。(8) そして明治以降については、「神社は其の性質上必ず古式に拠るべき筈のもので、漫《みだ》りに新奇なる型を試作することは許されない」としながら、一方で「仏寺は神社に比すれば変化が多く、又変化を試むべき余地も多い」とみなしている。(9) また将来の寺院建築は、「今や建築の学術大いに進み、吾人の仏寺に対する要求亦多きを加ふるの秋《とき》に於いて、徒《いたず》らに古式を墨守するの必要なかるべし」とも語っている。(10)

実際、伊東による築地本願寺（一九三四）や中山法華経寺の聖教殿（一九三一）などはインド風のデザインを導入し、コンクリートを積極的に用いていた。彼は和風のデザインを組み合わせた震災記念堂（一九三〇）を設計した際、コンクリートで過去の様式を模倣することが問題とされているのを認めている。だが、材料はすべてを規定するものではないとし、プログラムの性質から日本の様式を採用することは当然と考え、「それは決して不都合でも不合理でもない」という。(11) したがって、神社を除けば、仏教建築や記念建築のコンクリート化は決して否定していなかったのである。

明治神宮と伊東忠太の転向

だが、注意すべき点がある。それは伊東が必ずしも最初から神社に対し、保守的な態度を示したわけではないことだ。かつて一九〇二年の『神社協会雑誌』創刊号で、彼は「神社建築の形式は一定すべき者なりや」という論文を寄稿し、「日本の神社建築を太古の建築即ち仏寺建築の影響のない日本固有のものにしようとするのは愚の極であります」といい、「石や煉瓦で神社を造つたら如何でありましやうか」とまで発言していた。その一〇年後も神社の歴史に何度か断絶があったことを踏まえ、「材料構造は堅実にして」、「新奇な神社建築」が登場することを否定していない。[12] もともと建築の進化主義で有名だった彼は、当初、「制限図」と呼ばれる神社の外観や様式、諸施設の配置を指示する標準設計に反対し、新しい様式を求めていた。当然、これらの文章は後に編纂される彼の著作集では収録されなかったし、重要文献目録からも外されている。後で言い出したことと明らかに矛盾するからだろう。

では、一体どこで伊東は転向したのか。他ならない明治神宮の造営がその契機だった。丸山茂の研究によれば、当初、伊東は明治神宮に対して不燃の新様式を主張したが、そうすると造替の慶事を回避してしまうことから却下されたという。[13] つまり、周囲の圧力から考えを変更したのが実情のようだ。

伊東の言説を追っていくと、「神社建築の様式と殿内舗設に付いて」(『神社協会雑誌』一九一四年一二号)や「神社建築に就て」(『神社協会雑誌』一九一五年七号)では、もう新様式を否定し、木造に固執しているので、明治神宮の計画を開始した大正の初めに思想的な転向が行われたことは間違いない。前者では公共建築との違いを強調し、神社の内外ともに古式で統一すべきことを述べ、後者では明治神宮が神社の模範たるべく全体の調和が重視されている。さらにギリシアの石造神殿は廃墟になったのに対し、日本の木造神社は「精神」によって現在まで残されていることや、キリスト教の建築が時代に応じてロマネスク、ゴシック、ルネサンス、バロックと変わり、一貫性がないのに対し、神社建築は太古より一貫した「精神」で今日に至っていることなど、以前の発言とは明らかに矛盾するような主旨が展開された。しかし、この後は前述したように、一貫して神社木造論を主張する。そして明治神宮に対しても、最初から彼が木造論だったかのような発言が後からなされることになった。

モダニズムと建築論における神仏分離

戦前の神社木造論は伊東に限られたものではない。美術批評家の黒田鵬心は、神社建築史の連載の最後に「神社建築のみは、何年たっても鉄筋混凝土《コンクリート》のセセッション式となる事はあるまい」といい、その「精神」とともに永久に形式が変わらないと結論づけた[14]。日本建築史家の足立康も、伊東とほぼ同じ主張を繰り返している。足立は朝鮮神宮を評価しながら、「近年神社の造営に鉄筋コンクリートを用ひる風が漸《ようや》く盛になりつつある。宝物殿とか神庫の類なら別の考へ方もあらうが、神霊の鎮ります本殿をかかる材料で造営するのは、その間深く反省すべきものがある」という[15]。一方、新しい造形の寺院に対しては「材料構造の変化から来た事であり、今後に於ける寺院建築の多面性を暗示する」と語り、伝統にも木造にも固執していない。

建築史における神社と寺院の二項対立的な位置づけは、岸田日出刀によってデザイン論として展開される。(16)彼によれば、「神社建築の形体上の表現の特徴は、素木《しらき》造りで直線を主とし、金銀万彩の装飾を一切附けず、その全体の輪郭も部分的の取扱も、つとめて素朴簡明を旨とする。これに反し仏寺には曲線を豊富に応用し、更に色彩や装飾をふんだんに使ひ、全体として複雑華麗を旨としてゐる」。そして「建築に於ける日本らしさと言へば、直截簡明の形式手法を表はしたものと断じてよく、仏教移入と共に発展した所謂《いわゆる》仏寺建築的の形式手法を日本的なものとして推すのは差し控ふべきであらう」という。つまり、中国の影響を受けた仏教建築に対して、日本の純粋性を維持する神社建築という構図だ。ゆえに、装飾が多い曲線的な寺よりも、簡素で直線的な神社の方が日本的だと考えている。さらに当時の建築史では、捏造《ねつぞう》された建築の起源として、天地根元造の存在が想定されていたが、そこに神社建築の大社造《たいしゃづくり》の系統が接続される。(17)

直線/曲線という表現は伊東も神社の分析で用いていたが、岸田は神社/寺院の違いに対応させることで、さらに明快な議論にしている。いわば建築の意匠論における神仏分離だが、これには日本古来の神社建築をモダニズムの美学と接続させる狙いもあった。岸田はナショナリスト的なモダニストだった。こうしたわかりやすい考えは人口に膾炙《かいしゃ》しやすいし、将軍―仏教的な建築と天皇―神道的な建築を対比的にみなす、ブルーノ・タウトの日本建築観にも通じる。岸田やタウトは強引な単純化をしているが、本当に神社が直線的で、寺院が曲線的なのかを判断するのは難しい。例えば、屋根のむくりなど、伊勢神宮に曲線的な要素を指摘することも可能だろう。過去の解釈は選択の仕方によって恣意的にならざるをえないからである。ゆえに、次は同時代の神社と寺院へのまなざしを検証しつつ、神社木造論をめぐる宗教界の言説から考察しよう。

変わらない神社と変わりゆく寺院

同時代の宗教建築がどのように意識されたのかを見ると、やはり寺院建築の変化を積極的に唱えながら、暗に神社建築が古式を遵守すべき特殊な存在とみなす、二項対立の思想が認められる。例えば、東大助教授にして文部省宗教局嘱託だった長谷川輝雄は、寺院建築の変革を次のように理論化した。(18) 彼は、古社寺の保存事業と新しい宗教建築の設立が異なる立場にあることを確認したうえで、主に仏教建築についての見解を示す。神社は「純日本起源のもの」であり、「素朴淡白な構架法」をもつ民家や茶室と同じ種類に括れるが、寺院は「支那大陸の様式」から影響を受けた「外来建築」だという。

長谷川によれば、「いかめしい本瓦葺や複雑な斗栱《ときょう》や連子窓《れんじまど》や華頭窓《かとうまど》、唐戸《からど》や格子天井《こうしてんじょう》、擬宝珠《ぎぼし》や逆蓮頭《ぎゃくれんず》のついた勾欄《こうらん》、錺金具《かざりかなぐ》など」、一般に日本的なものと理解されている寺院の特徴は、「全く支那固有の建築法で仏教の本義精神とは何の交渉も無い」。すなわち、寺院建築はもともと日本外部のものであり、しかも仏教の起源の国であるインド建築の痕跡は中国にほとんどない。ゆえに、「今後我国が持つべき仏教寺院は何れの方面から見ても必ずしも支那建築系統を墨守しなければならない理由は少しも無い。仏教の精神はもつと自由宏大なものである筈です」という。

次に批判の矛先は建築家に向く。長谷川は、停滞した宗教建築のありさまを「工匠の無気力に帰せらるべき」といい、過去の様式の折衷による「まやかしもの」の寺院設計について、「罪は宗教家より以上に建築家に在りと思はざるを得ませんでした」と述べる。このままでは宗教建築が硬化し、「生きたる建築」にならない。そこで彼は「自覚ある宗教家と建築家との協力によつて真に宗教建築革新の暁が来るでありませう」と期待を抱く。彼は寺院を変えた方が良いと主張していたが、当時、この考え方は流布していた。

神社を積極的に変えようとする意見はほとんどなかったが、すでに大正期から、寺院の性格は社会に向けて変えた方が良いと主張されていた。例えば、文学者の幸田露伴は、人々が洋服を着て椅子に座るように、社会は変わったのだから、公共的な施設である寺院も人々の「実際的要求」により改良されるだろうと語っている。[19] 具体的には、畳敷が減り、腰掛式で靴履きのできる寺院が増えると彼は想像していたが、興味深いのは、寺院を宗教施設として特殊化せず、公共施設という新しい概念により理解していることだ。実際、松本では、廃仏毀釈の影響で続出した廃寺が小学校に転用された。

一方で民俗学の折口信夫は、次のように神社の公共施設化に釘をさしている。[20] 神社が共同体の中心になるのは理想的だが、「町村の公共事業に開放すること、放課・休日における小学校の運動場のごとくするだけなら、存外つまらない発案である」、と。

続いて当時、本格的に「仏寺建築の将来」を論じた波江悌夫の連載を紹介しよう。[21] 初回では過去の寺院と社会の関わりを概観し、二回目では明治以降に寺院が社会的存在の基盤を失ったから、代表作がない無残な状態になったのは仕方がないという。三回目は、寺院の統一を国家的政策の急務として、社会に順応する二つの方法を提示する。第一に都市建築だから、周囲に危険を及ぼさないよう、耐火耐震の近代建築にすること。第二に葬儀、演説会場、結婚式など、一般公衆のための大公会堂を目指すこと。前者は都市防災論と構造論的な見地から、後者はプログラム論からの提案である。そして最終回は、もはや昔ほどに宗教建築が力を持たないことを確認し、平面改良により、寺院が実用性を得ることを期待する。波江は寺院非木造論を主張しており、インドや中国の寺院が決して木造ではなかったことをあげて、「我国過去の時代に在つては構造の学術経験に乏しかりし結果止むなく木造を採用したのであつて決して好んで木造建築を打建てたのではない」とし、新材料の使用をうながしていた。ちなみに、寺院のコンクリート化は明治末からあらわれ、それが根をおろした昭和初期には新しい形態が試作されるようになっていた。(22)

同じ頃、建築家の岡田信一郎は、新しい日本建築は伝統を意識すべきだが、コンクリートや煉瓦などの材料で木造の形式を真似るべきではないと論じ、「材料が異なり、目的が異なる昔の形を其《その》儘《まま》模する事は無意味である」と言っている。(23)「之ではまるで国民性なるものが建築の斗栱、肘木《ひじき》の中に潜んででも居るやうである」からだ。一見、この主張は伊東や足立の意見と対立する。が、彼らは、新しい時代の寺院は新しい材料と形態をもって構わないとするから、必ずしも喰い違うものではない。むしろ、材料と形態の一致を信奉する合理的な思想が、寺院を新しい材料と形態でつくることと、神社を古来からの木造と古来からの形態でつくることとのいずれにも矛盾しないと考えられていたことは注目しておこう。

近代神社をめぐるジレンマ

神社関係者の考えをよく伝える『神社協会雑誌』を参照しつつ、大正期までの神社木造論に関して、以下の二つの視点があったことを指摘しておきたい。

第一に、観念的に神社建築は古式にならうものとする保守的な態度。これは、創建改築に際して神社の形式をみだりに変えてはいけないとする、明治以降に制定された幾つかの神社関係の規定において、すでに記されていた。[24] こうした発言は木造が当然であるという前提で語られており、必ずしも材料について明言しているわけではない。が、同時に興味深い禁止事項も唱えている。例えば、ペンキ塗りがしばしば疑問視されており、たとえ防火のためであっても、煉瓦の壁がつくられたり、銅や亜鉛張りの屋根が用いられるのは、神社にふさわしくないというのだ。[25] しかし、逆に言えば、ペンキ塗りや亜鉛張りの屋根を禁止しようとすること自体、実際にそうした神社が存在し、また増えつつあったことを意味している。戦前の『神道大辞典』によれば、少なからぬ神社が銅板葺の屋根をもっていたことを確認できるが、「神社建築」の項目には「社殿は総て木材を主体とし、屋根は檜皮葺等の植物性材料が多く瓦葺は甚だ稀である」と書かれている。[26] おそらく瓦葺は寺院建築を連想させたのではないか。

第二に、消防への関心である。すなわち、都市化に伴う、人口の増加により火災が発生しやすくなっていたことに警戒し、具体的な防火対策として禁煙や夜警を行うこと、神社の消防隊を組織したり防火樹や防火用水を配すること、そして一部の施設を耐火にすることなどが提案されていた。[27]

しかし、実際に防火を徹底するならば、耐火の材料を用いればよいのであって、神社木造論の精神と反するものとなろう。したがって、当時の神社界は、木造と耐火のどちらを優先させるかというジレンマに陥っていたことが推定される。木造か、耐火か、という二者択一だ。そして一九二三年の関東大震災は、後者を一時的に勢いづかせることになった。

震災と反神社木造論

震災は言うまでもなく、建築のコンクリート化を促進させる契機となったが、一五六八社が被災した神社界でも材料に関する新たな議論を起こしている。[28] 一三〇近くの神社が焼失したからだ。一九二四年一月七日に神社局長から各府県の知事らに出した復興の指針は、おそらく簡素な木造神社の再建を念頭においている。[29] 当時の『神社協会雑誌』は復興号を出したり、台湾総督府と内務省・文部省の了解を得て、再建のために社寺建築工務所による「社寺建築用台湾檜材の安価提供」の広告を掲載していた。

興味深いのは、調査の結果、神社局が神社の非木造化もやむをえないと考えていたことである。「神社仏閣も近く市街地建物法による本建築と同時に該法の適用を受けることは到底免れ得ない」と考え、「木造を廃して耐火、耐震用の建築となす場合」は、神に対する威厳を失うといって反対する者もいるが、「神社仏閣のみを木造にする事も出来ないので結局耐火、耐震となるので勢その構造や形式も一変する事となるので従来の如き神々しい建物は見ることが出来なくなるだらう」し、「結局外国の式に日日趣味を加へた折衷のものになるだらう」との見解を出している。[30]

当時、内務技師だった建築家の大江新太郎は次のように発言していた。[31] 彼は復興される神社を対象に、「一は本質使命の上から、他は容貌形態の上から」の両面を考察する。そして、今後は神社が「もつともつと社会実用に接近したものであらねばならぬ」から、「本質」が変われば、当然、「容貌形態」や構造も変化するという。

また大江は、市街地の神社について、次の二点を論じる。

第一に、「神社の境内、即ち神殿と俗界との距離間隔は相当の大きさを有さねばならぬ」から、復興を契機として神社の状況を改善すること。例えば、東京や横浜の神社が「恰《あたか》も公園の添景建物」のようになっていた現状を嘆き、大きすぎる必要はないけれども、そのために境内は最低一〇〇〇坪を確保すべきだという。

第二に、「神社は火事に遭つて容易に焼け失せるものでは困ると云ふこと」。ゆえに、コンクリートの使用は明言していないが、それに変わっても仕方がないという態度のようだ。実際、彼の手がけた神田神社（一九三四）は、コンクリートを用いている。震災前の大江は、こうした意見の持ち主ではなかった。しかし、「焼け跡を、マザマザと眼のあたりに見せられ」、考えを変えたことを告白し、神社は「構築材料の選択も変つて来て、耐火材料を使用するか、或は可燃質料を使用しても、之を耐火的に処理し、且つ構造することにならうし、……其結果は当然之が建築容貌にも、幾分若《も》しくは大きな部分の変化を来すであらう」と述べる。来るべき神社のデザインは断定されていないが、もはや大江は木造に固執していない。むろん、彼は明治神宮宝物殿（一九二一）の設計者だから、それ以前にも鉄筋コンクリート造による神社の関連施設を手がけていた。

手塚道男は積極的な反木造論を展開した。防火区域に再建される神社はもちろん、復興神社が

明治神宮宝物殿

震災記念堂

「現代の最も科学的に優れたる材料を使用し、耐震耐火であることを前提として、神社本来の形式を保持し、神社独特の建築を為すこと」を強く主張する。[32] つまり、最新技術を取り入れることが「神道の本質」となる。ゆえに、非木造化する鳥居の変遷を考察したり、大江新太郎による明治神宮宝物殿などの成功例をだして、神社が鉄筋コンクリートで造られるべきだと説く。神社を愛しつつも、伊東とは正反対の意見である。

さらに手塚は建築の細部に関して、神社に特有のもの（例えば、千木や堅魚木）かどうかを検証し、そうでないもの（例えば、虹梁《こうりょう》や亀腹《かめばら》）を排して、他の建築から区別できるようにすべきだという。ディテールにおける神仏分離である。なるほど、反神社木造論は木造という神社の固有性を失う恐れがある。そこで手塚は意匠によって「神社としての特徴点を強調」したのだろう。そして全体の様式は、まったく新しいものにする必要はなく、「古来より建てて来た神社建築の一つを選定するか、それらの総合より得たる独創的のものであるか」を選ぶ。彼によれば、外観は新しい構造材料ながら「一見木造の如くにする為め、柱も破風も垂木も肘木もすべてを褐色の漆喰以つて包み」、古い形式を偽装し、火を防げる内観は檜の白木で飾ることが、「大正神社建築の新時期」をもたらすということになる。

一九二六年には「神社とコンクリートのローマンス」という不思議な文章が発表された。[33] 観念論ではなく、現場の感覚に基づく神社を提案していた神社局技師の角南隆がおそらくこれをペンネームで書いている。興味深いのは、ビルのなかの神社を実験的に想像していることだ。荒唐無稽に思えるが、復興の遅れていた寺院に対し、震災後の神社にはこうしたリアリティが少し出てきたのではないだろうか[34]。ホテルの結婚式場に組み込まれたり、ビルの屋上に追いやられた、現在の神社を予見したかのようだ。実際のコンクリート化は、長春神社や大連神社などの海外神社の他、大正以降、巨大な鳥居や神社の付属施設においては、ある程度進んでいた。根岸栄隆の戦前の調査によれば、平安神宮や豊国神社など、巨大な鳥居の上位一〇のうち七つがコンクリートを用いている[35]。もっとも、コンクリート造の鳥居は、あまり好意的に受けとめられていないし、さらに金属製の鳥居は仏教に影響されたものとして評判はかんばしくない[36]。

透明化した神社木造論

伊東忠太は、震災後に増えた耐火・耐震化もやむをえないとする論を意識して、それらが神社建築の本質を理解していないと批判している。当時、すでに強力な神社木造論者に転向していた彼は、震災記念堂のようなモニュメントにはコンクリートを用いたが、神社は過去を連想させる古代の様式を用いるべきだと重ねて主張した。ゆえに、神社の新様式を捏造してはいけないし、神の家は変わらないから、木造を守るべきだという[37]。だが、本音を言えば今さら当初の神社進化論に戻るわけにいかないと思っていたのかもしれない。

現在、神社木造論はなくなってしまったのか？

そうではあるまい。明治神宮の再建を除けば、かつてのような熱い議論はありえないとしても、戦後の神社に関する規定にも、暗に木造を前提とした記述が認められる。例えば、「設立する神社の施設は……、総体的に神社にふさわしいものであること」（「神社設立承認申請の取扱について」

一九五四年七月一五日庶発第八八三号)。「境内地及び建物その他の施設は、古来の制式を重んずること」(「神社本庁憲章」一九八〇年五月二一日評議員会議決)。「境内林は……、その神社の建設物修繕用材とする場合も左の限度を超えないこと」(「神社の不動産管理について」一九五〇年九月二一日通達第一〇号)。そして「神社の社殿改築と多層建築物について」は、材料の進歩によって高層建築が流行し、都市の過密から高層化が進むけれども、「神社の本来に鑑みて洵《まこと》に遺憾とする処であります」と記されている(「神社の社殿改築と多層建築物について」一九七〇年六月三日通達第一号)。

神社木造論は、建築界と宗教界を巻き込み、さまざまな変遷をたどったが、震災や戦災という追い風があったにもかかわらず、反木造論が勝利したわけではない。しかし、木造を強制する規定が存在するわけでもない。ただ、保守的な神社の木造イメージは日本的なるものを保証する装置として、今なお強く残っているのではないだろうか。

2. モニュメントとしての近代神社

二一世紀の明治神宮と靖国神社

初詣といえば、明治神宮である。二〇〇九年の警察庁のまとめによれば、正月三が日における社寺の人出の全国ベスト一〇は、第一位が明治神宮の三一九万人、第二位が成田山新勝寺の二九八万人、そして京都の伏見稲荷大社は四位で二七七万人だった。行楽地の東京ディズニーランドの年間入園者数が三〇〇〇万人程度だから、いかにこの初詣に人が集中するかがうかがえる。ただし、明治神宮への初詣は大昔からあるわけではなく、近代に始まったものだ。かつて明治神宮の初詣に来た人に、いつ明治神宮ができたのかというアンケート調査を行った結果、最も古く答えたのは奈良時代で、約四割が明治時代という答えだったらしい。実際は一九二〇年、すなわち大正九年の創建である。つまり、本当の古さよりも、さらに遡ると錯覚している人が少なくないのだ。明治神宮は近代につくられたモニュメントである。当初、明治天皇と昭憲皇太后を記念するための事業として、銅像、記念塔、図書館、美術館、慈善病院、公園、学校、橋、運河など、多くのアイデアが出されたが、最終的に神社に決まった。

夏は靖国神社が話題になる。特に、小泉首相（当時）の公式参拝をめぐる問題によって大きな注目を集めるようになった。靖国神社は戦争責任の問題と切り離せないことから、アジアの反日感情を刺激する象徴的な存在だ。それに対し、国外からの批判を内政干渉として反発する日本の保守派の動きもある。靖国神社が起爆剤になって、各国はナショナリズムを増幅していく。

では、今なお大きな意味を持ち続ける近代の神社は、どのように誕生したのか。

伝統の創造

日本の近代において、神社は国家の祭祀という機能を与えられ、官幣社（大中小）、国幣社（大中小）、府県社、郷社、村社、無格社という序列が導入された。神々のヒエラルキーが形成されたのである。そして国家は、社格の高い神社を人工的に創設したり、各地に天皇の聖蹟を「発見」した。

幾つかの新しいタイプの神社の種類を挙げてみよう。

天皇、皇族、功臣を祭神として祀る神社。例えば、湊川神社《みなとがわ》（一八七三）や平安神宮（一八九五）。明治神宮は、天皇自身が崇拝される最大のモニュメントである。王政復古によって過去の忠臣を祀る神社が創建されただけではない。死後まもない明治天皇と昭憲皇太后を祭神にした新しいタイプの神社も登場したのである。

国家のために戦死した兵士を祀る神社。例えば、靖国神社とその全国的なネットワークを形成する各地の護国神社。ここで重要なのは、有名な英雄だけではなく、隣人、あるいは家族も合祀されるかもしれないという匿名性である。

政治学者のベネディクト・アンダーソンは、無名戦士を弔う施設が近代に発芽した国民の想像力を強く刺激することを指摘した(38)。「無名戦士の墓と碑、これほど近代文化としてのナショナリズムを見事に表象するものはない。これらの記念碑は、故意にからっぽであるか、あるいはそこに誰が眠っているのか誰も知らない。そしてまさにその故に、これらの碑には、公共的、儀礼的敬意が払われる。これはかつてまったく例のないことであった」と。近代の戦争により多く建設された忠霊塔も、同じような機能を果たすだろう。

一方、軍神神社は、逆に誰もが知っている英雄を利用し、国民の愛国心を鼓舞する。例えば、乃木神社（一九二三）と東郷神社（一九四〇）。これらはナショナリズムに拍車をかける日清・日露戦争で活躍した陸軍の乃木希典将軍と海軍の東郷平八郎元帥を祀るものだ。二人は日露の戦没者霊を慰めるため、旅順に表忠塔を建てる計画の発起人でもあった。特に乃木は明治天皇の死を聞いて、夫婦で後追い自殺したことにより、神格化された。もっとも、英雄を祭神として神社で祀るのは、近代以前になかったわけではない。なお、両社ともに戦災で焼失し、現在は再建されたものである。

国家的祝祭としての明治神宮

一九一七年、黒田鵬心は神社の建築史を概観しながら、明治時代には古式にならう靖国神社や札幌神社が創建され、大正時代に入りまさに「一つ大なる神社建築が建築されつつある」と述べている。[39] このとき建設中だったのが、近代日本の最大の宗教施設である明治神宮だ。おそらく、黒田はこれを視野に入れていたに違いない。建築家の岡田信一郎は、一九二〇年の建築界を総括した文章で、明治神宮の落成を重大な事件とみなし、神社の発展の頂点に達したものであり、「純日本式建築の最後を飾る大作」と評した。[40]

明治神宮の計画の経緯をみよう。当初は各地の誘致が多かったために、富士山麓や箱根を敷地とする案もあったが、一九一四年に代々木が社地に選ばれる。そして社殿の様式を何にするか、屋根を銅葺にするかどうかの議論が闘わされた。工営課長の伊東忠太は、多少不便でも特別な施設だから屋根は檜皮葺に、様式は流造《ながれづくり》(前面の屋根が長く伸びる平入の社殿)にすべきだと主張し、その通りに実施される。[41] 彼によれば、神明造(切妻屋根をもつ平入の社殿)は伊勢神宮に限定され、大社造は出雲の地方色が強すぎるし、神社の本質を考えれば、新様式や新材料の採用も好ましくない。そこで日本に流布し、適当なデザインの自由度をもつ流造が推薦されたのである。

明治神宮の造営は、国家的な事業として展開した。全国的なキャンペーンにより、労働奉仕と献金を呼びかけ、一〇万本の献木運動が展開された。国民からの献金六〇〇万円余を集め、総工費の五二二万円をまかなったという。六年間の工期中、全国から多くの青年団が駆けつけている。建設への参加によって、共同体の絆《きずな》は強くなるだろう。明治神宮は盛大な鎮座式を行い、官幣大社に列格された。これに合わせた各地の記念事業でも、社殿の修理や境内の整備を行うように指導された。

明治神宮の関連施設はどうか。一九一五年に宝物殿の設計コンペを実施している。一一〇点の応募があったが、結局採用せず、大江新太郎の設計によって校倉造《あぜくらづくり》の宝物殿が完成した。これは新しい技術と伝統の問題にひとつの解答案を示した作品として評価される。もっとも、建築非芸術論で知られる野田俊彦は、新材料の鉄筋コンクリートを用いながら、日本風のデザインを誘導したコンペの要項を非難した。(42)

外苑の聖徳記念絵画館(一九二六)は、一九一八年のコンペ一等案に明治神宮造営局が手を加え、佐野利器が完成させた。この施設はモニュメンタルな配置計画をもち、セセッション(分離派)風のデザインを加味した内部は、回廊に絵を飾り、明治天皇・昭憲皇太后の業績を紹介する。多額の賞金のためか一五六点の案が提出されたが、ある建築雑誌は、近代ドイツ風が評価された一等案に対し、二等二席案の方が日本的でふさわしいという反対意見を掲載している。(43)当時、日本的なるものをめぐって、神社の関連施設にも、建築界の関心は高かったのだ。

大競技場を外苑に建設したのは、国民が元気に集い、スポーツを通して、明治天皇の神霊に国家の繁栄するさまを見せるためだった。国家のためのスペクタクルの装置である。実際、紀元二六〇〇年を記念する一九四〇年の東京オリンピックでは、明治神宮外苑の競技場を改築して、使用する予定だった。しかし、これは場所が変更され、さらにオリンピック自体が中止となる。それゆえ、一九六四年の東京オリンピックに際して、明治神宮と軸線をそろえて、丹下健三が国立代々木競技場を設計したのは興味深い。一方、東京オリンピック二〇二〇では、神宮外苑の国立競技場のプロジェクトにおいて、コンペに勝利した外国人建築家のザハ・ハディドが排除され、結局「和の大家」と呼ばれた隈研吾が設計することになった。なお、彼は内苑の明治神宮ミュージアム（二〇一九）も手がけている。

大正期には朝鮮神宮（一九二五）も創建されたが、明治神宮と同様、伊東が設計を指揮している。戦前、これらの神社は高く評価されていた。岸田日出刀は、明治神宮が「限りなき尊厳のうちにも尽きぬ親和の情を表はし、典雅優麗の美しさに輝いてゐる。……日本の建築家伊東忠太の全精神が結集されてゐる」といい、朝鮮神宮の神明造は曲線がなく「極めて直截明快な表現をなし、太古の素朴な感情をよく現代に再現」したと述べ、惜しみない賛辞を送った[44]。彼はモダニズムの視点で日本の古建築を紹介した写真集でも、朝鮮神宮をとりあげて、「曲線から直線へ、楕円から円へ、不整四辺形から正方形へ、そこに現代が見出される」という[45]。むろん、岸田は伊東の弟子であるから、この評価は差し引いて考えねばならない。

だが、こうした評価は岸田だけではない。足立康は、海外神社が「神明造の形式をとり、神代ながらの尊き姿を示し、新領土に於ける崇敬の中心」となり、特に朝鮮神宮が「形勝の地を占め、巧みに配置された社殿はよく神社建築の真精神を発揚し、崇高なる外観を呈してゐる」という[46]。さらに『建築雑誌』でも、当時の内容がすでに技術系の論文中心に移行していたにもかかわらず、明治神宮や朝鮮神宮が竣工した際は、かなりのページをさいていた。つまり、少なくとも当時の建築界は、新しい宗教施設を重要なものと認識していた。現在はそうではない。戦後、公共事業と宗教的なものを分離するようになり、庁舎や美術館が建築雑誌をにぎわせている。

靖国神社の浄化

靖国神社は国家のために戦没した二四六万六〇〇〇人余を御神柱とし、そのパンフレット『靖国神社の概要』には「今日の我が国の安泰と繁栄が、靖国神社の御祭神となられた方々の献身奉公によってもたらされたということに思いをはせて、子々孫々に至るまで、この御社を護持していただきたい」と記されている。宗教学者の村上重良によれば、封建社会以前の日本では敵味方関係なく供養し、霊を慰める伝統があったが、軍の管理した靖国神社は祭神を次々に増やしながら、国家の敵には一顧もあたえない仕組みをもち、天皇への忠誠のみを強化する装置だった。[47]

一八六九年、日本陸軍の創設者、大村益二郎の努力により、九段に招魂社を建てたのが、靖国神社の始まりである。しかし、坪内祐三が指摘するように、当初は灯明台（一八七一）や、カペレッティ設計の洋風の遊就館（一八八一）が目立つハイカラな近代空間だった。[48] サーカスも催され、娯楽性が強かった。もとは板葺きだったが、すぐに銅葺き屋根の神明造に改築される。一八七四年には、国民の霊をまつる軍関係の神社に天皇が参拝するという新しい試みを実施し、天皇と軍の結びつきを示す。靖国神社と改称されたのは一八七九年のこと。拝殿・回廊が竣工したのは遅れて一九〇一年。設計者は名家の伊藤平左衛門、設計委員には木子清敬も加わっている。明治末に建築家の長野宇平治は、日露戦争の勝利を祝して、鳥居のついた橋、ローマ風の円柱をもつ興行場、エジプト風や東洋風を加味した「チャンポンスタイル」の記念門を設置し、「東京の『アクロポリス』を造る」改造計画を考案した。[49] 靖国神社で催された戦利品博覧会が一日三〇〇〇人の入場者でにぎわった頃である。長野の提案を見ると、この空間が純和風であるべきという意識は希薄だった。

だが、大正になると様子が変わってくる。例えば、「不調和なる建築雑然たれば遊就館と社殿との間に高さ五尺の土堤を築き之に常緑樹を植えて堺となし社殿の威厳を保たしめ神楽堂も位置を換へ南門及び裏門は全く閉鎖して通行を禁じ」、緑を増やして「鬱蒼たる樹林の中に古雅なる社殿を隠見せしめて、自ら敬虔の念を喚ばしめ池には睡蓮など清らかな水草の花を咲かしめる」改造が提案された。[50] 同時期に神社局技師の角南隆が、「神社境内施設心得」として公園・植物園・動物園・娯楽場と混ぜずに、すぐれた風景を創造すべきと主張した雰囲気と符合する。[51] 娯楽的な要素を排除し、純粋な鎮魂の空間にすること。一九三〇年代末には祭日の娯楽も禁じられた。ちなみに、「靖国鳥居」と呼ばれる形式の青銅の大鳥居（一九二一）は、陸軍技師の設計によるもので、戦前の鳥居としては五本の指に入る巨大さである。[52]

神社の空間は再編成され、伊東の手がけた神門（一九三四）が加わり、靖国の日本的なイメージが固定化する。大灯籠（一九三五）のデザインでは、共同設計をした伊東と大江新太郎がそのプロポーションをめぐって大論争になったらしい。[53] 当初、陸軍の大村は広い神域を想定していたが、実際は小さくなっていたために、施設が増えると境内は手狭になっていた。そこで大東亜建設記念造営コンペに際して、一九四二年に審査員の岸田日出刀は「靖国神社々域を拡張し整備すべし」と述べ、大東亜の祭典や都市計画と絡む壮大な改造計画の提案を行う。「荘重と森厳」を昂揚するよう神域を拡張し、神社の正面に大東亜民族広場、側面に大東亜博物館と大東亜図書館、相撲場と武徳殿、大東亜記念館と国史館を幾何学的に配置するというものだ。[54] 一九四三年、青銅製では日本最大だった第一鳥居（一九二一）は、兵器資材の欠乏から解体され、陸海軍に献納された。かくして神社が兵器に変わる。

神の創造した靖国神社

戦前に活躍した評論家の板垣鷹穂は、明治建築の大事件を六つ選んだ際、第一が皇居の造営であり、第二が靖国神社の創建と記し、昭和に造営された公共建築の代表的な作品としては、伊東忠太が設計監督をした靖国神社の神門を最初にあげている。[55] そして「靖国神社神門は、昭和時代に造営された木造の神霊建築として、特に傑出した優秀作である。神社建築に固有な伝統的様式を摂取し、古典的な基本精神を継承しながら、而《し》かも、現代に創造される記念建築の感覚を豊かに含み、神域の環境とも良く調和してゐる」という。板垣によれば、伊東が神明造を神門に採用したことで、「日本古来の建築精神が最も純粋に表現され」、「この優れた神門は、創意を誇示する建築家の設計でなく、現代に存続する古典精神のうちに自づから創造されたもの」だ。つまり、建築家の作品よりも神の創造物のごとく、自然に生まれた意匠を日本的なるもののイデオロギーに接続し、そこに美を見いだす。また板垣は、神明造と神域の重要性を考え、当時の拝殿を改築して神明造とし、施設を拡充したらよいと提案した。

伊東忠太は一九二四年の修理で靖国神社に関わった後、神明造の神門の設計や他の施設造営の顧問を担当した。岸田日出刀は、伊東に傑作が多いのは神社だと語り、今と明らかに異なる評価を行い、特に靖国神社神門を誉めちぎる。「護国の英霊を祀る社殿への神門として、規模雄大・手法簡明で荘重の気品に満ちている。参拝して……わたくしはこの神門の建築としてのすばらしさに心打たれる」、と。そして岸田は、一般的に伊東の神社建築が「妄《みだ》りに新意匠を弄《もてあそ》ぶといふような点は

靖国神社の神門

靖国神社の遊就館

微塵もみられない。あくまでも古式に忠実であり、……だからその全体からうける感じは、傑《すぐ》れた古式神社の建築がもつ荘重森厳な雰囲気に満ち溢《あふ》れており、礼拝する人の心を打たないではおかない」とまとめ、やはり作家性の消去を高く評価している。

岸田は、他のテクストでも、靖国神社の大鳥居正面の「見通しの素晴らしさに心奪はれ」、神門に「日本建築の真心」を感得したり、丹塗の楼門だと「精神上の緊張さは得られない」が、簡明な鳥居と神門は胸に迫り「護国の英霊によせる血涙の感激と感謝の外何ものもない」という。[56]さらに岸田は「形と構造との原形と極致」をもつ「神明鳥居の美しさと神々しさは、我々に数しれぬ啓示を与へてくれる」と絶賛した。彼の表現は大袈裟に思われるが、へたに非難すれば、不敬とみなされる危険があったのかもしれない。戦争中は電車で靖国神社前を通過する時も、乗客一同が脱帽敬礼したという。建築家にとっても、神社は切実な問題だった。

終戦直後、連合軍は靖国神社と皇室の結びつきを断ち、記念碑的なものに変えるために、一六弁の菊の紋章をなくして鳥居を撤去することを検討したり、神社側でも一大文化・娯楽街を建設する計画が構想されていた。[57]神道色をなくして、公的な記念堂に変える道もあっただろう。ただし、いずれも実現していない。宗教問題の戦後処理を計画した一九四四年のアメリカの国務省文書では、次の興味深い見解が記されていた。[58]靖国神社、明治神宮、乃木神社、東郷神社などの国家的英雄を祀る施設は、「宗教」というよりは戦意発揚のための国家主義的神社であるし、日本政府も国家神道は宗教ではないと主張しているから、信教の自由を犯すことなく閉鎖が可能である。だが、「強制的閉鎖は却《かえ》つてその信仰を強める傾向となるおそれがあり得るから」、容認しておいた方が迅速に国家神道の影響力を弱められるのではないかというのだ。おそらく、この判断は正しい。衰退した無惨な姿で残るよりも、殉教者のように、悲劇的な最期を遂げて失われることで、建築は永遠の記憶に刻まれることがあるからだ。

現在、靖国神社では、日本美とモダニズムを連想させた神門は見過ごされ、個性的な装飾をまとう新しい遊就館（一九三二）のほうが建築的に注目されている。これも伊東が設計したものだ。かつて、あれほど絶賛されたものにもかかわらず、今や神門はほとんど触れられない。敗戦後の神道に絡む日本的なものの否定と、モダニズムを攻撃する装飾過多のポストモダン建築の流れによって、デザインの価値観が逆転し、神門は評価の枠組から外れたからだ。ポストモダンの時代に珍獣の装飾をもつ楽しい伊東忠太像がもてはやされたのも、そのせいであろう。だが、神門は平成の修復工事によって、新木の香りが匂うほどに若返りし、鳥居との組み合わせは今なお印象深い。ここには日本的なるものの残滓が亡霊のように漂う。だがその亡霊は再び、力を持とうとしているかもしれない。

手のなかの近代神社

明治以降、神社の視覚的イメージは国民の間を交通する紙幣や切手などの媒体を通じて、流布していた。一八七八年、日本の紙幣に初めて肖像が使われた。その一〇円紙幣には神功皇后の肖像がキヨッソーネにより描かれている。だが、記紀神話の女神であり、実在の人物ではない。そして和気清麻呂と護王神社を図案に用いた一〇円券（一八九九）以降、神社とゆかりのある人物の組み合わせで幾つかの紙幣が発行され（宇倍神社、北野神社、建部神社など。寺院は法隆寺のみ）、戦時下の一九四二年からは靖国神社の五〇銭札が登場している。ただし、この図案は人物や本殿・拝殿を使わず、第二鳥居と伊東忠太設計の神門による単純明快な構成である。神社を描いた紙幣はいずれも終戦直後に廃止され、代わって国会議事堂の五円（一九四八）や今も使われる平等院の一〇円（一九五一）の硬貨が流通するようになった。

一方、一九三七年に発行された第一次昭和切手は、それまでの普通切手が模様的だったのに対し、神国日本を示すためにわかりやすい図案的なデザインを選び、明治神宮、春日神社、厳島神社などが採用された。続いて第二次昭和切手（一九四二）は、逓信省が戦意高揚につながる図案を一般募集し、靖国神社と厳島神社の鳥居を使う。そして第三次昭和切手（一九四五）では、靖国神社の図案が変わり、紙幣と同様、第二鳥居と神門を組み合わせたお馴染みの構図になる。明治時代の名所錦絵では、鳥居と本殿の構図が散見されたが、こうした伝統を継承しているのかもしれない。伊東忠太が、外国の現代建築に通じる簡素の美を極めるがゆえに、日本の名建築の第一として靖国型の神明鳥居をあげたように、これは近代が遡及的に生みだした理想の美の

靖国神社を図柄に用いた50銭紙幣

形式である。(59)記念切手は近代神社を祝福した。

例えば、「明治神宮鎮座記念」(一九二〇)は拝殿、「伊勢神宮式年遷宮」(一九二九)は内宮正殿、「明治神宮鎮座一〇年記念」(一九三〇)は本殿、「紀元二六〇〇年記念」(一九四〇)は橿原神宮、「満州国建国一〇周年記念」(一九四二)は建国神廟、「靖国神社七五年記念」(一九四四)は本殿、中国の「関東神宮鎮座記念」(一九四四)は本殿を図案に使う。一九二八年の天皇即位の記念事業として、大嘗宮《だいじょうきゅう》を図柄に用いる記念切手も発行された。発行数も多い。「明治神宮鎮座記念」は昭和二種類計一一九六万枚、「明治神宮鎮座一〇年記念」は二種類計六一五万枚、「靖国神社七五年記念」は一〇六〇万枚である。日本共同体をつなぐ大量発行のメディアにとって、新しい神社は格好の素材だった。終戦後、しばらく戦前の切手は用いられたが、一九四七年にアメリカ軍の命令で国家主義的な図案は使用禁止となり、新昭和切手(一九四六)以降は仏教美術が中心である。おそらく近代洋風建築シリーズ(一九八二)の記念切手として尾山神社神門が選ばれるまで、戦後の切手に神社は使われていない。現在は国宝シリーズなどに古い神社建築が登場する。

神社は教科書にも登場した。日露戦争の一年前に初等教科書は検定制から国定制に変わり、四回の改訂を通じて常に「靖国神社」は軍事教材として採用された。(60)例えば、尋常四年修身教科書は鳥居と神門の図版を挿入し、靖国神社は子供によく知られた存在だった。戦前の教科書は他にも、伊勢神宮の行事や正月の神棚飾りなどをとりあげている。明治末の『神社協会雑誌』に掲載された論説は、敬神教育を徹底するために、全国の小中学校に伊勢神宮を勧請してもらいたいと述べ、社祠を各学校に建設するのは難しいとしても、御真影と同じような仕掛けをつくることを提案した。(61)さまざまなメディアによって、神社は新しい意味を注入されながら、大衆の日常生活に浸透していく。

神社評価の戦前と戦後

戦前、宗教施設以外にも神社趣味が登場していた。一九三〇年代の後半にこうしたデザインが増え、一九三七年の日本万国博覧会の建国記念館のコンペ上位入賞案はどれも神社風の屋根がかかる。皇国精神を掲げ、伊勢神宮の一帯を整備する大神都特別聖地計画が国会で建議された時代である。[62]大東亜建設記念営造計画コンペ（一九四二）においては、丹下健三の一等案が富士山麓に大規模な神社風建築を据える忠霊神域を構想した。同年、伊藤述史は神社・寺院・欧州の三つの様式が日本に並存すると大胆に整理し、大東亜共栄圏の建築様式はこれらを混ぜながら、南方は神社色を強くするなどして地域差をだせばよいと考えている。[63]神社は同時代建築を考える際、ひとつの重要なタイプだった。

だが、戦後に神社の地位は失墜する。伊東忠太の場合、戦前は没個性的とも思える靖国神社神門や朝鮮神宮が高く評価されていた。しかし、現在、近代建築の通史をみると、彼の代表作としては、むしろ作家の強い個性がにじみでる築地本願寺や震災記念堂があげられている。

そもそも戦後に書かれた近代建築史では、神社への言及がほとんどない。例外的な尾山神社神門（一八七五）と明治神宮宝物殿も、新様式や新材料の冒険がなければ、とりあげられなかっただろう。前衛的なデザイン運動から導かれた西欧のモダニズムを完成形とみなせば、過去の形態をひきずる神社は評価の対象になりにくい。例えば、近代建築の基本台帳となった『日本近代建築総覧』（技法堂、一九八〇）は、冒頭に「いわゆる、和風の建物は除いた」と記し、基本的に社寺建築は近代に建ったとしても対象外だった。興味深いことに、キリスト教の建築は洋風なのでこの本に含まれている。むろん、ときには近代和風の文脈で神社は扱われるのだが、やはり「近代」的な「和風」だからであって、「宗教」建築だからではない。井上充夫が『建築史』（理工技研、一九五三）において、「新設神社は、当時の日本の政策を示す」と指摘したのが、珍しいくらいだ。

一方、戦前の通史では、同時代の存在として神社に言及している。足立康の『日本建築史』（一九四〇）は、明治維新以降の「現代」において護国神社が各地に建ち、海外にも建設されるようになり、今や「神社建築の隆昌時代を招かんとしてゐる」と書いている。そして「天皇を御祭神とする神社が続々と創立された事も重大なる事件」だと正しく指摘した。なるほど、足立の通史は近代以前からの連続的な記述をしているために、宗教建築への言及が多い。対して戦後の近代建築史は、明治以降の断絶を強調し、近代神社の記述もわずかだ。だが、近代にも神社は相変わらず建ち、それを人々は同時代的に意識していた。

建築史家の田辺泰も、明治以降、敬神の思想が興起し、「神社建築隆昌の時代を現出しつつある」と述べ、新しい造営に神明造と流造が多いという復古的な性格を指摘していた。[64] もっとも『明治工業史建築篇』（啓明社、一九二七）は、「宗教建築」の章が設定されているものの、明治期の「社寺建築は重要ならず」と控えめな評価を行いつつ、伊勢神宮の遷宮や靖国神社などを代表作とみなしていた。この章を執筆した伊東忠太が、近代神社の標準設計が画一的であるという否定的な見解を抱いていたことが、彼の明治観に影響しているかもしれない。ただし、大正時代にも少し触れて、明治神宮のほか、特筆すべきものとして朝鮮神宮と乃木神社をあげている。なお、キリスト教建築は記録が少ないことに加え、あまり関心がなかったようで、わずかしか記されていない。

宗教的な建築への態度の転換点をよく示すのは、終戦直後に刊行された浜口隆一の『ヒューマニズムの建築』(雄鶏社、一九四七)である。浜口は近代建築は人民のために機能主義的であると規定し、それと対立する古代国家に顕著な記念建築を強く批判して、戦争中の日本建築がモニュメンタリズムに走ったことを断罪した。具体的には忠霊塔などをあげたが、前後の文脈から推測すれば、近代神社も当然含まれるだろう。また彼の建築論は、国際的な近代建築が鉄とコンクリートによる高度な技術を用い、様式主義に対抗したと考えたから、多くの神社はそのすべてに反することになる。つまり、戦後のヒューマニズムが宗教的な建築を不用意に持ちあげないようにさせたのである。しかし、仮に神社が国威発揚の装置だったとしても、無視するだけでは反省につながらない。それは神社建築の政治性を隠蔽するかもしれない。

戦後、一九五〇年代半ばに伝統論争が『新建築』誌上をにぎわせている。丹下健三と評論家の川添登が伊勢神宮－桂離宮を軸に伝統論を展開したのに対し、建築家の白井晟一はそうした弥生的なものへの対抗馬として、荒々しい縄文的なものの概念を立ちあげた。ここで伊勢を理想化する従来の伝統論は、弥生と縄文というさらに古い起源に遡行することで相対化され、神社の政治性が宙吊りになった。まさに伝統論の戦後である。

神社に関わる伝統論争は隣国の韓国で起きていた。それは、金寿根設計の国立扶余博物館が日本の神社に似ているという一九六七年の新聞記事に端を発する。正門が鳥居を、屋根が千木を連想させることが批判された。すなわち、日本的なものの排除と韓国的なものの探求が分かちがたい問題になっている。欧米人による日本人建築家論では、磯崎新や安藤忠雄を禅や神道の思想と結びつけて語るクリシェがある。また建築家が自ら表明したものでは、黒川紀章が仏教に触れて「共生の思想」を語るが、これも海外の関心を集めている。現代の日本建築の宗教性は、むしろ外部のまなざしが読みとるものなのかもしれない。

3. 現代寺院建築試論

近代における宗教建築の問題

建築の世界では、近代以降の仏教建築をどう評価しているのか。現在も、大学の教科書として使われている日本建築学会編『近代建築史図集　新訂版』（彰国社、一九七六）を見てみよう。紹介されている仏教施設は、以下の通り。吉村松太郎が設計した宝山寺の獅子閣（一八八二）、伊東忠太による不忍弁天天竜門（一九一四）と築地本願寺（一九三四）、白井晟一の善照寺（一九五九）だけである。同じシリーズの『日本建築史図集』ではほとんどの頁を寺院と神社が占めていることを考えれば、非常に少ない。つまり、建築史の視点からすると、近代以前では寺院が主役だったのに、近代以降は公共施設が中心になっているのだ。

仏教も奈良時代に導入されたときは、最先端の思想と技術が当時の社会にもたらされたことを意味している。日本には、五重塔のような高層建築はなかった。堂々とした伽藍の配置、そして複雑な組物も斬新だったに違いない。おそらく、神社建築にとっては脅威だっただろう。直接的に建築を見せては勝ち目がない。だからこそ、神社は幾重にも塀をめぐらせ、建築を包み込み、隠すことによって、聖なる空間を演出しようとしたのではないか。塔や金堂は、外から眺める彫刻的な造形の方が重要である。しかし、中世においては、仏教の大衆化とともに、本堂に信者を入れる空間を拡大させた。また僧重源が大仏様《だいぶつよう》という新しいテクノロジーを導入し、巨大建築の東大寺を建立している。

その後の仏教建築は、細部の装飾とシステム化が進み、構造的な技術の発展は少なくなる。したがって、江戸時代は、黄檗宗のような建築を除けば、目新しいデザインは増えておらず、建築史的な評価はそれほど高くない。近代以降、この流れは加速した。

では、前述の『近代建築史図集　新訂版』において紹介された寺院建築は、何が評価されたのか。宝山寺獅子閣（奈良県生駒市）は、ギリシアに由来する古典主義の柱を使う、擬洋風の建築だからである。当然、文明開化以前の日本では考えられないデザインだ。不忍弁天天竜門（東京都台東区）では、伊東忠太が伝統的なデザインを再解釈している。築地本願寺（東京都中央区）は、日本では異形のインド風の様式を大胆に使う。これも明治以前にありえないものである。日本の近代に仏教思想の原典研究があったように、デザインにおいても中国や韓国を飛び越え、インドに着想を求めたといえよう。実際、伊東は法隆寺のデザインのルーツを探して、アジアの調査旅行に出かけた。

一方、善照寺（東京都台東区）を設計した白井晟一は、個性的な建築家として知られている。これは切妻屋根の外観において、伝統的なイメージを踏襲しつつも、全体的に抽象化されたコンクリートの建築だ。新しく登場した工場や美術館ならばともかく、昔からあってずっと木造だった仏教建築は、材料の変化という問題に初めて直面した。

建築史では、斬新なデザイン、あるいは構造の冒険を評価する。大船観音や越前大仏など、二〇世紀の巨大な仏像があまり言及されないのも、同じ理由だろう。大きいのは事実だが、現在の技術ではもはや驚くべきものではない。ぎりぎりの表現ではないからだ。一般的に建築家は、新しい構造が合理的に導く新しい表現が必要だと考える。かつての法隆寺はそうだった。しかし、一方では仏教がすでに長い歴史をもつために、多くの人は古いイメージを求める。たとえ、昔ながらのかたちと新しいコンクリート造がズレていたとしても。これが近代において宗教建築が抱える問題である。

仏教建築がもたらしたもの

近代における寺院と神社のデザイン的な二分法は、伊東忠太が考えたものである。それは彼の歴史観と密接に関係していた。伊東によれば、神社の建築史は、大社造や神明造の直線的な時代を経て、春日造や流造が登場する「曲線形適用の時代」に移行したという(65)。そして近世の八棟造は最も複雑に発達し、最も意匠に富むと高く評価した。伊東は仏教建築が日本に曲線をもたらしたと考えている。古代は「曲線の適用なく、乾固なる水平線、鉛直線及斜線を以て寧ろ諧調（ハーモニー）に欠けていたが、「仏教と共に曲線を伝ふるや、建築の形式全く一変して彼の乾固なるものは此の優秀なる寺塔の建築となり」、「我か建築術は仏教渡来に由て始めて大成せり[66]」という。そして次のように述べている。

「本邦仏教渡来以前に在《おい》ては未《いま》だ曾《かつ》て「アーキテクチュール」の真正の意義に適するか如き芸術あるをなく我邦に建築術を起したるものは実に仏教にして、我邦建築の観るへきものは殆んと常に仏教的のものに限り、我邦建築の沿革は即ち仏教建築の沿革に外ならさる」

つまり、仏教こそが日本に「建築」をもたらしたのである。また伊東は、天平時代の装飾を論じながら、「日本の総ての種類の芸術が皆仏教渡来を発足点」とすること、正方形と半球を組み合わせ「直線と曲線の妙配合」をもつ多宝塔は日本の仏教建築において「最も形の優秀なるもの[67]」だと論じていた。そもそも彼が最初に「法隆寺建築論」(一八九三)を書いたとき、「柱は『エンタシス』の曲線より成る[68]」と述べ、柱の膨らみ、すなわちギリシア建築にさかのぼる曲線的なエンタシスに注目し、東西交渉の結果として法隆寺を高く評価したことはよく知られていよう。

伊東は、近代において神社は燃えやすくなったとしても絶対に木造にすべきだと主張した[69]。逆に、寺院のコンクリート化は決して否定していない。実際、築地本願寺など、彼の作品がそうだった。

コンクリート化する寺院

素材と構造における神仏分離とでもいえようか。寺院のコンクリート化については、すでに横山秀哉の『コンクリート造の寺院建築[70]』が、五〇〇件以上のデータを収集し、詳細に研究している。彼はコンクリートの寺院を「過渡的な近代」と位置づけ、「普遍的一般寺院を対象としたもので、規模の広さを誇示するがごとき新興宗教の巨大建築や特殊建築にはあまり触れないことにした」という。そこで同書を参照しながら、コンクリート化の状況を追うことにしたい。

本格的なコンクリート造の寺院としては函館火災で焼失した東本願寺別院の再建（一九一五）が嚆矢だ。ただし、デザインは伝統的な木造建築の様式だった。設計は伊藤平左衛門、構造計算はアメリカの鉄筋メーカーに依頼したという。[71] ただし、入母屋の妻の部分は、木造だった。他には、山

東本願寺の函館別院

善照寺

形の長源寺本堂（一九二四）、博多の明光寺本堂（一九二四）などが早い事例である。一九二三年の関東大震災の後、耐火耐震のコンクリート造が多く採用された。その結果、昭和初期に小石川の西岸寺本堂や浅草の専勝寺などが建設されている。震災は日本の建築のコンクリート化を加速させたが、これは神社でも激しく議論された問題だった。地方でも、足利の長林寺（一九二九）や塩竈の東園寺（一九三一）などが、伝統的な様式のコンクリート造でつくられている。

横山は、コンクリート造の寺院がもたらした影響をこう指摘している。伝統的な様式を好みながらも、木造のディテールをそのまま再現するのは困難なため、デザインを簡略化していること。また地下を建設することが可能であり、複数のフロアをもつ寺院が登場すること。ちなみに、こうした事態は新宗教の建築でも起きている。

伊東忠太の築地本願寺や中山法華経寺聖教殿（一九三一）は、インド風のデザインを導入し、コンクリートを積極的に用いた。なるほど、木造でインドの様式を再現するのは難しいだろう。しかし、コンクリート造ならば、木造の生みだしたかたちにこだわる必要はない。どうせデザインと素材が分離しているからだ。また仏教の源流を求めてインド風にすることも可能である。伊東の震災記念堂（一九三〇）は、寺院を含む、和風のデザインを組み合わせたが、コンクリートで過去の様式を模倣するという問題を意識していた。だが、材料はすべてを規定するものではないとし、施設の性質から日本の様式を採用することは当然と考え、「それは決して不都合でも不合理でもない」[72]と結論づける。やはり伊東は、仏教建築や記念建築のコンクリート化は否定していなかった。他にもインド様式の寺院としては神戸の善福寺（一九二八）が挙げられる。

建築史家の藤岡通夫による東京本郷の真浄寺本堂（一九五〇）は、戦災で燃え、檀家からの要望で燃えない鉄筋コンクリートで建設された[73]。正面の列柱の間には、木製の格子をはめるが、特徴的なのは、平らな屋根のフラットルーフである。木造では雨漏りの恐れがあるために、できない造形だ。柳建築設計事務所の熊谷山報恩寺（一九六三）や薬王山東厳寺大正院（一九六六）は、コンクリート屋根の造形によって、極楽浄土をイメージしたシンボリックな空間を試みている[74]。また「不滅でありたいと願う心」から燃えないコンクリート造を選択したという。他にも、コンクリートならではの造形を試みたのが、白井晟一設計の善照寺、新宿の専念寺（一九七〇）、大石寺などだ。

横山は、コンクリート造の寺院をデザインの視点から、伝統式、インド式、近代式の三つに分類した。近代式は主に建築家が手がけたモダンなデザインを指す。彼の採取したデータによれば、インド式は一時勢いがあったものの、一九六〇年代には近代式と伝統式が半々の割合になる。近代式の場合はデザインが超宗派的な様相を示しているという[75]。そして椅子式が増えていることなども指摘している。

一九六〇年代末に横山は全国の曹洞宗の寺院にアンケート調査を実施し、全体の四・八四パーセントにあたる七〇六の回答を得る。その結果は寺院を「近代化すべきではない」が一〇・二パーセント、「近代化もやむをえない」が五六・三パーセント、「積極的に近代化すべきである」が三二・七パーセント、「わからない」が〇・八パーセントだった。つまり、はっきりと反対しているのは一割だけで、八九パーセントが一応認めている。意外に多いのではないか。ただし、大本山や由緒ある別格寺院については、半数以上が近代化に反対している。また大都市の方がコンクリート造の支持率が高いという。

木造寺院への批判

大正期に波江悌夫は、仏教建築について次のような興味深い見解を示している。

「我国の寺院建築は国土の拘束を受けて木造一点張で歴史を造つて来たけれども印度の寺院或は精舎は殆んど石造建築であるのである。支那の寺院建築ですら木造といはんより石造へ木材を利用したといふ形である。いはば我国過去の時代に在つては構造の学術経験に乏しかりし結果止むなく木造を採用したのであつて決して好んで木造建築を打建てたのではないのである、今や科学的文明の著しく発達せる我国建築界が木造寺院の再建を白眼視するは大なる恥辱である」(76)

すなわち、波江は、昔も今も、寺院建築が木造である必要はないと主張している。本場は石造だったのに、かつての日本は仕方なく木造でつくっていた。それゆえ、近代においても、なお木造に固執する保守的な態度を批判している。波江は進化論的に建築を考えているからだろう。チャンスがあるのだから、寺院は発展すべきだ、と。これほど思いきった意見は珍しいのではないか。

章ごとに波江の議論を見よう。

彼は第一章「緒言」において「宗教の権威一度地に堕ち」、「今日は所謂公共建築の全盛時大である」と位置づける。そして「我国の仏寺建築が日に月に滅亡し行くのは止むを得ぬ現象」だが、「此時に当つて仏寺建築の将来を考究して新時代に順応するの策を立てること必ずしも、不必要ではあるまい」という。同じく第二章「仏寺建築の意義」では、「吾国に於ける仏寺建築は我建築界の覇王であった」と述べ、歴史的な変遷を概観する。興味深いのは、彼が建築と社会の関わりに注目していることだ。

第三章「仏寺建築の現状」では、仏教が新しい時代に順応できていないことを指摘している。そして「仏寺建築の中で明治時代に建てられ、明治時代の建築として史上に残し得るものがあるであらうか」と、手厳しい。奈良の大仏殿の工事はあったが、それは単に修復である。ゆえに、「百年の将来を慮つて新時代に順応すべき建築を経営し建設すべきであると思ふ」と述べた。西本願寺の勅使門は最も評価すべき作品だが、「明治時代の作物として挙げて見るべき建築の甚だ少ないのを悲しむ」という。もっとも、そのときの東大寺の修理では、屋根裏の見えない部分に鉄骨トラスを入れて、補強していた。

第四章の「将来の仏寺建築」では、「仏教建築の統一策が刻下の急務」であり、社会に順応する方法を提示した。つまり、「現社会に交渉ある建築」とすること。彼は、「耐火耐震の近代的建築に改築して……都市建築としての真価を発揮せしめて行くべきである」と述べ、「新時代に順応すべき公共建築とし、実社会の福利を増進するに利用せしむること」を唱えた。

波江は幾つかの具体例を挙げている。明治末に浅草観音堂の近くに建てられた鉄骨煉瓦造の仏教青年伝道会堂、あるいは煉瓦造による大連の西本願寺出張所などだ。後者については、「満州であるから煉瓦造にしたといふ意味よりは従来の風習を打破して新意義の下に建設せられたといふ点に於て注目すべき建物であると思ふ」という。

最後の「結論」では、回向院の再建事業に触れて、寺院も木造一点張りにするのではなく、「耐火耐震的構造の建築とするが至当である」と主張したように、新材料の使用をうながす。また、「平面図形の改良設備」により、寺院が「実用的建築」になることを期待している。波江は、徹底した寺院進化論者だった。

神社を新しい時代にあわせて変えようという意見はほとんどなかったが、寺院を変えるべきだという主張は散見される。例えば、幸田露伴は、波江とほぼ同じ頃、人々の生活が洋風化したのだから、寺院も改良されるだろうと述べた[77]。

なるほど、歴史的に仏教建築は新しい時代の技術と思想を受け入れてきた。

昭和の初めに、長谷川輝雄は、仏教建築を中心に「将来の宗教建築を如何にすべきや[78]」という論文を書いている。彼は建築史を整理しつつ、神社は「純日本起源のもの」だが、寺院は「支那大陸の様式」から影響を受けた「外来建築」だという。そして「形式を踏襲し形式に拘泥し形式に執着することは仏教の精神を殺す所以である」と述べ、伝統の解体が重要だと主張した。例えば、法隆寺の独創的な伽藍配置は聖徳太子による「一つの形式破壊」であり、親鸞も「古形式破壊者」である。つまり、長谷川は、新しい時代に乗り遅れるなという意味ではなく、仏教がそもそも革新的な性質をもつから進化すべきだというのだ。このままでは宗教建築が硬化し、「生きたる建築」にならない。そこで古寺の修復における保守化は認めつつも、新築の場合は「原則として……社会の一般建築に近づくべきであります」と訴えた。ここにも寺院建築の変化を積極的に唱えながら、暗に神社建築が古式を遵守すべき特殊な存在とみなす、二項対立の思想が認められるだろう。

ポストモダンの寺院建築

最も代表的な建築雑誌である『新建築』をもとに、現代の寺院を概観しよう。例えば、伊東忠太や白井晟一以外では、鉄骨フレームの内部に古い木造を鞘堂形式で包む、山崎泰孝の善光寺別院願王寺（一九七六）、内井昭蔵の身延山久遠寺宝蔵（一九七六）、毛綱モン太の曹洞宗永正寺（一九七九）、鈴木恂の雲洞庵仏舎利塔（一九七九）や龍谷寺妙光堂（一九八〇）、茶谷正洋

名古屋の善光寺別院願王寺

乗泉寺

研究室の角田山妙光寺客殿（一九八二）、高松伸の西福寺（一九八二）、竹中工務店の成田山仏教研究所（一九八八）、鈴木了二の成城山耕雲寺（一九九一）などがある。

一九七〇年代以前はほとんどない。寺院はモダニズムと相性が悪いようだ。しかし、興味深いのは、一九七〇年代の終わりから一九八〇年代のはじめにかけて、作品が集中していることだ。これは日本におけるポストモダン建築が注目されはじめた時期にあたる。ポストモダン建築とは、二〇世紀前半の近代建築が画一的な機能主義に走り、場所の固有性や装飾の意味性をないがしろにしたことを批判するデザインの動向のことだ。つまり、過去と断絶する革新性よりも伝統との連続性を重視している。例えば、成城山耕雲寺は鉄骨のフレームと木造のフレームが両方存在し、それらが絡みあう独特の構成をもつ。またポストモダン建築は象徴的な空間を志向する。例えば、曹洞宗永正寺は、住宅密集地にたつが、禅宗伽藍の構成を短い距離のなかに圧縮したデザインを試みた。

地域ごとに見ると、東京では、勝専寺（一九〇五、足立区）、矢部又吉の梅窓院本堂（一九二五、港区）、谷口吉郎の乗泉寺（一九六五、渋谷区）、山下司の東淵寺（一九七一、台東区）、今里隆の池上本門寺（一九七八〜八〇、大田区）、テイクナインの東長寺（一九八九、新宿区）、原尚の円通寺（一九九〇、墨田区）、石山修武の観音寺（一九九六、新宿区）、上田徹の西蓮寺（一九九八、北区）などがある。

乗泉寺は、善照寺と同様、きわめて洗練されたモダニズムの建築である。繊細なファサード（正面部）をもちながら、くびれた造形のパターンを効果的に反復し、力強さをあわせもつ。回廊を演出した空間構成もいい。観音寺は、早稲田大学のすぐ隣にたち、同大学の教授だった石山修武が設計した建築である。石山は、もともと過激なデザインで知られるが、ここでも雑然とした東京の風景を映しこんだような破裂した形態になっている。一九八〇年代末から九〇年代初頭に流行したディコンストラクティヴィズム（脱構築主義）という形式破壊のスタイルも連想させるだろう。東長寺は建築のデザインよりも、そこに「Ｐ３」というアート系の組織を置き、一九九〇年代に現代美術の活動を展開したことが特筆される。

関西では、武田五一の円教寺摩尼殿（一九三三、姫路市）、岸田日出刀の清風寺本堂（一九五六、大

観音寺

ホワイト・テンプル

阪市北区）や西本願寺津村別院（一九六二、大阪市中央区）、新田正樹の栄照寺本堂（一九九二、大阪市城東区）、安藤忠雄の本福寺水御堂（一九九一、兵庫県淡路島）、高口恭行の一心寺（一九七七〜九二、大阪市天王寺区）や應典院（一九九七、大阪市天王寺区）などがある。

真言宗本福寺水御堂は、楕円の蓮池の真ん中をわって、階段を降り、御堂に入る構成が斬新だ。夕刻になると、西日で朱に塗られた堂内が輝く、光の演出も凝っている。また安藤事務所出身の山口隆による瑞専寺のホワイト・テンプルは、白い直方体のヴォリュームが浮遊するようなデザインだ。ミニマル・アートを思わせる抽象性が際立つ。高口は、伝統的な造形を大胆に読みかえ現代的に蘇生させる、寺院のポストモダン建築家といえよう。自らが住職をつとめる一心寺では、鉄骨のトラスとガラスによる仁王門を実現した。

いずれにせよ、ポストモダンが去って、再び装飾を排した近代建築風のデザインがブームになったことは、建築家による現代寺院に対する逆風だろう。

現代における伝統的な寺院

以上の寺院は、建築雑誌をにぎわせる「建築家」の作品である。そこで、いわゆる建築家によるものではない寺院も見よう。奥谷組、金剛組、松井建設、中村建設など、幾つかの寺院専門の施工会社の作品集を参考にする。(79) ただし、これらの作品集では、ほとんど設計者が明記されていない。ある程度は各施工会社で担当しているのだろう。しかし、修復や復元の物件などを見ると、通常は日本建築史の研究者が関わっているはずで、明らかに施工のみの担当と思われるものも少なくない。

また見た限り、これらの作品集には、前述した建築家の作品は含まれていない。

通覧して思うのは、やはり屋根の造形が一般的な寺院のイメージを支えていることだ。作品集によって表記は少し異なっているが、奥谷組と金剛組では「入母屋」や「寄棟」など、必ず屋根の形式を記述している。特に松井組のそれは興味深い。例えば、甚目寺本堂（一九九二、愛知県）は「入母屋屋根　千鳥破風・軒唐破風向拝付　本瓦葺」、良覚寺本堂（一九九四、福井県）は「妻入り切妻屋根　本瓦葺、正面流れ向拝付　銅板平葺」という風に、とても細かい正確な記述である。しかし、すべてのデータが掲載されているわけではない。平面の形式など、他の要素が抜けていることを考えると、外観の屋根のみに施工側の関心が集中している。

伝統的な日本建築の特徴のひとつは、屋根のかたちであるとよく指摘されるが、現代寺院も伝統との連続性を示すために、屋根にこだわっているのではないか。実際、多くの人が、こうした屋根をもつからこそ、安心感を抱くのも事実だろう。東北大学の建築史研究室の調査によれば、近代建築風の寺院は減り、再び伝統的な造形が好まれるようになった。浄真寺開山堂（一九七七、世田谷区）のように、「方形屋根」だけのものもあれば、増上寺慈雲閣（一九八九、港区）のように、「入母屋」を「妻入り」にして、「流れ向拝」を追加したものがある。現代の神社建築よりも、はるかに多様な造形のパターンだ。それにしても、こうした記述法を見ていると、どうもアイスクリームのトッピングを思い出してしまう。オプションとして「千鳥破風」や「軒唐破風向拝」が付いてくる。

これは確立したシステムのなかで、寺院建築が生産されていることを意味するだろう。不動産の広告が、あらゆる住居を「nＬＤＫ」の形式により表記してしまうのとよく似ている。つまり組み合わせなのだ。例えば、薬王院本堂（一九六二、新宿区）は「唐招提寺講堂と同型式に大和長谷寺舞台を付す」と書かれている。こうした複合の操作はポストモダンの建築も好むものだが、興味深いのは「型式」という言葉だ。おそらく建築家は「形式」を使うが、「型式」はむしろ機械製品の型に使われる。もちろん、形式を現代的に読みかえる作品もないわけではない。例えば、常照皇寺収蔵庫（一九六八、京都府）は、「切妻造」だが、鉄筋コンクリート造の抽象化された造形になっている。白井晟一の善照寺の影響も感じられるだろう。また、慈光寺本堂（一九八五、大阪市東住吉区）は、花頭窓のモチーフを変形して、理性よりも感情に訴える表現主義的なデザインを試みている。

気になったのは、全体的にデザインが堅いことだ。確かに、伝統的な屋根の形式を採用している。だが、軒の線が微妙な曲線をもっておらず、のびやかな印象を受けない。幾つか例を挙げよう。法林寺（一九九四、名古屋市）は向拝と入母屋の平側の線が単調である。なるほど、これは鉄筋コンクリート造だ。五井称名院本堂（一九八二、奈良県）や、浄泉寺本堂（愛知県）のように、鉄筋コンクリート造だと、木造に比べ、どうしても柱が太くなってしまい、全体のバランスがとりにくい。木造のプロポーションの感覚を鉄筋コンクリート造に移行するためには、すぐれたデザインのセンスが必要である。そうでないと、鈍重になってしまう。

しかし、こうしたデザインは必ずしも構造に起因するわけではない。木造だったとしても、城山専称寺（一九八七、大阪府高石市）は、同じように前面の軒のラインが堅い。評価されている古建築は、こうした細かいデザインもしっかりとできており、軒の反り上がりが優美である。もちろん、わずかな違いだが、設計も施工上の難易度も格段に上がる。また福石山清岩寺の宝塔（一九八四、長崎県）は、饅頭型の丸味がほとんどない。

寺院建築の進化論は、鉄筋コンクリート造の採用を強く勧めたが、伝統的な木造建築の技術を維持するという意味でも、木造の寺院は存続して構わないと思う。ただし、木造ならばよいというのではなく、前述したように、細かいプロポーションやデザインにも気を配るのが望ましい。それもまた木造の伝統なのだから。一方で木造による新しい工法も開発されており、そうしたものを導入することもあっていい。木造か鉄筋コンクリート造かという問題にこだわり過ぎると、本質を見失ってしまう。近代においては重要なテーマだったかもしれない。しかし、どちらの素材でも、良いものは良いし、悪いものは悪いのではないだろうか。

4．疫病の時代における寺院建築

呼吸する建築

二〇二〇年から世界中に広がったコロナ禍は、社会や経済、人々の生活だけでなく、建築のあり方に対し、根本から大きな問いを突きつけた。あらゆる人間にとって、あらゆる人間が潜在的な脅威となりうる状況では、人が集まること自体が忌避される。そもそも人が集まる建築は無条件に良いとされていたが、その前提が覆された。「religion」の語源が、再び人を結びつけることに由来するように、宗教建築にとっても人が集まることは重要な機能である。またパンデミックは飛沫感染の恐れから、空気の流れが注目された。実際、三つの密のうち、「密集」と「密接」は人の集まる状態に関わるが、「密閉」は換気が悪い空間を意味する。したがって、「密集」と「密接」については、室内の人数をコントロールしたり、ソーシャル・ディスタンスを確保した疎らな席の配置などを行うのに対し、「密閉」は窓やドアを開け放つ（冬は厳しいかもしれないが）、もしくは実際に寺院で行われたように、空気清浄機の導入といった対策が求められる。

実は建築史を振り返ると、近代以降は衛生の観念から、風通しが良い空間をめざしていた。例えば、モダニズムの巨匠、ル・コルビュジエの提唱したピロティは、建物をじめじめした地面から切り離して持ち上げ、空気を通しやすくすることも意図している。近代以前のヨーロッパでは、石やレンガによる組積造の建築として発達したため、圧倒的に壁が多く、開口部の大きさには限界があった。それに対し、もともと木造による柱梁の軸組構造がメインだった日本の建築は、襖や障子などの建具をとり除くと、ほとんど吹き放ちの空間となる。すなわち、風通しが良い建築だ。

建築史家の太田博太郎は、こう述べる。「日本列島の気候は、西欧の大都市に比べると、高温多湿で、必ずしも住みよい気候とはいえない。しかし、冬の寒さも、夏の暑さも、堪え難いというほどではなく、特別な防寒的な施設はなくても冬は過せるし、開放的な建物でありさえすれば、夏の暑さも凌ぎ難くはない」（『日本建築史序説』彰国社）。また彼は、自然と対抗する西欧の建築に対し、日本の建築は自然に抱かれて、「開放的で、たかだか雨と風とを凌ぎうるに止まる」ことを指摘している。太田によれば、徒然草で記された「夏を旨とすべし」という夏の蒸し暑さを避けるために、建具を外すと、柱と屋根だけが残る建築になった。

こうした空間の特徴は、密閉を良しとしないコロナ禍においては有効だろう。前面をほとんど開くことができる奈良の法隆寺大講堂や京都の浄瑠璃寺本堂など、古代から日本の寺院建築は、同じく開放的だった。中世の浄土寺浄土堂に至っては、西日による後光の効果を狙ったせいもあるが、四面ともに開放可能な建築である。そして近世の巨大な仏教建築、本願寺大師院や善光寺本堂も、三方向に開口部をもつ。キリスト教の建築においてゴシックの大聖堂は、なるべく壁を減らしたデザインだったが、代わりにはめ殺しステンドグラスを入れているため、風通しという点では弱い。一方、伝統的な寺院建築は、各部の開け閉めを調整することで、空気の流れをコントロールしやすいと言える。

病院としての寺院

非常時の国家における病院の役割が改めて大きな関心を集めたが、歴史をひもとくと、寺院は無関係ではなかった。キリスト教の布教とともに、日本に西洋的な病院が登場したのは近世だが、それに類する施設はむしろ寺院が早い時期から担っていたからである。つまり、建築のプログラム（用途）として、かつての仏教は病院と近接していた。そこで福永肇の著作『日本病院史』（ピラールプレス、二〇一四）をもとに関連する記述を紹介しよう。

五九四年に聖徳太子が創設した四天王寺には、「療病院」、「悲田院」、「施薬院」があったという。特に療病院は公衆的な性格をもち、日本の病院の起源だと指摘されている。なお、悲田院は身寄りのない者の収容所、施薬院は薬草の栽培と薬を施す場だと考えられていた。福永によれば、ヨーロッパ最古の病院のひとつであるフランス・リヨンのオテル・デューの開設が五四二年だから、かなり早い時期と言えるだろう。また日本では宗教の関連施設が、病院史の最初を飾るのも興味深い。六八〇年に天武天皇は、病人を収容し、治療を行う舎屋を寺院付属として建設する勅令を出している。もっとも、聖徳太子が開設した院が伝記的なエピソードであるのに対し、きちんとした記録としては、国からの財政支援を受けて、七二三年に興福寺に悲田院と施薬院が建てられた。そして聖武天皇は、東大寺を含む七〇以上の国分寺を建立し、それぞれに悲田院と施薬院が設置されている。ところで、小俣和一郎は『精神病院の起源』(太田出版、一九九八)において、行基が設置した「布施屋」こそが、仏教の慈善思想にもとづく、傷病者や貧者を収容する最初の施設だと考えている。『源氏物語』では、僧侶が病人に対し、加持祈禱を行い、物の怪を追い払おうとした記述もあるが、鎌倉時代になると、僧侶の学問探求が活発化し、医療救済も始めたという。当時は蒸し風呂の効果が重視された。一三世紀に真言律宗の僧、忍性は、聖徳太子が開設したという院の思想に影響を受け、福祉事業に勤しみ、奈良に大規模な一八間の長屋「北山十八間戸」を建て、特に癩患者の世話に努めている。これは日本最古の癩施設だ。さらに彼は、鎌倉幕府の庇護のもと、桑谷の極楽寺の近くに日本初の病院というべき「桑谷病舎」を創設し、多くの患者を受け入れた。当時の絵図からも、各施設の配置が確認できる。極楽川を橋で渡り、塀で囲まれた中心のエリアは、二王門、四王門、金堂、講堂、その背後に方丈華厳院が一直線に並ぶ。一方で、境内の外周部では、施療院、施薬院、悲田院、癩宿舎、病馬用病舎などが散りばめられている。薬師堂が中心部ではなく、医療施設と同じエリアに存在するのは、薬師如来が医王像であり、病気平癒を祈願するものだからだろう。

ともあれ、こうした施設は、感染の可能性を考慮し、病人を日常生活から隔離しつつ、収容するという役割が与えられている。新型コロナウイルスの患者をどのように扱うのか、という問題とも共通するだろう。他にも鎌倉時代は、各寺院が救療施設を備え、円覚寺、建長寺、金沢八景の称名寺の無常院などにあった。ゆえに、福永は、日本では長い間、宗教が医療を支えていたと指摘している。

開放的な現代寺院

言うまでもなく、近代以降は病院という施設／制度が浸透し、いわゆる宗教からは切り離された。したがって、現代において病院の役割をそのまま寺院に期待することは難しい。また仏教建築も、耐震耐火の性能を上げるべく、これまではなかった鉄筋コンクリート造の寺院も登場するようになった。とはいえ、新しいタイプの木造も試みられているし、開放的な空間がなくなったわけではない。次にいくつかの現代寺院を紹介しよう。

建築家のユニット、パーシモンヒルズ・アーキテクツは、埼玉県の日光街道沿いに位置する宝性院において、本堂に続く参道の脇に観音堂（二〇一七）を設計した。最大の特徴は、大きな切妻屋根をメッシュ状に登り梁が交差する特殊な木の構造によって支え、ダイナミックな無柱の空間を成立させていること。また妻面にはガラスが入り、観音堂に近接して奥にある不動堂の入母屋屋根の妻面がちょうど観音像の上に見える。すなわち、日本の宗教建築がもつ屋根の象徴性を継承しながら、天井を見上げると、現代的なデザインが感じられるのだ。そして頭上に広がる樹木状の構造は、

宝性院観音堂から奥の不動堂を見る

プランや間取りと切り離されることで、自由に使える空間を提供している。

宝性院観音堂は、地域コミュニティの積極的な活用も想定してつくられた施設である。近代において仏教建築は、公共空間としての可能性が議論されたように、神社に比べて、まちの集会所的な機能をもちやすいが、ここは実際にマルシェ、ヨガ、寄席、結婚式などにも使われている。建築的な工夫として特筆すべきは、通常の宗教建築に認められる奥に向かう軸性に加え、これと直交する横の軸をもち、南側の側面を完全に開くことだろう。約一二メートルの大スパンにはめたガラス戸をすべて収納すると、中庭と続く縁側に変化し、内外が一体化した大きな連続した空間が出現する。その結果、外部空間の参道と一体化するわけだから、密

宝性院観音堂の縁側

を避けた風通しのいい場だ。つまり、象徴的な屋根が、コの字型の壁にのることによって、奥に向かう宗教性と、横に開く公共性の二軸が共存するユニークな宗教建築である。視線が集中する奥に礼拝の対象を置き、前に進むにつれて聖性が強くなる構成は、いわば宗教建築の定番だが、同時に真横に対しても思い切り開くデザインは、新しいタイプの空間と言えるだろう。なお、観音堂の道路側は、折り返しのスロープをギャラリーとして使えるなど、お茶会や展覧会、様々な掲示ができる導入の空間がさらに付随している。

堀部安嗣による高知の竹林寺の本坊・庫裏（二〇一九）は、人が集まる屋根がかかった参拝者の通路広場を両サイドに大きく開放し、まわりの庭園や植物園に対して開く。また天井の竹のルーバー越しにトップライトからの光も落ちる。加藤詞史による千葉県野田市の報恩寺の梅郷礼拝堂（二〇一六）も注目できよう。礼拝や集会などの多様な活動のための施設である。これは一〇五ミリ角のヒノキ製材を南京玉すだれのようにずらしながら組み合わせた特殊な構造によって自立し、ほとんど壁を必要としないことから、竹林、庭園、水盤に面して、三方向に開く。やはり、公共的な性格を意識し、展覧会やジャズの演奏が行われたという。多方向に開くデザインは、当然、風通しも良くなるはずだ。さらに宮本佳明が手がけた長野県の真福寺客殿（二〇一三）は、シンボル性が高い独特な屋根形状によって無柱の大空間を確保しつつ、南側に長く伸びた縁側と土間を全開放できる。設計者によれば、檀家だけでなく、「誰もが気軽に立ち寄ることができる場所でありたいという住職の想い」を受け、「純粋な地域公共施設」をめざしたという。ゆえに、普段は地域に開かれたカフェのような空間となることが期待されている。

真福寺客殿

かくして現代寺院の事例を見ると、地域の人が使うというプログラムにおいて開くという行為は、そのまま空間の開放性とつながり、密閉しない建築となっている。興味深いのは、これらはユニークな造形でありながら、近代以前の木造による伝統的な建築の特性を現代に継承したものとしても考えられることだ。ここにおいて、ポスト・コロナの寺院建築のひとつのあり方を予見する可能性が認められる。

5. 日本の新しい現実が変える宗教空間

大都市における現代寺院

歴史をひもとくと、宗教は建築にとって最大のパトロンだった。実際、古代の寺院や中世の大聖堂など、莫大なコストをかけて、当時の最先端のテクノロジーとアートを注ぎ込んだ宗教建築がつくられている。が、近代を迎え、社会の体制が変わると、集合住宅や公共施設が新しい建築のテーマとして浮上した。とはいえ、現代において宗教建築の意義がなくなったわけではない。なぜなら、特殊な施設ゆえに、機能主義だけで解けるデザインに人間は満足しないからだ。ここでは日本の新しい状況がもたらした宗教空間の事例をいくつかとりあげよう。

二〇一四年、彫刻的な造形を得意とする竹山聖＋アモルフの設計によって、新宿瑠璃光院白蓮華堂が完成した。これは新宿駅のすぐ近くに位置するが、まわりは中高層のビルが乱立するエリアだけに、外部に対して距離をとり、壁が多い閉じた表情をもつ。そして丸みを帯びた大きなホワイト・コンクリートのヴォリュームが目を引く。正面中央の引き延ばされた楕円状の開口部も、建物から抉られた空洞のようだ。石橋がかかる水盤の向こうに、すくっと立ち上がり、上部が広がるワイングラス状の形態は、白蓮華をイメージしたという。その内部には、西側の本堂、参拝室が続く回廊、五階の茶室と中庭など、様々な空間を立体的に組み込むが、中心を垂直に貫くのが、地下、二・三階の納骨堂と、四階から上の丸い天窓をもつ大きな吹抜けの「空の間」である。こうしたビル型の納骨堂も、大都市ならではのプログラムだろう。なお、外観のくびれた形状は、室内にも傾いた壁として度々あらわれ、分厚い壁の存在が強い。また五階の如来堂に散りばめられた高窓は、彼岸の午後三時に阿弥陀如来立像を照らす。

白蓮華堂は、現代における都市型の寺院の姿を提示する。喧騒と経済の街において、シンボリックかつ静寂な空間を自律させる試みだ。さらに興味深いのは、かつて仏教建築がそうだったように、総合芸術としての寺院になっていることだ。本堂には莫高窟の原寸大の復元画、四階の白書院には画家である松井冬子の大作となる襖絵、回廊における東海林ユキエの壁画、そしてギャラリーを予定したスペースに法隆寺金堂の障壁画の模写。また光庭の水琴窟は階段室にも音が響き、「空の間」のために環境音楽家のピエール・マリエタンが作曲した「天と地の間に」を聴くことができる。寺院であると同時に、随所にアートを配し、美術や音楽と競演する美術館のようだ。

玉置順が手がけた深川不動堂の増改築（二〇一二）の現地を訪れて最初に驚いたのは、建築雑誌の写真では伝わってこない、生き生きとした境内の雰囲気である。日曜日だったこともその一因だが、ひっきりなしにやってくる参拝客で境内はごった返し、人々の生活のなかに宗教が生きている空間であることを実感した。そして高架の首都高速が背後に控えたダイナミックな場所である。ここで玉置が木造の旧本堂を解体せず、文化財として残すことを提案しながら、新しくまわりに加えた空間は、シンプルで抑制的なデザインというよりは、装飾性や華やかさをもった意匠をもつ。

まず目に入るのは、堂内で唱えられる不動明王の真言をもとにした二四文字の梵字をかたどったパターンでおおわれた外観だろう。しかも節分のときは、壁面の一部が後退し、豆まきのためのバルコニーとなる。一方、室内では、天井にある小判型の黒い空洞から金色の天蓋を吊り下げ、その下に護摩壇、内陣、階段状の外陣が続く。玉置は、既存部分をうまくとりこみながら、装飾的な外皮と、舞台装置としてつくられた内部空間を意図的に分離しながらデザインした。つまり、モダニ

新宿瑠璃光院白蓮華堂

深川不動堂

ズム建築が理想とした外部と内部の表現を一致させることよりも、外部と内部、それぞれの要求から形態を導く手法を選んだのである。滞在時は炎による祈禱（護摩）に立会ったが、四つの太鼓を連打するクライマックスは凄まじい迫力だった。それを五〇〇席が囲む。宗教的な儀式ではあるが、身体に響く、激しい音とパフォーマンスを楽しむイベントのようだ。近代以降、寺院は新しい時代性をとりこみながら、公共空間として進化する可能性が議論されたが、深川不動堂も実験的な建築に挑戦したといえるだろう。

過疎地における神社の行方

変化する仏教建築に対し、木島安史による上無田松尾神社（一九七六）、鈴木了二の金比羅プロジェクト、五メートル四方のステンレス鏡板を地面に置き、地下に本殿がある山形県の空気神社（一九九〇）などの例外をのぞくと、一般的に神社建築のデザインは保守的である。しかし、高知県の山中にたつ金峯神社は、極限的な状況を受けて、二〇一六年から一七年にかけて、神社としてはめずらしく、きわめてアヴァンギャルドな建築に生まれ変わった。台風の直撃により、歴史のある社殿がひどく損傷したものの、過疎地で少人数の高齢者しか残っていないため、以前の姿に再建する余裕がない。また急傾斜の階段を登った先にある狭小の敷地であり、アクセスも大変だった。そこで再建を相談された地元の高知工科大学で教鞭をとる建築家、渡辺菊眞は、まず社殿を二分割することを提案した。すなわち、拝殿は麓の住宅の隣地に移動し、本殿はそのまま旧社地のエリアに再建したのである。ゆえに、彼はこのプロジェクトを「分割造替」と呼ぶ。それぞれは「森の本殿」と「里の拝殿」と命名された。その結果、氏子は前者に参拝しやすくなり、一〇数年ぶりに拝殿において例祭が復活したという。ただし、両社殿ともに、聖地の御在所山に向かう軸線は維持している。

さらに驚くべきなのは、構法と材料だ。ホームセンターで購入できる工事現場の足場用の鋼管を用いて、躯体をつくり、スギの板材で屋根を葺き、防水用にポリカーボネート波板でおおうことによって仕上げる。しかも土砂崩れの影響によって、オリジナルの場所からは少しズラして再建した本殿は、下に車輪を付けており、将来、正確な元の位置への移動も可能だ。なお、かつて本殿の中

上無田松尾神社

分割造替・金峯神社　森の本殿（山車社殿）

分割造替・金峯神社　里の拝殿（遥拝殿）

にあった江戸時代にさかのぼる小さな春日造の宮殿だけは、そのまま保存されており、鞘堂形式によって新しい本殿の内部に格納されている。いずれも総工費は約三〇万円、工期は一週間であり、研究室の学生と自力建設を行った。のべ二〇人の学生が施工したという。一見、あまりにラディカルな外観である。しかし、大地から立ちあがる三角形の拝殿は、抽象化された切妻屋根のようだ。また切妻の下から手前に庇がはりだす本殿は幾何学的な春日造としても解釈できるだろう。つまり、ともに神社建築が発達する以前の根源的な姿のように見えるのが興味深い。改めて考えると、日本中の過疎地では、ここと同様、神社の維持が厳しくなっているはずだ。とすれば、金峯神社の分割造替は、現在の神社をとりまく状況に対する、ひとつの解決策として重要な試みだろう。

なお、これは神社だけの問題ではない。地方の小さな寺院についても、同様の状況から、いかに廃寺を迎えるかは、東北芸術工科大学の三瀬夏之介らのアーティストも注目している。

宗教を超えた祈りの空間

霊園の施設は、デザインにおいて経済性だけを優先させず、象徴性が求められることから、注目すべきプロジェクトが登場するようになった。例えば、いずれも世界的に活躍する建築家の手がけたものだが、安藤忠雄による真駒内滝野霊園の頭大仏殿（二〇一六）や、デイヴィッド・チッパーフィールドの猪名川霊園の礼拝堂・休憩棟（二〇一七）である。ただし、前者は同じ敷地内にモヤイ像やストーンヘンジのレプリカが点在し、テーマパーク的な雰囲気さえ漂う。

狭山湖畔霊園の四〇周年を記念して、新しく建て替えられた狭山の森礼拝堂（二〇一四）は、特定の宗教に対応するわけではない、祈りの空間である。とはいえ、その姿は宗教的なものを感じさせる。尖った三角形というシンプルな幾何学の開口を七ヶ所に設けるが、これらはそのまま空間のヴォリュームとなり、相互に連結し、全体としては複雑な三次元の造形をもつ。すなわち、屋根が接地し、壁にもなっている。小さいながらも、強い垂直性はゴシック的に見えるかもしれない。一方で社寺の屋根を現代的に翻案したようにも感じられる。また木の柱が互いに支えあう逆V字型の叉首構造を日本では「合掌造り」と呼ぶが、「合掌」とは本来、まさに両手のひらを顔や胸の前で

頭大仏殿

狭山の森礼拝堂

合わせて拝むことを意味する。仏を拝むしぐさに由来するものだ。むろん、樹木に囲まれた象徴的な形態は、自然に宗教性を想起させる。

延べ床わずか一一〇㎡の小さな空間は、精度の高い施工技術によってつくられた。例えば、職人が制作した二万一〇〇〇枚のアルミ鋳物による小さなパーツで葺いた屋根。これは複雑な屋根の曲面に対応できるよう、手で曲げることができる限界の厚さ四ミリである。また二五一本のカラマツ集成材の直線梁を連続的に組み合わせて、三次元曲面の屋根を形成するが、逃げ一ミリという高い精度の建て方が求められた。室内に入ると、曲面の壁に沿って、集成材の梁が深いひだをつくり、ヴォリューム感のある木の空間が暖かく身体を包む。そして祭壇に向かって床がわずかに傾斜し、微妙に床の目地の向きも集中している。

なお、同霊園の入口では、やはり中村が設計した管理休憩棟（二〇一三）が来訪者を出迎える。これは四〇歳以下の若手建築家に限定した指名コンペに勝利し、彼が手がけることになったものだ。木を囲むドーナツ状のプランをもち、中央から周辺に向かって斜めに下りる屋根が、そのまま水面上の庇となって、風景を巧みにコントロールする。また風の流れを可視化する水と光のリフレクションが、記憶に残る体験をもたらす。中村のこの仕事が施主から高く評価され、狭山の森礼拝堂の設計を依頼されることになった。

日本のドライブ・イン・チャーチ

近代以降の宗教建築では、ガウディのサグラダ・ファミリア、ル・コルビュジエによるロンシャ

光の教会

ンの礼拝堂（一九五五）やラ・トゥーレットの修道院（一九六〇）や、丹下健三の東京カテドラル（一九六四）、ヨーン・ウッツォンによるバウスベアーの教会（一九七六）、安藤忠雄による光の教会（一九八九）などの傑作がつくられた。すぐれた事例がキリスト教の教会に多いことは、特筆すべきかもしれない。その一因は、欧米の建築家がモダニズム以降のデザインを牽引したからだろう。現代の日本でも、立方体に近いヴォリュームと大きな三角屋根の棟が横に並ぶ、西沢大良による駿府教会（二〇〇八）、うねる曲面の屋根から入る光をコントロールした保坂猛の湘南キリスト教会（二〇一四）など、興味深い教会が登場している。前者は線路沿い、後者は住宅地に隣接するという敷地の環境によって、外に対して閉じ、上から光を導くデザインが選択された。

アルファヴィルが設計したカトリック鈴鹿教

会（二〇一五）は、日本の地方都市における現代的な条件を引き受けている。すなわち、これは自動車関連の工場で働く多国籍の信者を数多く抱え、ロードサイドにたつ。グローバリズムゆえに、日本の地方都市では、仕事を求めて、すでに様々な国から流入した多くの外国人が働いている。データによれば、鈴鹿市の外国人登録者数は一九九三年に二五〇〇人台だったが、二〇〇九年には一万人を超え、全人口の五％に達した。国籍別では、ブラジル人が半数近くを占め、続いてペルー、

カトリック鈴鹿教会

中国、韓国・朝鮮、フィリピンの順番となる。総数から言えば、まだマイノリティだが、彼らの存在によって教会の信者が増え、カトリック鈴鹿教会の建て替えが行われた。当然、彼らのコミュニティの場にもなるだろう。

新しい教会に生まれ変わるにあたって、クルマ社会に対応すべく、地上全体をまるごと駐車場のエリアとし、その上にピロティの形式によって、聖堂、信徒会館、司祭館（神父の住居）をまとめた大きなヴォリュームをのせる。クルマ社会における教会は、アメリカが先行しているが、日本も地方都市ではきわめて重要な前提だろう。全体を持ち上げ、地上を駐車場とする形式は、ロードサイドのファミリーレストランと同じだが、人工的な環境がもたらすヴァナキュラーなデザインといえる。アルファヴィルはこうした条件をただ受け入れるのではなく、巧みに建築的な形式に翻案した。すなわち、算出される駐車場の幅が構造の単位となり、それに従い、三角屋根の段差を五メートルごとに設け、隙間のハイサイドライトから室内に光や風を導く。

平面を見ると、聖堂の部分は中心軸を通しているが、あいだにメインロビーやサブロビーを挟み、それらの背後に展開する各部屋は、敷地形状や周辺環境との関係から、軸線が屈曲し、部屋の輪郭も必ずしも矩形ではなく、ときには不整形となっている。都市の中に教会の複合施設が折りたたまれたかのようだ。正面左側の階段から続く、メインロビーやサブロビーはロの字を形成しており、歪みながらも持ち上げられた回廊というべきか。また前面道路からの引きはないが、ここではむしろ二階に聖堂を設け、レベル差をつけること、また階段を上ってから右に進み、さらに右側に入り口があるという動線によって、俗世間から切り離す。

屋根の集合体の下には、シンボリックな空間から機能的な部屋まで、様々な場を配している。室内から見ると、幾何学的な天井のランドスケープが展開しているが、あくまでも部屋の上部で起きており、部屋の使い勝手は邪魔しない。外観としては、分節された三角屋根の連なりが、甲殻類のように連続する全体のシルエットを生みだす。アルファヴィルが得意とする複雑な幾何学の操作によって、周辺の環境に応答しながら形態を生成しているが、三角屋根というわかりやすさを共有することで、大きな屋根のもとに共同体が集まるイメージも喚起する。もっとも、これが何の施設かを知らない人が見た場合、慎ましい十字架の存在がなければ、教会だと気づかないかもしれない。だが、本来、教会とは信者のために存在するものである。

6. 信者なきチャペル、結婚式教会とは何か

新しいカテドラル

二〇〇六年、表参道に青山セントグレース大聖堂が登場した。高さ二八メートルの尖塔をもつ、ゴシック様式の建築である。このように日本各地でウェディング・チャペルが建てられている。しかし、キリスト教の信者が増えたわけではない。これらは宗教建築とは違う。結婚式のためだけにつくられた商業施設である。本来の教会が信者の集う建物だとすれば、偽物だ。ゆえに、筆者は「結婚式教会」と呼んでいる。取材したときに聞いたのだが、クリスチャンの外国人も間違って、

入ろうとすることがあるという。ともあれ、こうした教会もどきの存在こそが、日本人の折衷的な宗教観、あるいは無宗教をもよくあらわしているのではないか。

日本で発達した結婚式教会は、結婚の儀礼を伴い、広義の意味において「宗教」建築とみなせるだろう。建築的な特徴は、西欧の模倣と巨大化、そしてテーマパーク化である。大宮のアートグレイス・ウエディング・シャトー（二〇〇六）は、ゴシック様式。全長二三メートルのバージンロードを誇り、外観はモン・サン・ミッシェルを模倣したという。広島県の福山のホーリー・ザイオンズパーク・セントヴァレンタイン（二〇〇四）は、高さ五五メートルの大聖堂であり、日本最大級を誇る。東海圏では、ブライダル企業のマリエール・グループが、アトリエＨＯＭＭＡと組んで、フランスの古都ルーアンやエズ村、あるいはイタリアのアッシジなど、テーマ型の街並みを備えた施設を多く手がけ、名古屋港ではアンジェローブ（二〇〇五）が登場した。

青山セントグレース大聖堂

日本各地に大型のカテドラルをつくる愛グループによる結婚式場を見よう。二〇〇六年六月、北九州市の門司では、アモーレヴォレ・サンマルコが完成した。敷地は海に面し、ヴェネツィアのサンマルコ広場と大聖堂をコピーする。もっとも、プロポーションを見ると、オリジナルと比べて、それほど広い建築面積が必要ないせいか、大聖堂のドームが卵型になるなど、垂直方向に引きのばされていた。すぐ後に山が見える、ヴェネツィアの風景はなんとも不思議である。下関駅の正面にあるグランプラス・セント・ヴァレンタインは、二〇〇五年九月に竣工した。おそらくロンドンのセントポール寺院を模倣した古典主義の大聖堂をホテルの上部に組み込む。

調べると、セント・ヴァレンタインは、前述のアモーレヴォレ・サンマルコと同様、吉村建築事

ルーアンの街並みを組み込んだマリエール豊橋

グランプラス・セント・ヴァレンタイン

務所が設計したものだ。ほかにも垂直性の強いイギリスのゴシック風のアンジェリカ・ノートルダム（二〇〇六）、ヨーク・ミンスターを模したロイヤル・セント・ヨーク（二〇〇五）、ランス大聖堂をモデルにしたという（ただし、内観はそうだが、外観は全然違う）セントヴァレンタイン・カテドラル（二〇〇五）、七階にチャペルをもつ東京平安閣のアンフェリシオン（二〇〇四）、古典主義の教会をもつハーバーパーク・アヴェニュー・ブレストン（二〇〇四）などの結婚式場を手がけている。なお、同事務所では、幾つかのセレモニーホールなど、葬祭式場の仕事も行う。

日本におけるキリスト教の受容

キリスト教は世界中に広がり、現代の技術と素材の活用、あるいは地域の違いによって、教会は変化を続けている。だが、日本では特殊な状況が発生した。地元の信者が通うわけではない、結婚式のための教会である。そもそも日本は一六世紀以降、宣教師が訪れているにもかかわらず、キリスト教の布教に失敗した。なぜなら、全人口におけるキリスト教の信者が一％を超えたことがない。先進国においてキリスト教がマイノリティなのは日本ぐらいだろう。

とはいえ、キリスト教的なもののプレゼンスは大きい。なぜか。それは恋愛資本主義と結びつき、クリスマスやバレンタインなどのイベントを通じて、そのイメージを増殖しているからだ。実際、日本の映画やドラマの結婚式のシーンは、しばしば教会を舞台にしており、これだけを見ると、海外の人はキリスト教が普及した国だと勘違いするかもしれない。

日本ではフェイクの教会こそがイメージを最優先するために、外観にキリスト教らしさを求め、ゴシック様式を使いたがる。一方で、キリスト教が公認されて間もない明治期や大正期の教会はともかく、現代のキリスト教の教会は、もはやこうした枠組にこだわらない。ビル風だったり、聖職者の家と同じ敷地にある街の集会所といった雰囲気なども存在する。東日本大震災の被害を受けた石巻では、コンビニを教会に改造した復興プロジェクトも行われた。言うまでもなく、教会とは建築の様式で規定されるものではなく、信者が集まる場であるからだ。それゆえ、本物の教会よりも偽の教会の方が、一般的な日本人にとっては教会らしさを感じさせるという倒錯した状況が生じる。

ところで、著名な建築家が結婚式教会を手がける場合、ゴシック様式は採用しない。例えば、安藤忠雄による風の教会（一九八六）や水の教会（一九八八）、青木淳の白い教会（二〇〇六）などである。なぜなら、そうしたケースでは、しばしば美しい風景を見せるための洗練された空間の演出が期待されており、良い場所に位置しており、大きなガラスの開口をもつ。が、言うまでもなく、教会とは外の景色を眺めるための場ではない。内部で精神を集中する空間である。同じ安藤の作品でも、本物である光の教会と結婚式のための教会は、幾何学的なデザインが似ているが、よく観察すると、前者は開口部を絞り、後者は大きなガラス面をもつ。が、海外向けの作品集では、いずれも「CHAPEL」とだけ記されており、安藤ファンの外国人が現地に訪れて、驚くことがあるようだ。

建築家が植物のイメージを重ねた結婚式教会を紹介しよう。クラインダイサムアーキテクツによる小淵沢のリゾナーレ・ガーデンチャペル（二〇〇四）は、遊び心あふれるモダンなデザインだ。全体は、二枚の葉を重ねたような形態である。鉄板製の大きな葉には、レース模様をあしらう四七〇〇個の穴が開く。しかも、この葉はスライドして上昇すると、前面の池と芝生広場につなが

水の教会

リゾナーレ・ガーデンチャペル

丘の礼拝堂

る。これは結婚式というイベントを劇的に演出する装置型の建築なのだ。長崎市郊外のホテルに付設された丘の礼拝堂（二〇一六）は、百枝優が設計したものである。外観は大きな開口をもつシンプルな直方体だが、やはり眺めが良い場所にたつ。内部は樹状の構造システムを展開しており、中心の柱から八本の方杖が伸びていく基本ユニットを、四五度回転しつつ縮小したものを三層に垂直に積んでいく。その姿は、森のイメージのようでもあるが、後期ゴシックの装飾的な華やかさも感じさせるだろう。

結婚式教会の特徴

そもそも日本において結婚式を定着させたのは、キリスト教だった。神道や仏教は、特殊な儀式をもたなかったが、外来の宗教に刺激され、新しい伝統を創造している。実際、ホテルの内部に神殿が組み込まれることはめずらしくないが、興味深いのは、出雲大社などの御分霊をまつることによって正統性が保証されていることだ。つまり、信者が集まらなくても、正式な神社なのである。屋外に独立した結婚式神社がつくられることは基本的にないが、仙台のパレスへいあんでは、ホテルの屋上に神社、真横にサント・ステファーノ大聖堂を設置していた。かつて神前の結婚式は国民の八割にまで浸透していたが、一五%まで減少し、キリスト教式を希望するカップルが六割を超えたという。

一九九〇年代以降、キリスト教式の結婚式が主流となった背景としては、『ゼクシィ』(一九九三

パレスへいあんの屋上にのる神社

パレスへいあんの脇につく、
サント・ステファーノ大聖堂

年創刊）、『けっこんぴあ』（一九九二年創刊）などの結婚情報誌が登場したことが挙げられる。これ以前にも、一九七二年の西郷輝彦と辺見マリ（軽井沢の聖パウロ教会）、一九八五年の神田正輝と松田聖子（カトリック碑文谷教会）など、芸能人の挙式は影響を与えているが、メディアが決定的な役割を果たした。これらは女性誌として流通しており、ページを開くと、ほとんど結婚式教会とウェディング・ドレスの華やかなカタログというべき内容である。例えば、本物の教会と違い、バージンロードの長さが重要なスペックとして表記されている。それまでは仲人や親の紹介を頼りに式場を選んでいたが、結婚情報誌の登場によって、カップルが自分で式場を選ぶようになった。ゆえに、教会のデザインが派手になっていく。なお、雑誌に掲載される建築の写真もレタッチを施し、現物以上に良く見せている。いわば、教会のお見合い写真だ。『ゼクシィ』の調査によれば、二〇〇五年の日本人の挙式と披露宴にかける平均費用は、三三八万円だという。こうした客単価をあげるためにも、豪華な舞台装置として教会がつくられる。

日本よりも早い結婚式教会の事例は、ラスベガスに発生したウェディング・チャペルだろう。ロバート・ヴェンチューリらの調査によれば、メインのストリート沿いに結婚式教会、従業員が暮らす背後の居住区に本物の教会が分布している。ここはファーストフード感覚の挙式も知られているが、手続きが簡素化され、車に乗ったままで宣誓を行い、証書を受けとるドライブスルー結婚式も可能だ。もっとも、キリスト教の影響が強いアメリカゆえに、ラスベガスは例外的な場所として機能しているだろう。逆に宗教的な規範が弱い日本では、全国各地に結婚式教会が存在する。そしてラスベガスと違うのは、日本の場合、むしろお金をかけた派手なセレモニーのために、結婚式教会が使われることだ。

二〇〇〇年代に筆者が数えたところ、およそ六〇〇の結婚式教会を確認した。ほとんどはホテルや式場の敷地内に存在し、ヨーロッパ風のデザインであり、ゴシック様式が好まれる。例えば、小牧市のサン・トゥール大聖堂は、双塔をもち、パリのノートルダム大聖堂を模倣したものだ。興味深いのは、階段が肥大化する傾向をもつことである。ロングトレーンのウェディングドレスが見栄えすること（一九八一年のチャールズ皇太子とダイアナ妃のセントポール寺院での結婚式も影響した）、フラ

ラスベガスのウェディング・チャペル

サン・トゥール大聖堂

階段が肥大化した
豊橋市のベルアンジュール

ワーシャワー、ブーケトス、記念写真の撮影などのための舞台を劇的に演出することが、その理由としてあげられるだろう。ほかにも正面の高さに比べて、奥行きが短いこと（信者が入る施設ではないため）、車寄せやスロープがあることなどの特徴をもつ。いずれもヨーロッパの教会にはないものだ。まぎれもなく、ニッポンらしい教会なのである。

森田恭通による名古屋の覚王山ル・アンジェ教会（二〇〇九）は、屋外に壮麗な大階段をもつ。その奥に白い教会がたつが、通常は部分的に使う、モールディング（繰り形）のモチーフを連続させて、十字架を囲む巨大な額縁のようなファサードを形成する。森田は額縁のモチーフを好み、インテリアの仕事でもよく使う。が、ここでは建物の顔となり、両サイドの古典主義の列柱に続く。額縁としてのファサードは、カップルの写真のフレームにもなるだろう。なお、教会以外の新しい傾向として、ハウスウェディングも注目されている。一戸建ての白い洋館を貸り切って、パーティと結婚式を行うというものだ。ただし、様式は古典主義系を用いている。ゴシックだと、お化け屋敷に見えるからだろう。

最後に小川一水の『第六大陸』(ハヤカワ文庫、二〇〇三)というSF小説を紹介したい。これは日本の建設業者が月面に開発計画を行うという設定で、技術的な面でも資金的な面でも、可能な限り、リアルなシミュレーションを試みたものである。興味深いのは、検討の結果、月に基地ではなく、結婚式場の建設を決定したことだ。理由はこうだ。「結婚式だったら、お金がかかっても人が来てくれるからです」。「世界のどこにでも、若い二人の門出を祝おうとする御両親はたくさんいます。ひとり二億円で、催行はカップル二組から。四億円で二泊三日の結婚式券新婚旅行—本物のハネムーンができるとなったら、お客さんは必ず来ます」。そして月面に聖堂が建設される。宇宙の結婚式教会なのだ。

覚王山ル・アンジェ教会

5章

海外の近代宗教と建築

1. 海外神社の植民地主義と地域主義

戦争と神社

台北の街を北から見下ろす丘に、巨大ホテルの圓山飯店(一九五二)が建っている。その極彩色と中国宮殿風のデザインは、あからさまに民族のイデオロギーを体現するだろう。また内装の豪華さやVIPが宿泊すること、地政学的に重要な場所に存在することを考慮すれば、台湾の最高級ホテルであることは間違いない。ガイドブックの類いにはあまり記述されないが、ここには戦前日本の支配下にあった台湾における精神的なモニュメントとして台湾神社(一九〇一)が建っていた。神明造の神社は、伊東忠太が武田五一と共同で設計したものである。それゆえ、同地の施設がホテルに変わっても、日本人の観光客でにぎわい、ときには占有されているのは皮肉といえよう。

これまで日本の近代建築と戦時ナショナリズムの関係は、和風の屋根をかけた帝冠《ていかん》様式を通して語られてきた。しかし、井上章一の『戦時下日本の建築家』(朝日新聞社、一九九五)は、これに実証的な態度で反駁を試み、帝冠様式や日本趣味のデザインに対して、ナショナリズムを過剰に読みとることは観念論的な思い込みだと指摘する。しかも帝冠様式を悪者にすることで、モダニズムのナショナリズム的な傾向を隠蔽する恐れがあるという。彼の著作は、戦争との深いかかわりが認められないと述べることで、「建築家」の戦争責任を救済しているかもしれない。むろん、彼はあとがきで、植民地の建設活動や神社の新設などは、ファッショ的な建築として考察できるだろうと簡単に触れている。

なるほど、戦況が激しくなれば、芸術的なデザインは問題とならない。例えば、戦時下のあるテクストでは、こう書かれている。平時に認められても、決戦時は「建設主の主観的恣意的な芸術意欲の表現は完全に抹殺さるべきであり、当面緊急な平面計画設計技術並びに構造設計技術に何等支障となる事無くそれらの純技術的活躍の範囲内に於てそれ等と協力的関係に立ち国家的な建設的表現を目途として力を致すべきである」、と。[1] 一種の戦争機能主義だが、城壁やトーチカを含む物理的な装置もこれに含まれるだろう。

だが、ここでは天皇制と連動しながら、ナショナリズムを扇動する精神的な装置となった神社建築を概観したい。戦時中、軍人は神社に参詣し、その守り札をもらって入隊した。そして神社は戦勝祈願の場となり、ラジオを通して有名神社の太鼓の音を全国に流している。神社をとりあげるのは、戦争の文脈では「建築家」の帝冠様式や和風趣味ばかりが関心をもたれ、創意工夫の少ない非作家的な神社建築があまりかえりみられないからだ。加えて、ドイツやイタリアのファシズム建築を題材とする以外にも、戦争と建築を考察する切り口を探るためである。

神社の海外進出

神社は、日本共同体の意識を高めることに利用された。戦争はそれに火をつける。

明治期の戦争が日本の愛国心を鼓舞したことは、当時の『建築雑誌』や『神社協会雑誌』でも、顕著にあらわれている。戦争に刺激され、前者では毎号のように忠魂碑の建立が報じられ、後者では神社の創建を唱える記事が散見される。例えば、「帝国主義と神社」は、愛国心の重要さを説き、それを育てるのは神道であり、「此教義を表示するものは神社なり」という。[2] また「余輩は帝国主義なる語の流行を見るにつけ、……神社を連想せさるを得ず」と書いている。別の論文では、「植民地なる北海道」の「神社の増加は、取りも直さす、拓殖の進歩を表明するものにして、要するに生産力の発達と平行するものなるを以て、寧ろ慶すべきの現象」だという。[3] 日露戦争に関しては、中川友次郎が「神社に於ける戦争記念」で「海陸軍の快勝は、神祇の威霊による」から記念植樹を唱え、鈴鹿眞正が「紀念神社創設」で「国体精華の本源たる神社の本領を発揮するは、此の時此の際」にあるから「戦勝紀念神社を創設すること」を提案した。[4]

では、いかなるレベルで神社は戦争に関わったか。とりわけ同時代の事件によって創建され、より強い影響力をもった神社に注目して、三種類に分類しよう。

第一に国家のために戦死した人を祀る神社。例えば、靖国神社や各地の護国神社。

第二に軍神神社である。例えば、乃木神社と東郷神社。

第三に海外神社である。例えば、樺太神社（一九一二）や関東神宮（一九四四）。著名な神社の設計には、大体伊東忠太が関わっている。かつて西洋がキリスト教の布教とともに新世界や東洋に進出したように、日本は精神的な支柱となる神社を植民地や移住先に建設した。国内では神社の乱立を抑制したのに対し、国外では神社の規制が緩やかだったことも、増加の一因だろう。

新田光子によれば、海外神社の進出は三期に分けられる(5)。

第一期（明治天皇の即位から第一次世界大戦まで）は、国土開拓と戦勝記念のシンボルとして台湾神社や樺太神社など、大きな神社が建設された。と同時に、日本人の移住者が日本とのつながりを求めて、小さな神社を自ら建てた。

第二期（一九三一年の満州事変まで）は、朝鮮神宮や開城神社など、大正天皇の大典を契機としたものと、現地日本企業の協同で設立されたものが多い。

第三期（敗戦まで）は、関東神社や南洋神社など、統治手段の側面が強い神社と、満州開拓団神社など、小さいものが増えている。神社数も倍になった。

以上を踏まえたうえで、宗教政策と絡めて、主に台湾と朝鮮の場合を検証しよう。

台湾の神社

一八九五年、台湾は日清講和条約により日本に割譲され、翌年の帝国議会では、根岸武香らが「故近衛師団長能久親王……を台湾神社官幣社に崇め祀らんことを希望す」と神社の建設の建議をだす(6)。北白川能久親王は「台湾征討」の戦争中に病死した皇族である。彼を祭神とした神社を台湾に創建することの政治的な意味は明白だろう。当初、敷地は彼の終焉の地である台南がふさわしいと主張されたが、乃木の派遣した神殿建設委員の視察を経て、総督府の設置される台北に決まった。

神社の工事は一八九九年に始まり、建築は総督府技師の片岡浅次郎、架橋は十川嘉太郎が担当し、総工費約三五万六〇〇〇円をかけて完成する。鎮座に際しては、御霊代を軍艦に搭乗させて台湾に運び、現地では軍楽隊の吹奏が鳴り響くなかで儀式が進行するという軍事色の強いものだった。かくして本殿・拝殿ともに神明造の神社が日本による統治のシンボルとして台湾に登場する。後に神苑には、井沢土木局嘱託の設計により、鳥居の前に噴水池が作られたり、自動車も往来できる参道が新設された。ちなみに、台南では能久の「御遺跡所」が指定され、後に台南神社となる。

台湾神社は地政学的な位置のみならず、一〇月二八日の例祭日を台湾全島の休日に定めることによって、時間的にも共同体の中心とされた。また敬神教育においては、総督府の編纂した当時の修身教科書が、神社の由来や景観を詳しく紹介した。修身と国語の教科書では、「神社は皇室の祖先又は国家に功労ありし方々を奉祀せるものなること」、それゆえ「すべて神社は崇敬すべきこと」と教えている。例えば、一九二六年に改訂された修身教科書は、巻二第一三課で「タイワンジンジャ」、巻三第一二課で「明治神宮」、巻六第一課で「皇大神宮」を扱っていた。一九四五年までに台湾では合計六八社の神社が建設されたが、これと並行して進められた宗教統制も興味深い。建築的な視点で三つに整理すると、伝統的な台湾の家屋に神棚を設置するよう画策した正庁改善運動、神社を全島にくまなく配する「一街庄一社」のスローガン、そして寺廟整理運動の名のもとのヴァンダリズムがあげられる(7)。

第一に正庁改善運動は、台湾の伝統的家屋において祖先を祀る正庁を、各家庭で神礼を奉斎するのにふさわしい形に変えようとするものだった。つまり、宗教的な目的による住宅内部の改造である。それも台湾人の精神的な拠り所となる最も中心の部分を日本化させようというのだ。一九三三年ごろからこうした動きは発生し、台湾神職会が検討を重ねて、幾つかの方針を生む。その成果が一九三七年に頒布された神式の祖霊舎である。皇国化の象徴とされた祖霊舎とその正庁における配置は、幾つかの規定とともに標準図が作成された。「本島民屋正庁改善実施要項」(一九三七)には、「一、正庁の改善は本島人家庭に於ける皇民的信仰生活の中心を確立し、祖霊祭祀の国式化を奨め、以て本島に於ける皇民的教化の徹底を期するを以て主題とすること」、あるいは「四、神棚と互角に相対立せしめて他の神仏卓を設備するが如き方法は断じて之を採らざること」と記されている。そこに台湾人祖先の位牌が置かれる場は存在しない。なお、正庁改善運動の普及のために、試作模型が製作され、博覧会で陳列されたり、警察が各家庭に検査に訪れたという。

第二に「一街庄一社」の方針は、神社中心の精神構造を形成するために、先だって日本で唱えられた「一町村一社」の理念を継承し、一九三四年の「神社建設要項ニ関スル件」で示されたものである。蔡錦堂が指摘するように、日本国内の「一町村一社」がみすぼらしい神社の削減につながったのに対し、台湾では神社の増設を目標としており、文字通り「一街庄一社」が実施されていたら、約三〇〇の神社が創建される必要があった。ただ神社さえ建てば何でもよいわけではなく、建設要項では神社が最低限の尊厳を保つために、設備規格として神明造か流造の本殿(五坪程度)で内陣と外陣に分かれていること、本殿に調和した拝殿(二〇坪程度)、そして鳥居を置くことなどを定めている。

第三に寺廟整理運動は、日本化にそぐわない在来宗教の抹殺を狙ったもので、台湾の廃仏毀釈ともいわれている。明治以降、神社は純粋な日本のものと考えられたのに対し、もともと仏教や寺廟信仰は中国から来たものという二項対立的な意識が形成されていた。そこに一九三七年の日中戦争が引き金となって、中国色が強い寺廟への圧力が一気に加速度を増したのである。一九三八年から一九四〇年まで、寺廟の撤廃と神仏の焼却が続き、郡によってはほぼ一〇〇パーセント整理が実施されたところもあった。しかし、内外の強い批判をうけて、一九四一年に総督府から正式な中止命令が出される。

朝鮮の神社

朝鮮でも台湾と同様の宗教政策が行われた(8)。まず一九一〇年の日韓併合により設置された朝鮮総督府は、すぐに寺刹令(一九一一)をだして完全に寺院を管理下に置く。次に天道教や新宗教などの類似宗教は、一九〇七年の保安法と一九一〇年の「集会取締ニ関スル件」によって牽制する。こうして対抗する宗教を押さえ込む一方で、一九一五年の布教規則と神社寺院規則、また一九一七年の神祠に関する件などの総督府令により、朝鮮人への神社参拝の要求と神社設立の奨励が進められた。やがて「一道一列格社」や「一面一神祠」の設置方針もうちだされ、各地に神社を増設することが強行される。朝鮮神宮を頂点とする神社のネットワークが朝鮮全体をおおいつくさんとしていた。むろん、朝鮮神宮は伊勢神宮に奉仕する存在である。さらに一九三七年以降は戦時態勢の強化とともに、各家庭に神棚の設置が強制され、警察の監視隊がこれを徹底させる。こうした日本の方針に抵抗した朝鮮のキリスト教信者の獄死は五〇人を超え、約二〇〇の教会が閉鎖された。

台湾神社の拝殿

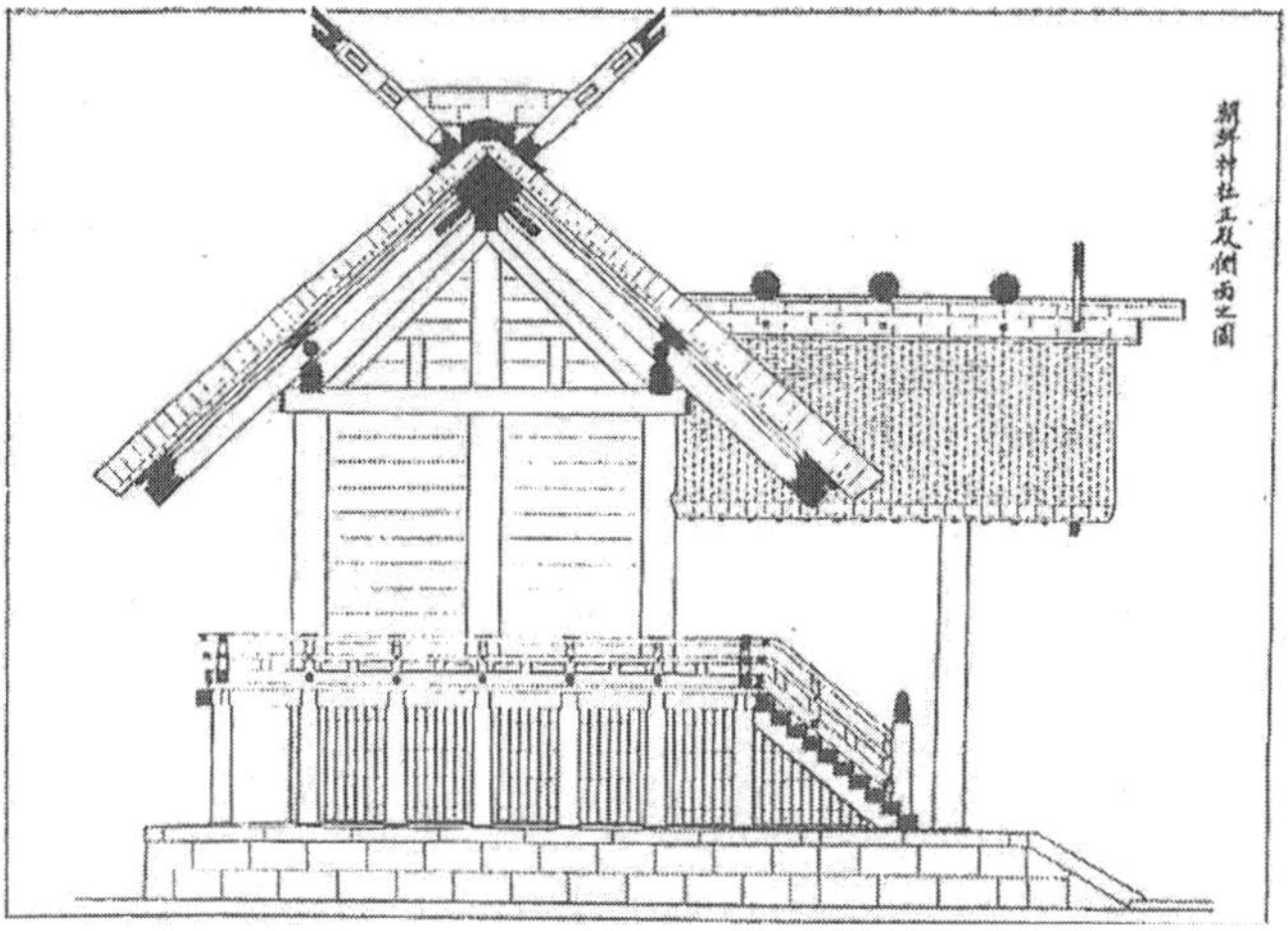

朝鮮神宮の正殿

過酷な宗教政策は、すでに国内で試みたやり方を変奏しつつ国外で反復したものといえる。日本国内における最大の建築的モニュメントが明治神宮ならば、ここでのそれは朝鮮神宮となろう。総工費は一五六万四八五〇円。造営事業には八年がかかり、一一万坪の内苑と一〇万坪の外苑をもつ巨大なプロジェクトである。朝鮮総督府の発行する「普通学校国語読本」では、その竣工を感動的に紹介した。[9] 場所は、石階段の参道をのぼったソウルの南山の中腹に位置し、北の朝鮮総督府とあわせて、都市を南北の両側から挟む。朝鮮神宮は、神明造の本殿や靖国神社風のシンプルな鳥居をもつ。設計施工は朝鮮総督府内務局建築課、装飾は技師の井上清が担当した。[10] 伊東忠太が顧問として参加したこの作品を、弟子の岸田日出刀はこう絶賛している。天照大神が祭神であることから「素朴直截な形式手法」の神明造が実に適切だ、と。[11] ちなみに、朝鮮神宮は明治天皇も祭神としているが、一九二五年の内務局長通牒では、明治天皇を祀ろうとする神祠は「其の尊厳を保つ為神明造の形式に改めしむること」と規定し、清浄な境内を整えることが要請された。天皇制と神明造の結びつきが強調されている。

ねじれた地域主義

しかし、誰もが同じ神明造で植民地を埋めつくすのが最良だと考えていたわけではない。建築史家の藤島亥治郎は、台湾の神社がどれも神明造であることを批判した。[12] 一部の神社関係者は、日本とまったく違う気候や大地を目の当たりにして、神明造を理想化する観念論にとらわれず、建築様式に地方色をとりこむべきだと主張している。また神社は土地の自然から生まれるものだから、現地のコンテクストを重視するという考えもあった。建築材料は、伊勢神宮の古材を譲り受けたことがあったり、檜へのこだわりも強かったようだが、海外では必ずしも豊富に得られるわけではない。そこで、せめて自然の材料を使うことも主張された。日本の神社は海外に進出し、異なる場所性を意識したのである。現地の住民が自発的に行ったものではないし、帝国のまなざしを抜け出ていなかったにせよ、外部との接触が建築の地域性を覚醒させた。

海外神社はねじれた地域主義を生みだした。小笠原省三は自ら海外神社協会を組織し、多くの海外神社を視察したが、戦後に編纂した『海外神社史（上）』（海外神社史編纂室、一九五三）において、神社に地方色をとりこもうとした戦前の意見を多く収録している。戦争の反省がそういう傾向を強くさせたのかもしれないが、興味深い記述を確認できる。例えば、「朝鮮神宮に関する意見書」（一九二五）は、「建築様式についてもわれ等は不満足に思ふところが多い」と述べ、神明造が「朝鮮国土に最もふさはしからぬ様式」であるから失敗だとみなし、代わりに「明治神宮の様式に朝鮮様式を加味したる新様式」が良いという。また一九三三年に実施された青年神職へのアンケートをみると、望ましい様式の回答が神明造一辺倒ではなく、和洋折衷を認めるものまであり、想像以上にばらついている。

内務省神社局技師の角南隆は、一九三五年前後は海外に神明造が多かったことを回想しつつ、実用上は不便であることや、ヘタに作ると仮設的な印象をあたえかねないことを挙げて、海外の神明造に反対する。うがった見方をすれば、これは日本だけに特権的な神明造を建てることで、海外と差別化する、より強固なナショナリズムだと言えなくもない。国内においても、角南は制限図の形式に批判的であり、神社の画一化を嫌った。ともあれ、彼が現地の厳しい寒さを体感し、「満州に奉斎すべき神社の建築様式について」（一九三四）において考察した内容は説得力をもつ。すなわち、匪賊《ひぞく》に対して防御用の塀を設置すること、親しみやすくするために内陣まで入れるようにすること、防寒の必要から権現造が実用的だと結論づけたこと、そして実際の儀礼から満州でも推奨される配置図など、具体的な意見を述べている。また角南が指導した江原神社（一九四一）は、朝鮮建築のディテールやオンドルの暖房施設を実験的に採用していた[13]。

海外神社において最も変わったデザインは、すこぶる評判の悪かった台北の建功《けんこう》神社だろう。鳥居はほとんど中国の華表《かひょう》のようであるし、本殿は和風＋洋風＋台湾風の折衷で鉄筋コンクリート造。およそ通常の神社のイメージとは異なるものだ。「建功様式とも云ふべき特異な様式」は「異常」であり、当時これをヘンだと感じた人は多かったようである[14]。しかし、これこそが台湾の風土を反映した神社として、小笠原は高く評価していた。「白蟻の害と御祭神の中に所謂《いわゆる》本島人あるを考慮したる結果、台湾の風土及環境に最も適応したる新しき様式を有してゐる」、と[15]。彼の思想では、日本の拡張を志向する植民地主義と、現地の環境を尊重する地域主義が融合していた。

しかし、日本の敗戦後、台湾では建功神社跡に国立中央図書館、台南神社跡に省立体育館を建設し、植民地の痕跡が抹消された。一九九五年には、ソウルの旧朝鮮総督府が劇的に解体されている。「日本人の行くところ神社あり」と言われたように、海外神社も一時は約六五〇社にのぼったが、ことごとく取り壊された。支配された側にとっては、まさにそれが侵略のシンボルだったからである。

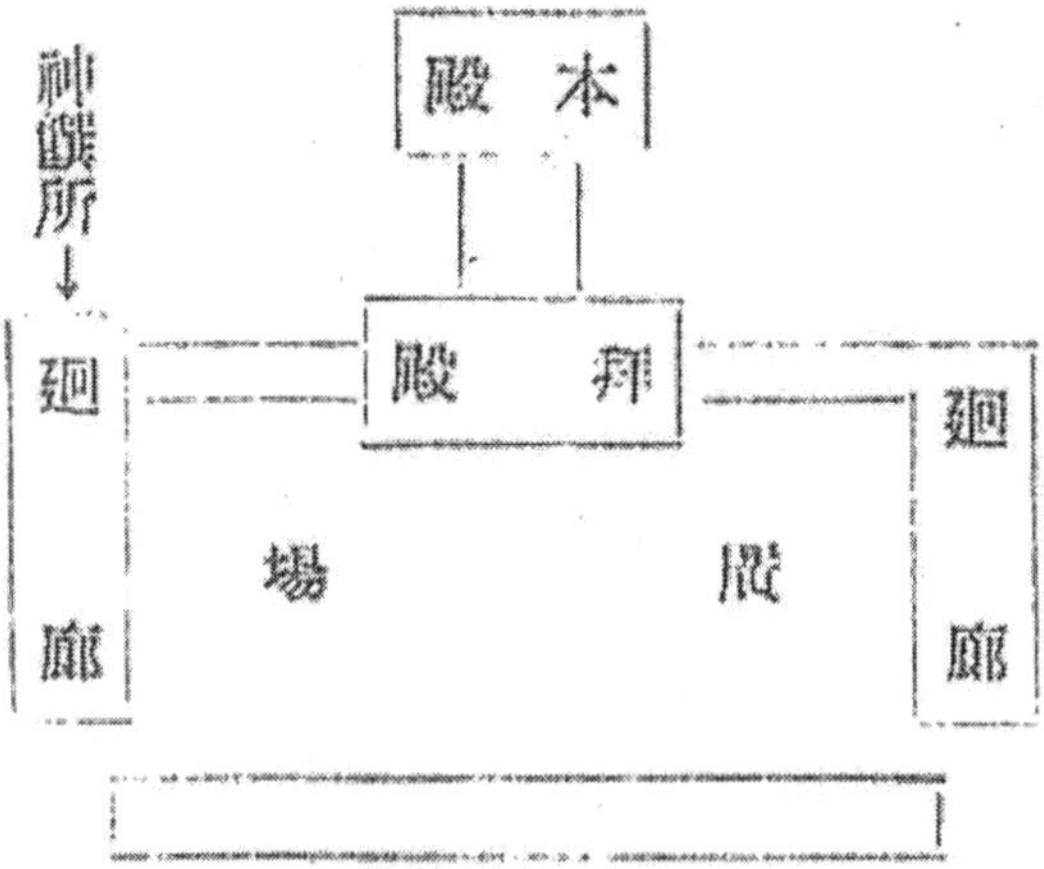

角南隆の推奨する神社の配置図

鳥居を通して見る建功神社

2. 楽園の国ハワイの日本宗教

日本とハワイ

人が動けば、宗教も移動する。宗教は異国に暮らす移民の精神的な支えになる。また、ほとんどの宗教は新天地において信者を増やそうとする。日本人が「新世界」に移住した例は意外に古い。日本で難破したスペイン船が、一六一〇年に日本人をのせてメキシコに到着し、約一二名が残ったという。本格的に移民が増えるのは、鎖国を解いた近代以降である。アメリカ、ハワイ、ブラジル、アジアに日本人が海外進出するとともに宗教も海を渡った。

ハワイへの移民は明治維新の頃に始まる。一八六八年に横浜港を一五三名の移民が出航し、ホノルル港に向かった。一八八五年からは、日本の政府とハワイ王国の取り決めにより、農業を行う官約移民を開始し、三万人が渡る。一八九四年からは移民会社の斡旋による私約移民の時代となり、会社の設立された広島や山口の出身者を中心に二万人が入国した。当時は出稼ぎ意識が強く、多くの移民は日本に帰っている。一九〇〇年からは自由移民が始まるが、一九〇八年に新移民の渡航が禁じられ、写真婚による呼び寄せ移民時代を迎えた。しかし、一九二四年に移民が全面的に禁止となる。かくして一八万人がハワイの土を踏み、二〇パーセントが日本に帰国、二〇パーセントがアメリカに渡り、残りの約一一万人の移民が定着した。

井上順孝によれば、ハワイとアメリカにおける布教には三つの波がある。[16] 第一に、一九〇〇年前後の移民開始にすぐ続いた仏教の各宗派、神道、キリスト教。一八九六年には浄土宗のハマクワ仏教会堂が建立された。モスク風のハワイ別院も存在する。寺院は冠婚葬祭を行うほか、日本人のコミュニティ・センターとして機能する。第二に、移民社会が定着し、都市部に増えた時代に布教をはじめた天理教や金光教などの新宗教や小さな仏教教団。これらは日本人移民を布教の対象としていた。第三に、一九五〇年代以降に海外布教に進出した新宗教の教団。例えば、天照皇大神宮教、世界救世教、創価学会、パーフェクトリバティー教団である。

天理教の海外布教

天理教の場合は、明治二〇年代に海外布教を開始した。一八九三年、高知の里見半次郎が釜山で単身の伝道を始めている。一九一〇年、朝鮮には一三の教会が存在し、信徒は日本人約三二〇〇人、朝鮮人約一三〇〇人だった。一九二五年に教主の中山正善は天理外語学校を開設し、海外伝道部の翻訳課が布教のために教義を翻訳する。そして一九二六年から海外巡教を行う。一九三五年頃に海外教会は急増し、毎年四〇前後の教会が満州や朝鮮を中心に設立された。また一九三四年以降、信者は満州に集団移住し、教会を中心とする天理村を建設した。農業を営む、宗教ユートピアである。一九四四年には「千戸の大天理村」構想がうたわれている。だが、戦後にアジアの日本人信者は引きあげ、国内で新たに教会を復興した。

ハワイ布教は一九三〇年に開始され、三年後には教主が訪れた。戦時中の布教は禁止されたが、一九五四年には、入母屋の屋根と千鳥破風の向拝《ごはい》をもつ、ハワイ伝道庁を開設した。一九九六年の時点では、三六の教会と三三の布教所が存在する。ハワイ島教会（一九三三）やカカコ教会

（一九三四）など、ほとんどが住宅風の教会であり、入母屋の屋根をもつヒロ教会は少数派だ。ハワイに限らず、海外教会は現地の習慣を尊重し、畳敷ではなく椅子席が多いらしい。一九九六年末の統計によると、二八二の海外教会が存在し、同年の教祖一一〇年祭には、世界四二ヵ国から一万二五八一人が帰参した。内訳を見ると、韓国三五一九人、台湾三四六八人、ブラジル二〇七六人、アメリカ一二九九人、そしてハワイの七六八人が続く。天理教では、ぢばを特別視するため、日本への帰参を重要なものと考えている。

ハワイの神社

前田孝和の研究をもとにハワイの神社史を概観しよう。(17)確認できる最も早い神社の鎮座は、一八九八年の大和神社とラワイ大神宮である。祈禱を中心に活動した場合、日本人から攻撃された神社も存在した。が、日系人と神社の増加に伴い、神道はハワイの社会から敵視され、英語化や星条旗下の神道を試みる。一九四一年の真珠湾攻撃以降は、多くの神職が抑留され、神社の解散と閉鎖が進む。神社は日本天皇制の象徴とみなされ、宗教弾圧が行われた。当時、次々と神社が没収され、競売にかけられた。戦後も反神道キャンペーンは続き、なかなか復興に着手できない。一九五五年に神社は追放団体のリストから外され、ようやくアメリカに認知された。ただし、その後は日系人の世代交代も進み、神社は支持基盤が変化し、存続の危機に立たされている。どうやらアメリカ化しない神社は滅びる運命にあるようだ。

神社は五九社の存在が確認され、七社が残っている。幾つかを紹介しよう。ハワイ大神宮の創建

ハワイ石鎚神社

は一九〇三年頃であり、一九一八年に「日本造」の神殿を完成するが、開戦により接収された。競売後、大神宮跡はアイスクリーム売店と貸家になる。戦後は二度場所を移転し、一九五七年に購入した住宅を神殿に改造した。一九七六年には伊勢神宮から譲渡された用材をもとに、竹中工務店の設計による神明造の新築計画が発表される。ハワイ石鎚神社は、一九一三年に霊能者が神がかりになったことで始まり、一九一七年に社殿を完成した。戦時中は神社を接収されたが、自宅に祭壇を設け、秘かに活動は続く。神社は一九五四年に返還され、一九六三年に社殿を新築する。広島から宮大工を呼び、木材も日本から調達し、流造の神殿が二階部分につくられた。一階のホールには幼稚園や事務所が入る。

　ハワイ出雲大社は、布教を目的に創建され、一九〇七年に最初の神社が竣工した。[18] この背景として、広島や山口など、出雲信仰圏の移民が多かったことが注目される。ヘゴ・フチーノの設計により一九二三年に新築された社殿は、日本の出雲大社を模し、大社造だった。しかし、戦争により神社は解散させられ、寄付同然でホノルル市郡政府に売却される。神社の軀体はドラム缶のうえに放置され、壁はなくなり、屋根の銅板は盗まれた。戦後はホテルの倉庫を改造し、イベントで資金を集めながら、宗教活動を再開する。次いで神社の返還を要請し、裁判の末、一九六一年にとり戻す。信者は一七万ドルの募金活動を行い、一九六八年から、荒廃した神社を現在の場所に移転する。建築家のロバート・カツヨシは日本を訪れて出雲大社を研究し、できるだけオリジナルの部材を残しながら、ハワイ出雲大社の修復を計画した。ゆえに外観は売却前とあまり変わらない。一九九五年には二度目の修復工事を実施した。

ハワイには、外観が日本の城郭風のマキキ聖城教会がある。一八九四年に奥村牧師がハワイに渡り、一九〇四年にマキキ教会を設立した。[19] 最初の教会は一九〇六年に建て、一九三六年に新築した際、一〇〇尺の天守閣・礼拝堂・社会館からなる現在の形態におちつく。奥村によれば、古城が参照された理由は、第一に昔の聖徒は「神は我が城なり」や「神は高き櫓なり」と語ったが、城は荘厳の念をおこし保護する建物であること、第二に日本最古の城をキリシタン大名の松永久秀が建て、最上部を天守閣と呼んでキリストを祭ったことである。後者は、史実に反するエピソードだが、誤解がユニークな教会を生むことになった。ちなみに、あまり知られていないが、ハワイには平等院鳳凰堂や金閣寺のレプリカ建築も存在する。

戦争直前は、ハワイの人口の約三〇パーセントが日系人だったが、今は減っている。とはいえ、一九九六年現在、全人口一一五万人に対し、白人系二五万人（二二パーセント）に次いで日系人は二三万人（二〇パーセント）であり、ハワイアン混血、非ハワイアン混血、フィリピン系、中国系、黒人系、韓国系が続く。ハワイは人種の坩堝《るつぼ》である。確かに神社は不幸な時代を経験した。が、時間をかけて、多民族の宗教が共生する平和な状態を迎えている。ハワイは楽園のイメージにふさわしい。しかし、このユートピアが続くかどうかはわからない。いまだ緊張が解けないイスラエルが、ハワイの未来になるのか、それともハワイがイスラエルの希望になるかは、二一世紀に委ねられている。

ハワイ出雲大社

マキキ聖城教会

ハワイの平等院テンプル

3. アーミッシュとシェーカー教のミニマリズム

最初期の宗教建築

一般に宗教建築とは、神をイメージするための装置と考えられる。特に神の像を描かない教団の場合は、その偉大さは建築を通して、初めて直観的に想像できるだろう。だが、それはある程度、宗教が成熟した段階のことであり、常にそうとは限らない。特定の人物が創始した宗教の場合、最初は便宜上、教祖や信者の家が宗教空間となり、次の段階では、増加した信者が集合するための広い場所が第一に要求される。最初から壮麗な外観や装飾はなくてもいい。

信者が急増する時に礼拝の空間が拡張する。日本における寺院建築の歴史をみても、国家の上層部が中心となって輸入宗教の仏教を保護した古代には、塔や金堂など、モニュメンタルな外部の構成が特徴的だった。当初は伽藍の中心的な位置をしめ、重視された塔も、人のための内部空間をもつ建築ではなく、巨大な彫刻に近い。しかし、中世以降に仏教が大衆化すると、平面が変化し、本堂の手前につく礼拝が発展した。地方寺院では、信者のための広い空間が求められたからである。

一方、教祖がいない自然発生的な宗教の場合、聖なる建築はどのように発生したのか？　例えば、神社。最初に人の住まう家が登場した。次に貧富の差が生まれ、階級が芽ばえ、住居から幾つかの機能が分節を開始する。例えば、モノが住まう倉庫。ここに余剰な資産が収蔵され、やがて実用性よりも権力を象徴するだろう。そして共同体の余剰な資産によって、神が住まう神殿があらわれる。古代の日本において、銅鐸や家屋文鏡の図像にみられるように、住居、倉庫、神社が類似するのは故なきことではない。高床切妻屋根の穀倉は、もともと農耕文化において重視される対象物であったが、神を祭る施設に読み替えられ、神明造の原型になったと言われている。つまり倉庫が神殿になった。ギリシアの神殿が神像を設置する倉庫であり、宝庫と形状が類似していたことも想起されよう。

宗教の初期的な段階、あるいはアーミッシュのように閉ざされた小規模のコミュニティでは、独立した教会すら不要な場合がある。宗教空間が住宅から分節される以前の状態を維持しているからだ。シェーカーも、装飾的な教会をもたないが、そのミニマルなデザインは近代建築を先どりしている。いずれも近代という時代において古代的な時間を反復しており、宗教の本質を考えるうえで興味深い事例になるだろう。

未だ分節されざる原・教会

アーミッシュの源流は、プロテスタントから分かれたメノナイト派にさかのぼる。一七世紀末、牧師ヤコブ・アンマンがより純粋な教会を追求するために論争を行い、そこから派生した教団だった。アーミッシュという教団名は指導者のアンマンにちなむ。アーミッシュは現世的なものを徹底的に忌避し、周囲との衝突からアンマンは殉教した。一七一一年には、スイスのベルン市当局が教団の北アメリカ追放計画を決定したらしい。

最初の記録は不確かで書物によって様々だが、少なくとも一八世紀の前半には、アーミッシュがペンシルバニアに移住している。そこは「兄弟愛」という意味をもつ地名フィラデルフィアに象徴されるように、クエーカー教徒のウィリアム・ペンが信仰の自由を保証した土地だった。ペンシルバニアもペンの森という意味である。アーミッシュは少しずつ増え、一八一七年から六〇年にかけて、約三〇〇〇人がスイスの山から海を渡って移住した。

その後、意外に思われるかもしれないが、二〇世紀に信者はアメリカの国内で一気に増え、二〇年ごとにほぼ倍加する。数字を挙げよう。一九〇五年の八二〇〇人から一九九二年の七八〇〇〇人にまで成長した。子供が多いからだろう。アーミッシュは旧世界から新世界への移民宗教のひとつだが、ヨーロッパでは開花することなく、近代のアメリカで真に根づいたのである。実際、ヨーロッパでは完全に消滅してしまった。

アーミッシュの信仰生活において、注目すべき点は、教会を持たないことである。彼らはきわめて敬虔な宗教集団であるにもかかわらず、信仰の中心的な施設を欠いているのだ。その理由は、主に以下の二つに整理される。

第一に、ヨーロッパで迫害されたときに礼拝堂が攻撃の対象となったり、再洗礼派狩りを逃れて洞窟などで集会をしたことを彼らが忘れていないからだ。弾圧されたキリスト教のコミュニティが、地下に潜った例としては、トルコの地下都市も想起されるだろう。アーミッシュでは、今も初期の殉教者のことが語りつがれ、迫害の記憶を継承する。そして教会はプライドを誇示するものと考えられている。プロテスタントはカソリックの装飾性や形式性が権威的なものだと批判したが、教会の存在までは攻撃しなかった。とすれば、アーミッシュの方がより過激な原理主義といえるかもしれない。

第二に、時間にあらがう復古主義的な態度によって、イエスとその弟子の時代にならい、家で礼拝することを選択したからだ。活版印刷術の登場という追い風を受けて、プロテスタントが書物としての聖書にたちかえることを主張したのに対し、アーミッシュは、文字通りに原始キリスト教会の回復をめざす。確かにローマでキリスト教が公認されるまで、信徒たちは地下活動を続け、独立した教会建築を持たなかった。そしてアーミッシュは、生活のすべてを進歩にゆだねないことを決め、アメリカの近代化に背を向けている。もっとも、アーミッシュにも分裂がおこり、一部の進歩派は教会をもつようになった。

アーミッシュは二週に一度、日曜日に開く礼拝を、各自の家において持ちまわりで行う。その結果、彼らの住宅はやや特殊なつくりをもつ。子供が平均八人の大家族だからというのも、理由のひとつだろう。が、むしろ礼拝時に約二〇〇人を収容するために、住宅はかなり大きめに作られる。ゆえに、一階は広い扉や取り外しのできる間仕切りを使う。巨大な家屋に人が入りきれないほどにコミュニティが成長しても、独立した教会を建てる代わりに、教区を二つに分割する。

一〇人以上も珍しくない子だくさんなのは、布教によって外部から信者を獲得しないことを考慮すれば、教団存続のための唯一の方法である。子供が信者になるからだ。彼らは、創世記の言葉「生めよ、増えよ、地に満ちよ」という教えに従い、産児制限を禁止し、農業に適した家族形態を営む。アーミッシュの子供は成人になると、コミュニティを去る機会も与えられるが、外界の生活に慣れず、多くのものが戻るという。

住宅が教会になるときは、二、三室に分かれて人々が座り、説教者の立つ中心の部屋に視線を向けるように考慮されている。部屋が異なるほど徹底したものではないが、基本的に男女は分かれて座り、子供と女性は一室にまとめる傾向をもつ。部屋に説教壇は置かない。聖職者という役職もない。原始キリスト教の時代に特別な宗教教育を受けた聖職者が存在しなかったからだ。そこで彼らは、直接民主主義により、コミュニティの構成員から良き生活を実践する人物を指導者に選ぶ。ただし、女性は対象外である。

問題は大人数のためのベンチである。コミュニティはベンチ小屋を共有し、礼拝時に担当の家まで馬車を使い、特別のベンチ用ワゴンにのせて運ぶ。アーミッシュは、一六世紀の讃美歌を当時のやり方で歌い、ドイツ語で礼拝を進める。普段もなまりの強いドイツ語をしゃべる。そして三時間に及ぶ長い礼拝の後、全員で食事をとる。大量の食事ゆえに近隣の女性の助けを借りて、数日前からその家の婦人が準備を行う。

共同体の生活は家が中心であり、礼拝以外にも洗礼式、結婚式、葬式のすべてが行なわれる。普通、住宅は各機能を切り離し、外に教会や飲食店などの施設を発生させるのだが、アーミッシュでは未分節のままに様々な機能が住宅に付随する。家のほかで集まりが発生する唯一の例外は、一人の先生のもとに小学校一年生から八年生までが同じ教室でともに学ぶ、教会区ごとに設立した八年制の小学校だろう。ここでは基礎教育のみを伝授し、信仰と農業の生活に不必要な知識は学習しない。独自の教育方針から、アメリカの教育制度と摩擦を起こし、裁判沙汰にもなったが、現在、基本的には認められている。

規律と住宅

アーミッシュの一般的な住宅は、一階に居間や台所、二階に家族それぞれの寝室がある。台所には、大家族用の長いテーブルと長いベンチを置く。各寝室には、押し入れがなく壁に衣類をかける。風呂場はなく、便所は家の外に置く。が、この構成はそれほど珍しいものではない。おそらく最も特徴的なことは、装飾の排除への意志だろう。規定は地域によって微妙に異なるが、二〇世紀半ばのオハイオ州のあるコミュニティの場合はこうだ。

「どんな種類の建物の内部であれ外部であれ、装飾はいけない。意匠を凝らした柵はいけない。リノリウム、油布、棚板、そして壁紙は質素であり、華美でないこと。詰め込み過ぎた家具や贅沢な品物は禁じられている。ドイリーやナプキンもいけない。大きな鏡（装飾的なガラス製品）、彫像や壁画も装飾に使うのはいけない。……カーテンは暗緑色の巻軸か黒い布を使用すること。……ストーヴを新しく買うなら黒色でなければならない」。

彼らは装飾はうぬぼれと考え、ボタンや宝石の禁止など、規定は衣服や家具にいたるまで細かく決めている。そして反装飾と地味な色を推奨する。優れた家具を生むシェーカー教徒にも厳しい規則を認められるが、ともに装飾を罪悪とみなす近代の機能主義を想起させる。もっとも彼らは、積極的な外部への布教よりも自己完結的な共同体の維持に熱心だったから、カソリックがパトロンとなったゴシックやバロックのように、メディアとしての宗教空間を華美に飾る必要がなかった。かろうじて彼らの文化で装飾的なのが、女性のつむぐ独特なアーミッシュ・キルトである。とはいえ、禁欲の発露という程のものではなく、単純な幾何学模様や縞模様を多用し、絶対に具象的な絵柄を使わない。

外部世界と隔離され、進歩からとり残されたユートピア。彼らはハルマゲドンを到来させることもなく、資本主義のサイクルに組み込まれることもなく、農業を中心にした自給自足のシンプル・ライフを営み、およそ二〇〇年前の生活様式を守っている。世界で最もテクノロジーの恩恵を受けているアメリカにおいて、彼らはそれを拒否する。アーミッシュの宗教理念は、俗世間的なものを嫌うからだ。世界は神の王国とサタンが支配するこの世の王国に分かれており、真のキリスト教信者であるアーミッシュは、神の王国の民にほかならない。ゆえに教会の戒律によって、外部の人間と接触を絶たねばならない。こうして布教すら許されないのだ。彼らは国家からの独立を強調するために、選挙などの公的行事に参加しないし、年金や助成金も受けない徹底ぶりである。

だが、アメリカは決してアーミッシュを嫌わない。信者の男性は黒い帽子をかぶり、あごひげをたくわえる。女性は白か黒のボンネットをかぶり、エプロンをつける。アメリカ人は、彼らの生活に古きよきノスタルジアを感じ、観光の対象にしているからだ。実際、アーミッシュは外部に伝道活動を行わないから、トラブルがない。それは世界の改善や救済に興味をもたないからだ。アーミッシュは戦闘的ではない。彼らは絶対平和主義から兵役拒否を貫き、ネイティブ・アメリカンによって惨殺される危機も経験した。

アーミッシュの共同体は助け合いの絆が強力である。彼らをモデルとした映画『刑事ジョン・ブック／目撃者』（一九八五）でも紹介されたように、納屋の建設に際しては、共同体のメンバーが総出で労働奉仕を行う。エホバの証人やほんみちなどの新興宗教も、信者が建設にたずさわる例は少なくない。アーミッシュでは、こうした共同作業がレジャーの一種として考えられている。しかし、その反面、共同体の掟を破ったものへの罰則は厳しい。違反した人物は家族と同じ食卓につくことも許されず、やがては共同体からの追放を余儀なくされてしまう。

アーミッシュは、都市内に居住してゲットーを作ることを選ばず、田園風景に自らの安息地を見出した。近代文明を受け入れず、電気やガスを使用しないからテレビもない。二〇世紀初頭に彼らは電話の所有を禁止している。外部と接続する電話の住宅内への侵入を拒否したのは象徴的である。たとえそれが設置されるとしても、家の外部に電話小屋を置くことしか許さない。アーミッシュは電話に対し、コミュニティを寸断する脅威を感じたのだろう。その代わりに、政治面も経済面もない、アーミッシュの新聞が全米のコミュニティをつなぐ。

ところが、一七歳まで教団に所属していた社会学者D・B・クレイビルらの研究によれば、アーミッシュの信者が経営する小企業が増えており、閉じた共同体は社会との接触を通して変質しているらしい。だが、それは自然と共生するアーミッシュという常套文句から、資本と共生するアーミッシュへの、新しい文化的なモデルの提供を意味している。またインターネットやコンピュータの登場も、共同体に影響を与えているようだ。時計の針が動き始めた彼らの、今後の

“Amish Houses & Barns”の表紙

動向が注目される。

工場のような宗教空間

次に、同じプロテスタントから分派を繰り返して登場したシェーカー教を見よう。シェーカーは、一八世紀後半にイギリスの工場で働いていたアン・リーが創始したものである。彼女は「教徒を連れてアメリカの植民地へ渡り、千年教会を建てよ」という神のお告げを受けて、一七七四年に八人の信者と共にアメリカのニューヨークへ渡った。彼らはその二年後に最初のコロニーをつくり、キリスト再臨信徒教会を建てる。シェーカーの信者は移民となり、キリストの再臨は「新世界」に持ちこされた。

教徒は次第に増加し、俗世界から離れた独自のコミュニティを営む。一九世紀前半には、全米で二〇近くの共同体が存在し、最盛期は約六〇〇〇人のメンバーが暮らしていた。彼らの共同体は反都市的な性格をもち、一つのコミュニティには、せいぜい三〇〇人くらいが住む。だが、結婚制度を否定し、厳格に男女を分ける独身主義の規則のゆえか、一九世紀後半から衰退の道をたどる。彼らも積極的に布教を行わず、せいぜい孤児をひきとることで信者数を維持していたが、二〇世紀末に消滅した。

一八四二年、チャールズ・ディケンズは、ニューレバノンの村を訪れ、こう記した。「私たちはいかめしい部屋に入ると、そこには幾つかのいかめしい帽子がいかめしい止めくぎに掛かっていて、いかめしい時計が厳しく時間を告げていた」。そしてディケンズは硬い椅子の背もたれを軽蔑し、シェーカーの空間を工場や物置にたとえている。当時のイギリスは、リバイバリズムの全盛期であり、様式と装飾の百花繚乱に見慣れた目にとっては、教会にあたるシェーカーのミーティングハウスは味気ないものに映ったであろう。

しかし、なぜシェーカーは華美な装飾を避けたのか？　生活が貧しかったからではない。少なくとも、教団が拡大していた一九世紀前半には、労働の生産性を高めており、余剰な労働力を装飾に費やす可能性は十分にあったはずだ。おそらく理由のひとつは、シェーカーが都市から離れた生活環境を選び、建築そのものを布教のメディアにするつもりがなかったことにある。ゆえに、基本的には強い意志をもって信者になった人しか建築に接しないのだから、建築を通して教義体系をわかりやすく視覚化する必要がない。そして何よりも、シェーカーの戒律が宗教空間に大きな影響をあたえた。

規律と細部

アン・リーの亡き後、一八世紀末からジョセフ・ミッチャムとルーシー・ライトの男女の指導者が中心になって、身を震わせて踊るシェーカーの熱狂的な行動は秩序化に向かう。一九世紀初頭には幾つかの文書が作成され、特に『至福千年期の戒律』(一八二一)の一八四五年版はデザインに関わる細かい規定を記していた。以下にその内容を紹介しよう。

「単に装飾のためだけの玉縁、モールディング、コーニスを信者は作ってはいけない。奇妙で気まぐれな建築様式も、普通の建物から大きく逸脱した様式も、信者は使ってはいけない。……居住空間においては、家具にのみニスの光沢仕上げを用いてよい」。そして長老会の認可がなければ、新しい流行をデザインに取り入れてはいけない。納屋や諸施設は深い赤などの暗い色、居住施設や作業場は少し明るい黄色やクリーム色、礼拝の中心となるミーティングハウスは白色に塗るよう指示している。当時、白い塗料は高価だったらしい。

家具については、「寝台は緑色に塗らねばならない。快適なものは慎み深い色がよい。外に広がる毛布は青と白であるが、チェックやストライプにしないこと。……老人が住むのでなければ、揺り椅子は部屋にひとつで十分である。もし望むならば、ひとつの机、一個か二個のスタンド、ひとつのランプが木造部分につくだろう。……居住部屋、店舗、事務所には、地図、水路図、写真、絵画をかけてはいけない」とある。規定は住人のふるまいに及ぶ。例えば、壁やベッドにもたれかけることを禁じ、寝るときもまっすぐに横たわることや、直角を重んじ、対角線の方向に近道をしないことを命じている。

『千年期の戒律』以外では、パンや肉は四角に切ること、斜め方向に皿を渡すのを控えること、まっすぐな垂直線の動きを奨励し、前屈みやうなだれないよう、直立して瞑想すべきことを記述しているのが興味深い。かつて中世後期にシトー派の修道院が、豪華になったクリニュー派を批判しつつ厳しい戒律を実施し、日常の動作から禁欲的な建築まで、一貫したシンプルな宗教空間を生みだしたことを想起させる。こうした宗教共同体は、自発的に入所する、天国に最も近い監獄といえるかもしれない。シェーカーのあるコミュニティでは、規律を守らせるために、礼拝を見張るのぞき穴をミーティングハウスに作ったり、屋根の上に監視塔を設けることさえ行った。

シェーカーのアフォリズムを幾つか紹介しよう。

「すべての物を秩序のもとに置きなさい。天国の法を守るように。そしてあなたを守ってくださるシオンの秩序を守りなさい」。

「美は有用性に宿る。高い利用性を持つものは、同時に偉大な美を有している」。

「自分の部屋をきれいにしておきなさい。良い霊魂は汚れた場所には住まないから。天国にはチリやホコリはないのだから」。


つまり、現世にユートピアを出現させるために、装飾に頼らず、美しい秩序の空間を志向したのである。かくしてシェーカーの村は、シンプルな建築が整然と並ぶ配置計画を生む。一八七五年、ニューレバノンの指導者フレデリック・エヴァンスは、美しい建築的な効果を考えたらどうでしょうかと聞かれて、次のように答えている。「そうした美は非常に馬鹿げている。われわれには関係のないことだ。聖なる人間は、家屋や日常生活において、美と呼ぶようなものに金を浪費すべきではない。この世には飢えた人々がいるというのに」。エコノミーの原理は、道路から見える面は白い羽目板を用いながら、背面は塗装しないこけら板の建物にもうかがえる。たぶん、これは「隠れた部分だからといって装飾をやめてはいけない」と語る、イギリスのゴシック・リバイバルを推奨したジョン・ラスキン流の倫理的な美学から許されないだろう。

シンメトリーと多様性

戒律が明文化される以前、教団の創生期に各地で設計を担当したモーゼス・ジョンソンは、ニューハンプシャーのミーティングハウス（一七九二）のデザインに際して、一七八六年に建設されたニューレバノンのそれを複製した。最初に整えられたニューレバノンの建物を模範とし、正確にまねることが意識的にめざされ、建築の様式化がはじまる。基本的に一八世紀の新世界の建築は、ヨーロッパの同時代建築の影響を受けつつ、現地のヴァナキュラーな要素をとりいれていたが、シェーカーもその例外ではない。エンフィールド・ハウスなどは古典主義の雰囲気を残している。こうした土台が宗教的な生活のプログラムによって変形し、無駄な装飾を排する戒律によって純化され、独自の空間を生む。家具を含む諸々のデザインが高い水準を誇るのも、最初からではなく、子供の頃からシェーカーの空間に育った第一世代が中心になる、一八二〇年代から一八六〇年代までのことであった。

シンメトリーが空間を支配する。住居棟は、男女平等・独身主義を徹底させるために、建物の内部に見えない境界線を引き、左右対称の計画がなされた。ゆえに信者は別々の扉を使い、別々の階段を使う。だが、廊下の真ん中に物理的な障壁が設けられているわけではなく、扉がひとつの場合、通る時間をズラし、階段がひとつの場合、先に男が使用し、女性の足首が見えることがないようにする。また学校が小さければ、夏期を女子、冬季を男子にわりあてた。いささか奇妙なプロポーションの窓がシンメトリックに並ぶ、建物の外観はこうして導く。例えば、ウィリアム・デミングが設計した六階建ての住居棟は、約一〇〇人が住み、五、六階を屋根裏の倉庫、三、四階を居室部分、一、二階を台所や食堂などに用いた。シェーカー教は、男女はおろか黒人も平等に扱う、一九世紀としては先進的なユートピアを試みたが、家事や日常生活に関わる発明品を次々と考案したのも、労働の負担を軽くして、実験的な地上の天国を成功させるためではないだろうか。

なるほど、戒律に記されたように、何々してはいけないという否定形は、シェーカーの空間を特徴づけるだろう。しかし、それが唯一のシェーカーではない。アメリカの東部にコミュニティが点在していたために地域性があり、ケンタッキーやオハイオの建築は、マサチューセッツ州周辺のものとはかなり違う。普通、シェーカーは木造が有名だが、前者は木の少ない土地柄ゆえに煉瓦や石灰岩で建設することを好み、後者はやがてヴィクトリア朝の装飾を明白に導入した。実際、一九世紀の後半に戒律は緩くなり、一九世紀末から二〇世紀初頭のシェーカーの建築には、多くの装飾を使うようになる。ハンコックの村でも、増改築を重ねた後に、ヴィクトリア朝の装飾が加えられた建物があり、当時、五〇人を切った共同体が時代に乗り遅れまいとし、改宗者をひきうけよう

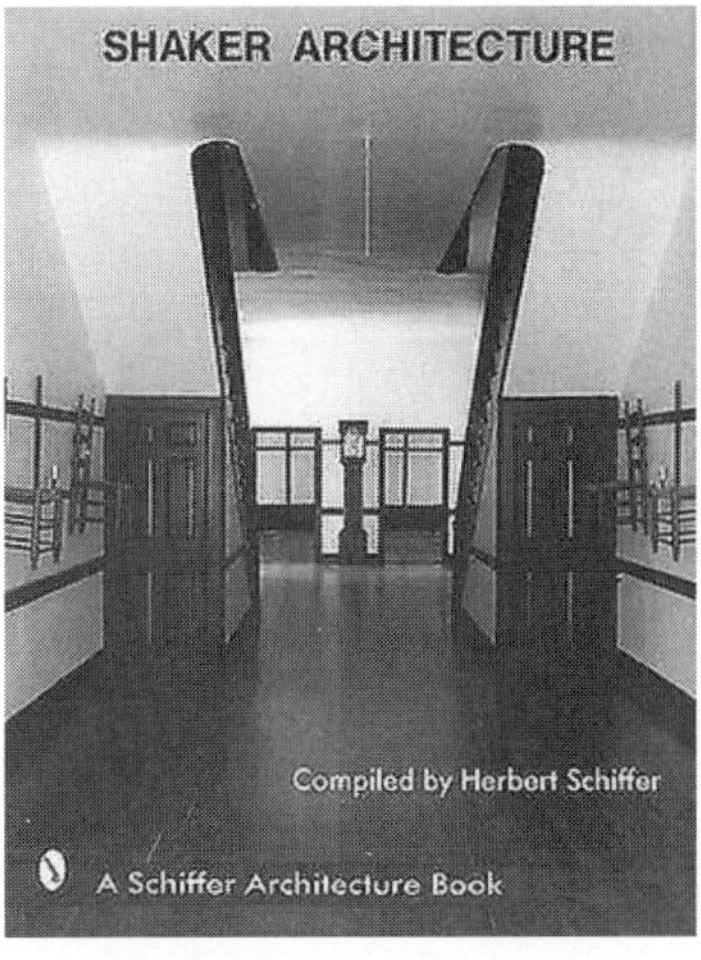

"Shaker Architecture" の表紙

"Shaker Village Views" の表紙

“Shaker Style”の表紙

としたのではないかと指摘されている。また村を訪れる旅行者が好むヴィクトリア朝の趣味を考慮して、やや装飾的なバスケットを制作することもあった。すなわち、シェーカー教の近代化と終焉は、まさに細部のデザインからあらわれたのである。

アーミッシュは反進歩的な性格から装飾を忌避し、計らずも近代建築のデザイン原理を予見した。一方、シェーカーは発明的な家具のデザインが高い評価を得ており、特にシンプルさや有用性の美への追求は近代の機能主義と似ていよう。これは家具だけの問題ではなく、建築も装飾を排した簡素なデザインだった。しかし、筆者の知る限り、これまで教科書的な近代建築史において両教団が重視されたことはない。

4. 神の国――アメリカ

約束の地

コロンブスの航海は単に金銭を目的としたものではなかった。第一回の航海日誌に書かれているように、それは「神の勝利」であり、キリスト教の世界制覇が大きな動機であったらしい。コロンブスのユダヤ人説をとる場合、これと違う解釈が出るだろうが、信仰の力によって動かされたことに変わりはない。宗教心の深いコロンブスは、航海中の些細な出来事にも神のしるしを見ており、日誌の最後では神の奇跡によって航海が成し遂げられたことを感謝している。そして先住民は「キリスト教徒達が天からやってきたものと真面目に思い込んでいた」と、コロンブスは記し、「私は、彼らは簡単にキリスト教徒になると思います」と述べている。スペイン国旗のひるがえる新たな領土には、宣教師が次々と教会を建設した。しかも兵士とともに前進を行い、異教の偶像や神殿を破壊し、宗教の変化を強調するために、ときには防壁や銃眼を備えた要塞型の教会を同じ場所に建てた。物理的側面と精神的側面における二重の征服である。つねに辺境の最前線で情熱的な伝道活動をする修道士は、ある意味では植民地拡張の代理人だった。

北アメリカでは、一六二〇年にイギリスを追われたピューリタンを含む一〇二名が、小さな帆船メイフラワー号に乗って到着している。これはアメリカの建国神話として語りつがれている有名な事件だ。彼らは必ずしも最初のイギリス人入植者ではないが、アメリカの始まりに位置付けられている。なぜならば、聖徒たちが新天地で自由な市民として法のもとに生活することを誓いあったからだ。つまり、アメリカにおけるデモクラシーの起源はここにあり、というわけだ。かくしてアメリカという民主国家の原型には宗教的な事件が刷り込まれている。そして彼らピルグリム・ファーザーズは、ニューイングランドに最初の教会を建設し、一六三〇年には約一〇〇〇人の新たな移民がマサチューセッツ湾植民地を建て、「神の民」を自負しつつ聖書に基づく神権政治を行い、新しいイスラエルとなるべき神の都を目指した。ここでは彼らの簡素な生活形態を反映して、規則正しい整然とした村がつくられた。

一六八一年には、プロテスタントの一派である移民宗教のクエーカーが、ウィリアム・ペンの尽力により土地を得て、ペンシルバニア（ペンの森という意味）を建設している。これは植民都市に典型的なグリッド状の平面をもち、一〇エーカーの中央広場に議場や学校などの公共施設を置く。その首都の名が兄弟愛を意味するフィラデルフィアだったように、ペンの植民地では信仰の自由を保障し、パンフレットを配布して入植を呼びかけ、ヨーロッパ各地の新教徒を集めた。クエーカーの礼拝は、牧師を介することはなく、各々が神と交わり、「内なる光」を重視した。そして教徒は、学校、精神病院、監獄、工場など、近代的な施設の改革に貢献している。ともあれ、「新世界」は「旧世界」で迫害された宗教にとって魅力的な大地だった。ゆえに、彼らは自由と引き換えに「旧世界」を捨て、自由を獲得するために、大西洋を渡った。約束の地は「新世界」で実現されるのだと信じて。

アメリカは新しいユートピアの大きな実験場である。宗教以外にもさまざまな社会の建設がくわだてられた。例えば、一六世紀前半にバスコ・デ・キロガは、トマス・モアの『ユートピア』をモデルとして、財産を共有しながら、協同で労働する共同体の建設をヌエバ・エスパーニャで試みている。そもそもモアは「新世界」の発見や航海者の話に刺激されて『ユートピア』を一五一六年に書きあげた。フランシス・ベーコンは、理想国家を論じた『ニュー・アトランティス』（一六二七）でも知られるが、イギリスの全植民計画を構想し、アメリカを「哲学国家」の実現にふさわしい場所だとみなした。また一七二〇年代後半から入植したフリーメーソンは、独立戦争にも関わり、その理想をアメリカにおいて現実化させる。そして一六五四年に最初の数十人が移住して以来、アメリカには多くのユダヤ人が逃れ、一九世紀の間に約二〇〇万人を数えるユダヤ人が入国している。彼らにとってアメリカは、ゲットーに拘束されたり、反ユダヤ主義に怯えることのない、自由の大地だった。

移民宗教のユートピア

本来、セクトとは国教に対する批判的な宗教集団を意味する。それゆえセクトという批判的共同体は、より大きな共同体である国家の圧倒的な暴力によって攻撃され、しばしば新たな土地＝フロンティアを求めて移動する。まずは、こうしてヨーロッパからアメリカに移住した宗教集団のユートピアを概観しよう。[20]

フランスのプロテスタントであるユグノー教徒は、カトリックからの迫害を受けて、最初の一団が一五五五年にブラジルに渡り、小さなコミュニティを形成した。一五六二年に第二団は、未開拓のフロリダに向かい、要塞を築く。そして一五六四年に第三団も、ここの河口に到着し、宗教的な軍事基地を建設する。これはフランスのアメリカ進出の第一歩でもあった。一七世紀には二〇万人から四〇万人ものユグノー教徒が流れたらしい。ニューヨークの前身であるニューアムステルダムの創設にも、オランダ経由でフランスから移住してきたユグノー教徒が関わっている。そしてヴァージニア州のマナキンには、一七〇〇年の夏に二〇〇人の教徒が一万エーカーの土地に入植し、矩形の広場を囲んで住宅や庭園を建てた。広場の四隅には、公共施設として教会、病院、洗濯場、学校などを配する。ただし、彼らの共同体の生活は、それほど強力な結束ではなかったので、共同体の外部であるインディアンの脅威がなくなると、まわりの環境と同化していった。

ドイツからは一七三四年にモラヴィア教徒が弾圧から逃れるために、フィラデルフィアに移住した。最初に建設した町はベツレヘムであり、教会のもとにさまざまな商店や工芸を管理した。教会以外の機能も備える「共同の家」や独身修道士の寄宿舎を中心として、一五年ほどで自給自足する商工業の町に発展した。彼らが開いた他の町、ナザレスやベサニアなども、ベツレヘムのパターンを踏襲しており、グリッド状の計画を基本として、中央の広場に主要施設が集中し、都市のまわりを共同の耕作地が囲む。これはドイツのザクセンにあったモラヴィア教徒の町を模倣したものらしい。アメリカという前線において、共同体の起源が反復された。一七六六年には、ベツレヘムの教会長フリードリッヒ・マーシャルが送った指示と、シンメトリーを重視するモデル・プランをもとに、セイレムの町を計画する。彼は、広場に面する建物をこう説明した。「共同の家、礼拝所、男子学校と女子学校、それらの台所と庭は一緒である。そして寡婦の家と独身修道女の家……。独身修道士の家は、製造業の中心にして、信徒達の主要な仕事であり、寡婦の家の隣に立つ」。なお、モラヴィアの都市は、ベツレヘムは産業的性格、リティッツは教育的性格という風にそれぞれに異なる性格が与えられたのではないかと指摘されている[21]。

自由の土地を求めて、ラップ主義者もドイツから移住した。一八〇三年にゲオルグ・ラップ牧師と数人の信者が海を渡り、フィラデルフィアの西部に五〇〇〇エーカーの土地を購入し、ハーモ

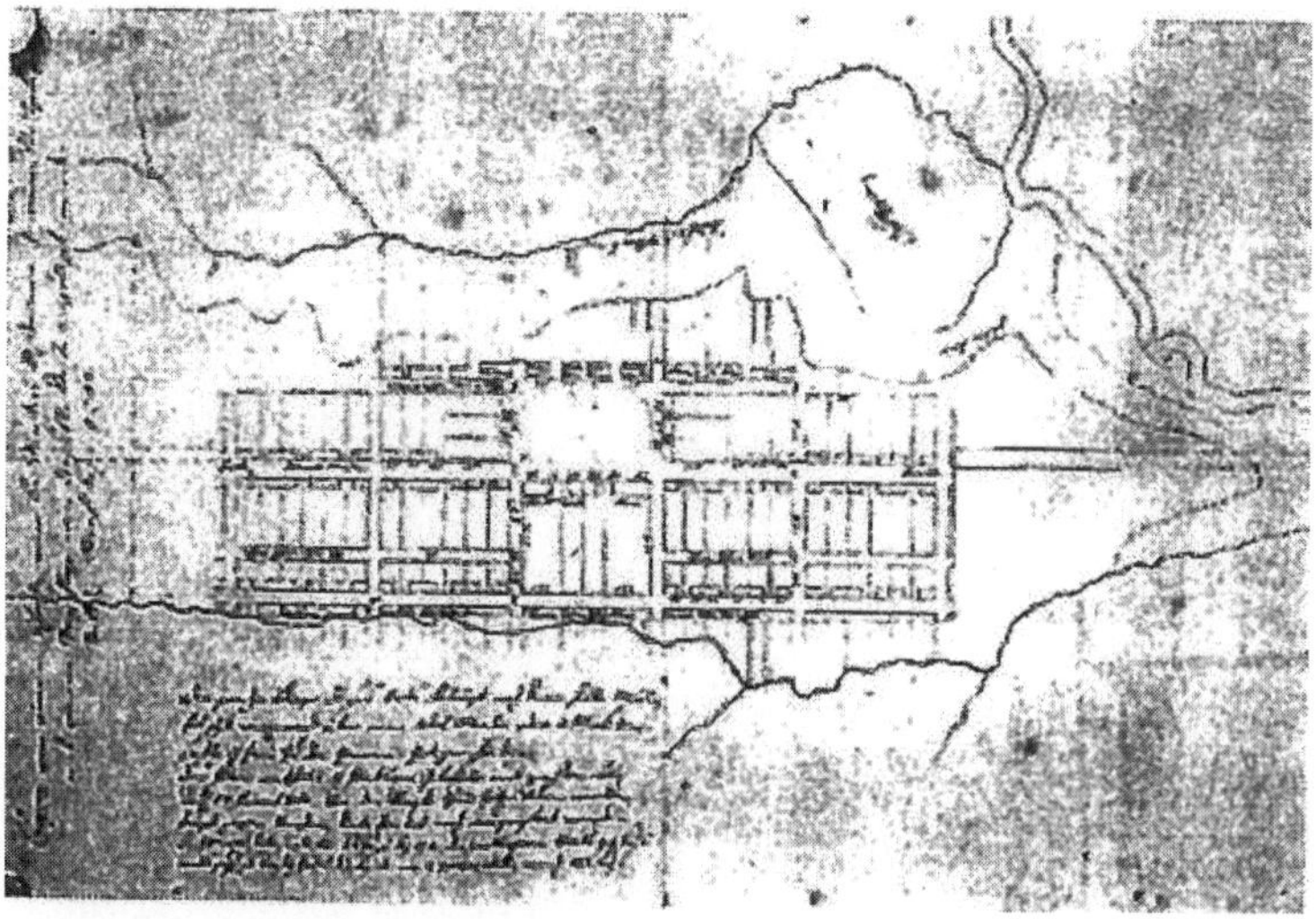

モラヴィア教の町セイレム　ノース・カロライナ

ニーと呼ぶコミュニティを開く。その後、彼らは村を売却しながら、西部に進み、エコノミーをつくる。不完全ながら、いずれもグリッド状の村だった。素気なさは、エコノミーという名にふさわしい。ラップは独身主義によって共同体の成長がとまり、二〇世紀の初頭にその歴史を閉じる。また一八世紀以降、スイスからはプロテスタントの分派教団であるアーミッシュが海を渡り、やはりペンシルバニアを移住地に選ぶ。彼らは独立した教会をつくらない代わりに、持ちまわりで各自の家を使い、日曜日に礼拝を行う[22]。

　イギリスからは教祖アン・リーに引きつれられ、一七七四年、八人のシェーカー教の信者がニューヨークにたどり着く。彼らはその二年後に最初のコロニーをつくり、キリスト再臨信徒教会を建てる。キリストの再臨は「新世界」に持ちこされた。しばらくシェーカー教は拡大し、一七九二年にニューハンプシャー州で開いた村は、最初に儀式の中心となる集会場、次に大きな共同住居をつくり、数年おきに少しずつ作業施設を増やす。全体の計画は、グリッドではないが、主に直線と矩形を用いて構成された。しかし、やがて独身主義のためにシェーカーは規模が縮小し、二〇世紀末に最後の信者が亡くなった。

創られたアメリカの起源神話

ヨーロッパからの移民による宗教を概観したが、今度は「新世界」のアメリカにおいて誕生した新宗教をとりあげよう。その数は決して少なくない。ここではアメリカという土壌が生みだした、真にアメリカ的な新宗教といわれる、末日聖徒イエス・キリスト教会、すなわちモルモン教の築いた建築・都市を検証する。二〇〇二年の冬季オリンピック開催地となったソルトレイク・シティは、モルモン教が生みだした宗教都市である。

一九世紀の初頭、独立を果たしたアメリカでは宗教復興運動が盛りあがっていた。一八二〇年、ニューヨーク州のある小さな村に住む青年ジョセフ・スミス（彼も移民の子）が、森の中でどの宗派を信仰すべきかを悩んでいたところ、父なる神とキリストが彼の前に現れ、どれにも属することなく、自ら新しい教会をつくるように告げたという。その三年後、彼は天使モロナイの顕現を受けて、祖先の歴史を記した黄金の板を近くの丘から掘り起こすよう伝えられる。一八二七年、彼は石の箱に収められていた金版を手に入れ、同時に掘りだした二個の宝石「ウリムとトミム」という聖なる眼鏡＝翻訳機によって、「変体エジプト文字」で刻まれた原文を訳す。そして一八三〇年、二四歳のスミスは英語に訳したモルモンの書を出版し、教団は歩み始める。モルモン教は一冊の本をめぐって登場した。

その書物『モルモン書』の内容も興味深い(23)。副題が「イエス・キリストについてのもうひとつの証」となっているように、これはアメリカ大陸の先住民の記録とその起源が記された、もうひとつの聖書である。簡単に要約しよう。これは紀元前六〇〇年、神のお告げを受けて、バビロニア捕囚が起きる前に荒野を逃れ、船をつくり、新しい土地のアメリカに渡った古代イスラエル人の予言者リーハイの家族とその子孫の歴史である。リーハイの息子には、農業を営むニーファイと後に狩猟を行うレーマン(インディアンの先祖だとされる)がいて、それぞれに部族を繁栄させていく。やがて三四年、復活したキリストはアメリカにも現れ、ニーファイ人に教えをあたえ、一二使徒を選ぶ。その後、しばらく平和は続くが、結局、五世紀にニーファイ人は悪のレーマン人に滅ぼされる。『モルモン書』は、こうした約千年間の歴史を伝えるが、リーハイがエルサレムより運びだした聖なる本や、ニーファイをはじめとして各時代に書かれた記録をもとに編纂されたものだという。そしてニーファイ人最後の記録者の名がモルモンであり、彼が殺された後、息子のモロナイは受け渡された記録を封印して隠す。この時から千年以上もの歳月を経て、スミスに金版の在処《ありか》を教えるのが、天使として現れたモロナイだった。

モルモンの教義が、ヨーロッパからの移民宗教と大きく異なるのは、インディアンよりも前に起きたとされるアメリカの起源神話を生みだしたことであろう。彼らはテクストによって、同じ物語を共有し、自らの共同体が存在する根拠を与えられる。これはモルモン教に限らずとも、普遍的な手段である。またキリストの再臨については、何時であるかよりも何処であるかを問題としており、それをアメリカだと考えたのも特徴的だ（早まって終末の時を設定すると、一時的な効果はあがるが、それが過ぎた後に教団の勢いは失速していく）。ヨーロッパから逃れてきた移民宗教とは、ここが違う。アメリカとヨーロッパの立場は逆転する。アメリカこそが宗教の中心地となるのだ。アメリカのナショナリズムをくすぐる思想だといえよう。それゆえモルモン教の登場は、宗教におけるアメリカの独立宣言と指摘される。コロンブスの「発見」以来、よく語られた「無垢なるアメリカ」という考えも、投影されていたのだろう。すなわち、罪に汚されてしまった「旧世界」よりも、まだ汚されていない「新世界」こそが、神の使命を担うのにふさわしい場所というわけだ。スミスは世界中でアメリカこそが最も祝福された大地であると語っている。したがって聖地はアメリカに建設されるべきである。一九世紀のモルモン教にとって、調和社会となるシオンは重要な概念だった。教団が成長すれば、次に神の都を建設しなければならない。神に選ばれたモルモン教徒が、そこで神の再臨を待つために。

シオンの建設

最初の「神の国」は、ミズーリ州ジャクソン郡インディペンデンスだった。一八三一年六月、スミスは当地が新しいエルサレム、すなわちシオンとなることを予言した。

モルモン教では、この近くのミシシッピー渓谷は、かつてアダムとイヴが楽園を追放されてたどり着いた場所と考えられていた。かくして各地のモルモン教徒は移動する。一八三二年から翌年までに、三〇〇人だったジャクソン郡の教徒は四倍に増加し、全人口の四分の一を占めるに至った。おそらく一般住民にとって、見知らぬ集団が神の都を建設すべく集合してきたことは不気味に思えただろう。ましてや教徒は武装していた。すぐに摩擦が生じ、住民と争い、死傷者がでる。結局、モルモン教は追い出された。

一八三三年六月二五日、スミスは布教先からミズーリに、シオンの設計図と細かい説明を手紙で送っている。(24) 自身のスケッチの周りにぎっしりと書き込まれたのが、用途や寸法の指示である。概要はこうだ。都市の大きさは一マイル（約一・六キロメートル）四方、正方形はグリッドで区画される。この正方形の都市計画は、旧約聖書における都市の記述から影響を受けたという指摘もある。モルモンの都市の一区画は一〇エーカー（約四万四七〇平方メートル）の面積であり、短冊状に二〇に仕切られ、その向きは規則的に変わる。中央の三ブロックは、左が聖職者である「監督」のための倉庫群、真ん中は「会長会」用の一二の神殿、右は下級「神権」用の一二の神殿を置く。一から二四までの数字によって示された神殿は、さらに細かくそれぞれがいかなる人達を対象にしたものかが規定される。これを取り巻く特定の街区には、公共施設として学校や公園を配し、残りはどれも互いに向きあわないよう配慮された住宅地となる。すべての住宅は煉瓦と石から作られ、幅三三フィートの街路より二五フィート（約七・六メートル）後退しており、各短冊には二つ以上の家を建ててはいけない。人口は一万五〇〇〇から二万人を想定し、およそ一〇〇〇の住宅。つまり一家族は一〇人以上であり、この数字は後に正式に発表されたポリガミー（一夫多妻制）に対応する。これは神に祝福された子孫で地を満たすための究極の手段であり、純粋に神の国を建設する近道だった。

都市の外には農場や牧場が広がり、それを営む人達は都市の内に住む。そして農地によるグリーンベルトも構想され、都市の周辺に納屋、畜舎、重工業などを置く。

この後、スミスはすぐにフレデリック・G・ウィリアムスに修正案をつくらせた。例えば、全体の規模を一・五マイル四方の面積に増やし、中央の重要な区画を二つに変え、人口数は同じままで家族の平均人数を減らしている。これによってプランを厳守する雰囲気はやわらげられ、手紙を送られた監督のE・パートリッジは、実践にあたって手を加えたようだ。なお、スミスは旅行や研究を通じて、シェーカーやラップ主義者らの計画した街を知っていたらしい。当時、オハイオ州カートランドに残留していたモルモン教徒のための都市計画も残っている。スミスの計画を最も反映さ

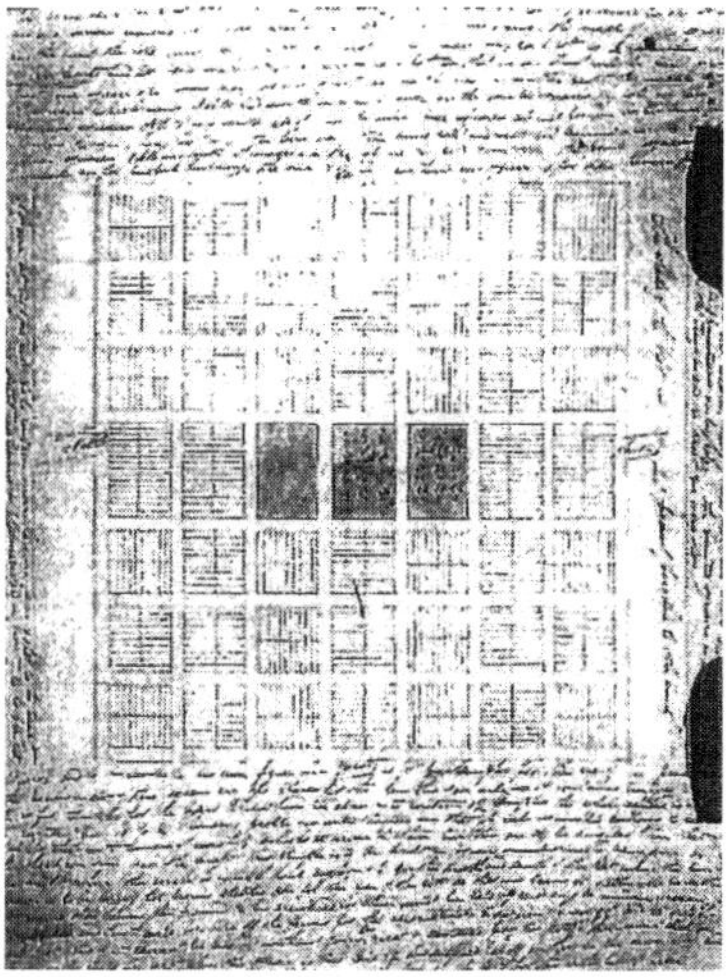

スミスが最初に描いた
シオンの設計図

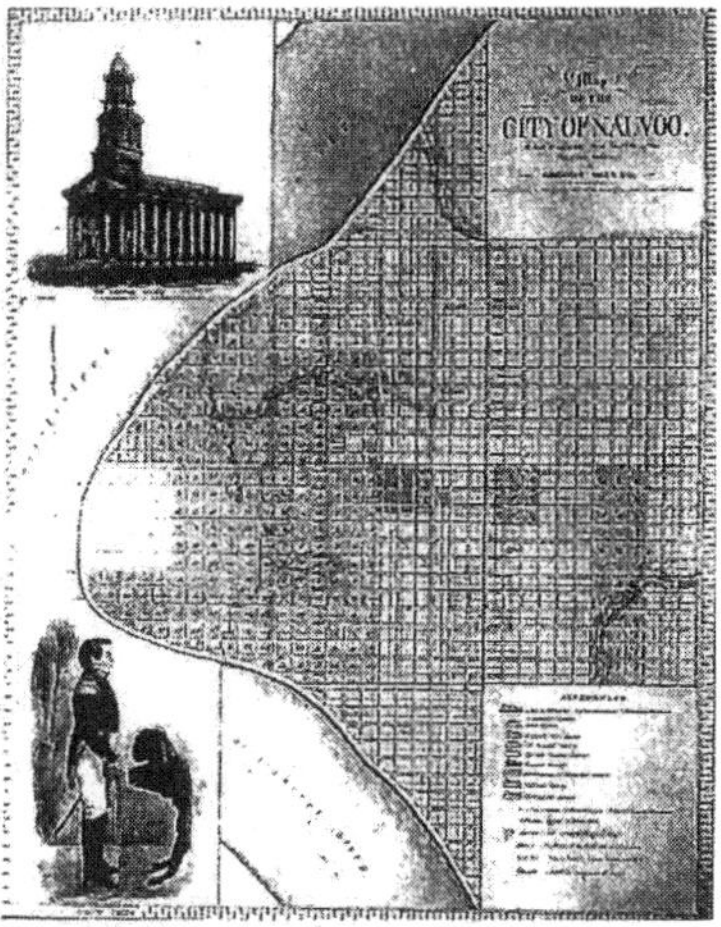

1842年に描かれたノーヴーの平面図
左上はノーヴー神殿

せたのは、一八三八年から建設したミズーリ州ファー・ウエストの町である。中央街区はひとつしかなく、各ブロックは四エーカーだが、ちょうど一マイル四方の大きさであった。しかし、ここでもモルモン戦争が勃発する。教団はこの地を去り、ユートピアは繰り越されねばならなかった。

今度はイリノイ州に未開発の土地を購入し、ヘブライ語で「美の場所」を意味するノーヴーと名づける。一八三九年六月には、おおむね前述の規則をもとに、敷地の条件から変更を行い、計画図がつくられた。例えば、中央の神殿や公共施設の場がきちんと確保されなかったり、一区画は四エーカーに縮小されている。とはいえ、すぐにノーヴーは膨れあがり、一八四四年には一万二〇〇〇人が住む都市を形成した。モルモン教は四〇〇〇人の私兵をもつ州で最大の軍隊を維持し、スミスはその最高司令官となり、ノーヴー市長をもつとめていた。彼の邸宅とノーヴー・ハウス（ホテル）は、都市の心臓部というべき、二つの主要な通りの交差する場に置かれる。また新古典主義風の外観をもつノーヴー神殿（一八四六）は、住宅地を見降ろす断崖というコミュニティの中心となる象徴的な場所に建っていた。

「神の館」の建設も、宗教集団の重要な課題である。それは神をイメージするための装置である。『モルモン書』のニーファイ第二書の第五章では、こう書かれていた。紀元前六世紀初めのアメリカで「わたしは民に、建物を建てることを教え、また非常に豊富にあった木材や鉄や銅、また真鍮や鋼や金や銀や貴重なあらがねなど、あらゆる材料で物を造り出すことを教えた。また、わたしニーファイは神殿を建てた。ソロモンの神殿に倣って建てたが、その違いは、建てるのにそれほど多く貴重な品を使わなかったことである。そのような貴重な品がこの地になかった」からである、と。そして見事な技術により、ソロモン神殿と同じ様式で完成させたと記している。ソロモン神殿を規範とすることは、キリスト教の建築でもよく言われることだ。モルモン教の神殿は礼拝の施設というよりも、儀式の場であり、神を地上に顕現するものである。人々が礼拝を行い、集まるのは、むしろ大会堂（タバナクル）や集会場においてだ。一八三三年の夏、シオンの図面とともに、スミスとウィリアムスによって描かれた神殿の設計図が送られた。しかし、長さは八七フィート、幅は六一フィートという規定から始まる説明には、まったく様式の概念がない。神殿は単なる二階建ての四角い集会所にしか過ぎない。このイメージの欠如は、当時、モルモン教徒に建築家がいなかったことにも原因がある。

一八三三年に建設を開始したカートランド神殿は、明らかにパターン・ブックからとったデザインだったにせよ、ジョージアンやゴシックなどの様式を折衷にしたものに仕上がっている。ファサードでは、古典主義風のペディメントや尖頭アーチなどのモチーフが在している。当時、こうしたちぐはぐな折衷はよくあったことで、この神殿のデザインがモルモン教独自の様式を主張しているとは言い難い。ノーヴー神殿の場合は、教徒のウィリアム・ウィークスが提出した計画図を見たスミスが、「あなたこそ私が求めていた人物だ」といって決定したデザインだった。ウィークスはマサチューセッツ生まれの大工であり、父からグリーク・リヴァイヴァル（ギリシア神殿風のデザイン）の様式を学び、その頃にモルモン教の伝道師と出会い、信者になったという。

教祖のスミスは権力を持ち、大統領選挙への出馬を表明したり、ノーヴーを独立国家にする野望も抱いた。ところが、一八四四年、彼は暴動の罪に問われ、刑務所の中で暴徒によって殺害される。

迫害は激しくなり、またもや彼らはかの地を離れることを決意した。西へ向かい、新たなフロンティアを求めて。シオンの建設はふりだしに戻った。

砂漠のユートピア——ソルトレイク・シティ

荒野に出たモルモン教徒の一団は、次なる指導者ブリガム・ヤングを先頭に、さすらいの旅を続けた。この辺のくだりは、コナン・ドイルが初めてシャーロック・ホームズを登場させた作品『緋色の研究』（一八八七）の第二部「聖徒の国」でも描かれている。「それにしても、なんと驚くべき大群だろう！　先頭はすでに山脈のふもとにまで達しているのに、後尾はまだ地平線のかなたなのだ。四輪馬車や、二輪の荷馬車や、馬に乗った人や徒歩の人の列が、大平原を横切って、見えがくれにつづいていた」というように。もっとも、二人の元モルモン教信者が復讐によって殺害されるこの小説には、誤解と偏見がないわけでもない。モルモン教はイギリスで熱心に布教していたから、コナン・ドイルはその知識を得たのだろう。一八四〇年ごろ、モルモン教はイギリスの貧しい労働者に永代移住基金や大陸横断用の手押し車をあたえ、アメリカに移住させていた。ともあれ、長い放浪の末、一八四七年の「ここがその場所である」というヤングの一言によって、ついに教団は定住地を見いだす。ニューヨーク州からおよそ三〇〇〇キロメートルも離れた西方のフロンティアに。これが現在のユタの州都、ソルトレイク・シティとなる。ちなみに、ラスベガスの大型豪華カジノを最初に建設したギャングのバグジーも、荒野を車で走り、ここだ！といってフラミンゴ・ホテルの場所を決めたエピソードが伝えられる。かくしてユートピアの地は発見された。

白紙の砂漠。ここに過酷な気候に耐えながら、スミスの規定にしたがう整然とした都市が建設された。もちろん、石や煉瓦で作るという指示を守るのは難しく、当初はほとんど丸太小屋だった。それでも一八四八年には五〇〇〇人、一八四九年には八〇〇〇人が住み、幾度か計画の変更を重ねつつ、確実に成長を続けた。一八四八年、この地がゴールド・ラッシュの中継地となったことも加速度をあたえた。ヤングの実践した計画が、スミス案と大きく異なるのは、神殿を都市の中心から

ソルトレイク・シティ

テンプル・スクエア
左奥がタバナクル、右手前が神殿新別館、
右奥が北側ヴィジターセンター

外したことだろう。また四つの公共広場が、教徒の要求によって、市内のあちこちに設定された。

一九世紀後半の最大の危機は、国家によるポリガミーへの攻撃だった。一八五二年にモルモン教は、古代ユダヤの部族長にならったポリガミーを公式に宣言している。これ以前からスミスは多妻婚を実施しており、ヤングには二七人の妻と五六人の子がいた。その家族の規模は教会の上層部ほど大きい。ヤングの妻子は、「蜜蜂の巣の家」や「ライオンの家」に住み、ハーレムではなく、拡大されたピューリタン的家族を営んでいたという。一八五七年にはユタ戦争が勃発しかけ、リンカーンはポリガミーと奴隷制を「双子の野蛮主義の産物」と糾弾していた。自由と平等の父ですら、モルモン教については信教の自由を容認しなかった。そしてリンカーン大統領は、連邦軍を送って弾圧を試み、議会では反ポリガミー法を制定した。こうした圧力によってモルモン教は一八九〇年に一夫多妻制を中止する。その結果、一八九六年にユタは州に昇格することが承認された。もっとも、ポリガミーをめぐる見解の相違から、モルモン教は分裂しており、今なおこれを続けるモルモン・ファンダメンタリストなどが生まれている。(25)

蜜蜂の巣の家

神殿の装飾

ソルトレイク・シティ神殿は一八五三年から建設を開始した(26)。その内部は、ノーヴー神殿の構成を踏襲したものの、ヤングは外部について、いかにロマネスクの重厚さとゴシックの垂直性を調和させるかに頭を悩ませていた。当初、建築家にはウィークスが選ばれていたが、東部に戻ってしまったために、後継者としてヤングの義弟であるトルーマン・エンジェルに白羽の矢が立つ。とはいえ、ヤングは自らも簡単な神殿のスケッチを行い、設計に深く関与した。彼はイギリス布教の体験からイギリスの中世建築を理想としており、神殿のデザインでは、ロンドン塔の壁面構成や聖アンドリュー教会の尖塔が参考にされた可能性が指摘されている。一八五六年にヤングはエンジェルをヨーロッパに送りだし、建築の勉強をさせている。イギリスにも行かせた。ヤングの並々ならぬ意気込みがうかがえるだろう。けれども、トルーマンはあまり旅行の成果を反映しなかったようで、もっぱら自分の持っていた、建設者の手引きを解説するニコルソンという人物の本を参考にしたらしい。

ヤングが真ん中をやや高くした三本の尖塔を東西に配し、西側を少し低めにする神殿の形式とそれぞれの塔の意味をエンジェルに指示したという証言も残っている。また特徴的な城塞風の胸壁は、前に建てたノーヴー神殿が暴徒により焼かれたことを考慮すれば、永続性への願いと防御の意志を無意識に反映しているかもしれない。

現在の外観はほぼエンジェルが図面を引いたものだが、内部の設計は後でかなり変更されたようだ。例えば、平面の形状のほか、素材は彫刻しにくい花崗岩に変わり、装飾が簡略化された。結局、仕事は彼の死によってその息子に引き継がれ、さらに一八八九年からはニューヨークで工学を勉強したヤングの息子が任命され、一八九三年の完成にいたる。ともあれ、教主ヤングの基本コンセプトを尊重しながら、エンジェルらが図面を描き、デザインを精緻化したようだ。四〇年かけて建設し、神殿はモルモン教のシンボルになった。

ソルトレイク神殿は、尖塔が林立するゴシック風の外観をもち、内部に大空間をもつように見え

ソルトレイク神殿

神殿の細部
左に下向きの星の石、下に月の石、
右に上向きの星の石

るが、実際は細かい部屋で分節されている。大勢の信者が礼拝のために集うのは、むしろ聖歌隊とパイプオルガンで有名なタバナクル（一八六七）の方だ。ここは木造トラス（三角形の単位を基本とする木組）のアーチで広い空間を確保している。神殿は神聖な儀式を行う場所であり、信者以外は立ち入ることができない。筆者を案内してくれた信者もまだ見たことがないと述べていたが、若い信者も簡単に出入りする場所ではない。その信者によれば、七階建てで一七七の部屋があり、普段は外で黒い服を着ているのとは対照的に、内部では白い服を着用するという。木材も高潔を示す白色に塗られている。また図面を見ると、一階に一二頭の牛が支える洗礼用の水槽がある「バプテスマ室」や壁画で飾られた楽園の部屋、二階に結婚式のための「結び固めの部屋」やバロック風の「日の栄の部屋」、三階に楕円窓の小会議室群、そして四階に全フロアを占める大会議場があることを確認できる。

宗教建築がしばしばそうであるように、神殿の細部には、他のモルモン教の施設に比べて、多くの象徴体系が見いだせる。例えば、控え壁風のモチーフを分節する箇所に丸い装飾があるが、上段は太陽の石、中段は月の石、下段は地球の石がはめ込まれており、横方向にみていくと、月の石は満ち欠けしている。これは同じ柱の上下で太陽の石と月の石を組み合わせたノーヴー神殿の構成を踏襲したものだろう。またアーチの要石の部分には、下を向いた星の石があり、天から降る子供を示すが、四隅の塔は守護者を意味しており、星の石が上を向いているという。東西正面には、雲の石、すべてを見通す目、握手する手、土星や北斗七星などのモチーフや、神を意味する「私はアルファでありオメガである」の碑文があり、神の館にふさわしい天界のコスモロジーを表現している。

そして東正面の中央の尖塔の上に、スミスのもとに顕現したラッパを吹く黄金の天使モロナイ像を置く。

終末の日に向けて

ロサンゼルス神殿

モルモン教は、折衷主義的なカートランド神殿（一八三六）以来、一九世紀中に六つの神殿を完成させた。そしてハワイ神殿（一九一九）で初めて海の向こうに拠点をつくり、スイス神殿（一九五五）でヨーロッパに進出した。一九九八年の時点では、五五の神殿を全世界に建てており、二〇一七年にはその数が一五五まで増えている。[27] やはり模範となるのはソルトレイク神殿だろう。とはいえ、布教の手がかりとした一九六四、六五年のニューヨーク世界博において、ソルトレイク神殿に酷似する正面をもつパヴィリオン（設計はフォーダイス&ハンビー・アソシエイツ）を建設したのはむしろ例外的で、多くの神殿は幾つかの特徴を参照するにとどまる。完成予想図を含めて、六六件の神殿を検討すると、次のような傾向が認められた。

ソルトレイク神殿の後から着工し、先に完成した初期の聖ジョージ神殿（一八七七）、ローガン神殿（一八八四）、マンティ神殿（一八八八）は、迫害の記憶が残っていたからか、最初の二つはエンジェルが設計したからなのか、いずれも城塞風の胸壁をもつ。が、二〇世紀の神殿にはそれがない。基本的に近代になって装飾を減らしているが、ほとんどの神殿が白色で尖塔をもち、全体の約八割はモロナイ像を置き、約四分の一がソルトレイクにならい六本の塔の形式を再構成している。これらがモルモン神殿の建築様式になっているようだ。

神殿の設計はおおむね教会の建築家が行い、ときおり地元の建築家が協力する。神殿が急増する一九七〇年代と八〇年代には教会建築家のエミール・フェッザーが多くの設計を手がけていた。最も大きいワシントンDC神殿（一九七四）は彼の指導のもとに複数の教会建築家が共同設計をしている。設計者によれば、この鉄筋コンクリート造の神殿は、意識的に六本の塔を用い、白い大理石の外観が純潔を意味するという旨を述べている。一階の洗礼施設、上階の大会議場という内部構成も、ソルトレイク神殿の反復だろう。

宗教は拡張を志向するものだが、特にモルモン教は布教に熱心だ。信者は外国語を学び、世界各地に派遣されている。日本にも、多くの若い信者が来ており、街で二人組で歩く外国人を見かけたり、家に訪問された経験をもつ人も多いだろう。港区には、東京神殿（一九八〇）がある。筆者は香港やシンガポールの教会を訪問したことがある。香港では、ほとんどの信者が出稼ぎに来ているフィリピン人女性だったことが印象に残った。

ところで、SF映画『スターシップ・トゥルーパーズ』（一九九七）で繰り返される宇宙ニュースでは、モルモン教の興味深いエピソードが挿入されている。モルモン教急進派が、警告を無視して危険区域のダンタナ星に宇宙移民を送りだし、入植した信者が虫型エイリアンの攻撃を受けて全滅するというものだ。布教先のフロンティアを求めるモルモン教なら、さもありなんと思わせるフィクションである。ちなみに、映像をよく見ると、その植民都市は、「ポート・ジョセフ・スミス」と命名され、金色のラッパをもつ彫像も確認できる。天使のモロナイだろう。

神殿の建設は続く。そしてユタ州には同型の都市が多く存在する。なぜならば、教祖のスミスがシオンの都市計画を指示した手紙には、こう書かれていた。ひとつの都市が区画されたら、他も同じ方法で区画を行い、「終末の日にはこれで世界を満たしなさい。あらゆる人間をその都市に住まわせなさい。なぜならこれはシオンの都市だからです」、と。実際、この計画は後にユタ州を中心に、モルモン教徒が創設する五〇〇以上もの町や都市の規範となった。モルモン教は、その正式名称が末日聖徒イエス・キリスト教会であるように、終末を強く意識した思想をもっている。それが世界中を同じ都市で埋めつくすというヴィジョンに結びつくのは興味深い。

アメリカとモルモン

思想家ボードリヤールの著作『アメリカ』(一九八六)は、超アメリカ的な存在としてソルトレイク・シティを描く。「荘重なモルモン教的左右対称性、完全無欠であって陰鬱な大理石の建物。……都市全体に、別の場所からやってきた物のもつ、透明性と超人間的で地球外的な清潔さとがある。光り輝く左右対称的な抽象的建造物が周囲を圧している」。しかも「空気は澄みわたり、見下ろした都市景観の大胆さはロサンゼルスで見られるのよりもはるかに見事である。これらのモルモン教徒、裕福な銀行家、音楽家、国際的な系図学者、一夫多妻主義者たちは驚くほど輝かしく、また近代的な正直さを備えている」。ハイウェイの砂埃の向うに、忽然と聳えるビル。彼はいう。「他のいかなる場所にもまして驚嘆すべき土地、フィクションが現実のものとなった記念すべき土地である」、と。

「あのぜいたくにして清教徒的な征服者たるモルモン教徒の管理のもと、砂漠の洞窟の奥深くにある家系図の世界的古文書館と、試作自動車によって世界最高スピードが達成される、グレート・ソルト・レイク砂漠の真っ白な地表に設けられたボンヌヴィル自動車スピード記録試験場との結びつきは偶然のことではない」。また「世界最大のコンピュータ企業を保有しているのがモルモン教徒であるのは、偶然のことではない」。ボードリヤールの乾いた文体は、アメリカこそが近代性のオリジナルであり、砂漠はアメリカの原光景だという。「アメリカ合衆国、それは現実化したユートピアである」。砂漠において、恒久的な「神の国」は実現された。ソルトレイク・シティは碁盤目状のグリッド・プランだが、これもアメリカ的である。ニューヨークやワシントンなど、アメリカの多くの都市は、地形に関係なく、グリッドで計画されているからだ。

現在、ユタ州の住民の六四パーセントはモルモン教の信者であり、一九九五年のデータによれば、アメリカ全土では二パーセントを占める。全世界には一六〇〇万人の教徒がいるという。その半数はアメリカ以外の信者だ。また収入の一〇分の一を献金する習わしによって、教団は豊かな財政を誇る。コーヒーやアルコール、ポルノを禁止する慣習は残り、早婚で子だくさんという傾向がある。また白人の男性だけが聖職につくことになっており、最近まで黒人への差別が続いた。実際、ソルトレイク・シティは白人の割合が高い。そして女性は今でも要職に就くことを認められていない。

冬にソルトレイク・シティを訪れると、寒さがこたえ、とても静かで清潔な街である。街の北部にテンプル・スクエアの一画があり、神殿、タバナクル、集会場、ヴィジターセンターなどの宗教施設が集中している。だが、教団の世界的な規模と豊かな財源の割には、神殿は小さく見える。おそらく完成当時の神殿は、まだ荒野が残り、都市のランドマークだったが、現在は高層ビルが並び、やや埋もれている。

モルモン教は一九〇年の歴史をもつが、現在は家族と倫理性を重視するキリスト教の保守的な立場に接近している。確かに、モルモン教は超アメリカ的な存在として、神の名のもとに世界に対して自己絶対化のイデオロギーをふりまく、アメリカの「見えざる国教」に同化する道をとった。宗教学の森孝一によれば、モルモン教はあまりにもアメリカ的であるがゆえに、近親憎悪的な感情から国家の弾圧をかつて受けたのだという。[28] 二〇世紀後半以降の教団は、ヴェトナム戦争や湾岸戦争でも、積極的に賛成し、信者を兵役に就かせ、愛国心を示した。それゆえ、中南米では、反米の革命勢力からモルモンの教会が攻撃されているという。

ハルマゲドン

妥協を許さない、あまりにも純粋なユートピアは、ときとして悪夢のディストピアに変換する。例えば、一九九三年にアメリカで起きたブランチ・ダビディアンの事件だ。教団は、神の国が実現されるイスラエルへの移住を計画していたが、ハルマゲドンが近いことを予言し、武装化を進める。

その結果、彼らはＦＢＩに追いつめられ、教団の建物を爆発させて、八六人が集団自殺するという道を選んだ。

強烈な印象を残したのは、人民寺院である。(29) 彼らはインディアナポリスで福祉活動や信仰治療を行い、人種差別に反対し、多くの貧しい黒人を集め、一九六〇年代にはカウンター・カルチャーの波にのって勢力を伸ばしていた。しかし、あるときに教祖のジム・ジョーンズは核の大爆発を予言する。そのために教団は、核攻撃から最も安全な場所と言われていた、カリフォルニア州のユカイアに集団移住を決め、一九六五年に約一五〇人の信者がのどかな田園の開拓に向かう。ここでは天井に星形のステンドグラスをもつ礼拝堂や洗礼用水泳プールなどが建てられた。が、保守的な住民の敵意は強く、一九七〇年代の初めに人民寺院はサンフランシスコに移動する。しかし、ここも定住の地とはならなかった。かつて多くの移民宗教が渡ってきたアメリカは、今度は自らの内部の異物を排除する。ジョーンズは新聞の攻撃や暴露記事に疲れはて、アメリカにおける理想社会の建設を断念する。

そこで教団は南米のガイアナ政府に二〇〇〇万ドルの現金を払い、政治的な干渉を受けない二万七〇〇〇エーカーの土地を譲りうける相互協定を結んだらしい。ここも核戦争から安全な場だと考えられていた。先発隊の信者は、最後のフロンティアで密林を開拓し、一九七五年に第一次の建物をつくる。一九七七年には一〇〇〇人の補給係を残して、人民寺院はジャングルに入植を行う。粗末な建物とはいえ、見張り小屋、バナナ小屋、調理場、食堂、シャワーと便所、倉庫、野外洗濯場、薬草センター、シンボルと礼拝のためのパヴィリオン、二つの細長い教室、男子禁制の女子寮、木造住宅群、保育所、幼稚園、放送室、野外遊戯場、来客用の西の家、教祖の住む東の家などの施設を揃えた。教祖の名をとったジョーンズ・タウンを建設し、一〇〇〇名近くの信者が住んでいた。管理社会から逃れようとした態度には、アメリカの開拓者精神と六〇年代のコミューンの理想も透かし見ることができよう。

だが、あまりにも苦しい生活に信者は疲労し、一九七八年にライアン議員の一行が現地調査に訪れると、ユートピアの綻びは一気に破局へと駆け抜ける。議員の前に帰りたいという信者が続出したのだ。移動を続け、「神の国」だったアメリカを放棄した彼らの共同体は、南米でも失敗したことが明らかになったとき、もはやこの世にユートピアを建設する場所を見失う。残された道は集団自殺である。「神の国」だった日本も、敗戦時には一部で集団自殺が行われていた。人民寺院の教徒は絶望に混乱し、突発的に議員を殺害した。その直後、予行演習が繰り返されていた「白い夜」の儀式がついに実行される。一一月一八日の夕方、教祖と九〇〇人以上の信者が、青酸塩入りの飲料をあおり、集団自殺が行われた。教祖の最後のスピーチは、次のようなものだったという。

――我々は別の世界で会うことになるのだ。

――死。死ぬこと。それは人間にとって何ら異常なことではない。……あの野原へ、あのみどりの景色のもとへ行くんだ。……この世界はやはり我々の安息所ではなかったし、確かに今でもそうではないんだ。

5. 装飾と意味——カオダイ教の大寺院

カオダイ教とは何か

西欧の文化を吸収し、多くの要素を折衷させた新宗教がヴェトナムに存在する。カオダイ教である。[30] ヴェトナムでは、一九九〇年代に入り、ドイモイ（刷新）政策の追い風を受けて、建築研究は過熱した。しかし、二〇世紀初めに立教し、一五〇万人の信者がいるという宗教は、ジャーナリズムの関心は寄せられても、建築的な興味の対象にはなっていない。だが、極彩色の豊饒な装飾に包まれた建築は実に興味深いものだ。

カオダイ教の創始者ゴ・ヴァン・チェウは、一八七八年にホーチミンのチョロン地区ビンタイの寺院の後ろにあるつましい家に生まれた。彼は華僑の集中するチャイナタウンに住んでいたことから、中国の伝統文化を吸収しつつ、官吏として移民局などに勤めていたが、一九二一年から神の啓示を受けるようになる。一九二六年に立教を宣言し、その時点で二四七人だった信者は、二ヵ月のうちに二万人を超え、四年後に教団は五〇万人近くの規模にふくれあがる。これに従い、彼らは仏教側の圧力を受けた。やがてチョロンの住宅や寺院を利用した空間は、大人数を収容するのに手狭となり、拠点を変える。一九二七年に教団は、ホーチミンから西北に約一〇〇キロメートル離れた現在の地、タイニンへ信者の大移動を行う。

やがてカオダイ教はヴェトナムの動乱の最中、日本やフランスの支持を得て、二万五〇〇〇人の軍隊と軍需工場を抱え、南ヴェトナムにおいて自治区を形成するのみならず、強い政治的な影響力をもつ。だが、アメリカとの戦争では、ヴェトコンへの協力を拒否したために、統一後の社会主義政権下ではすべての土地が没収され、指導者は監獄に入れられたり、処刑された。カオダイ教は危険分子として監視下に置かれるが、一九八五年には聖地と四〇〇以上の寺院が教団側に戻された。この時期に信徒は減少したが、ドイモイ政策のおかげで、宗教活動の自由が以前より認められ、復興している。前述の数字が本当だとすれば、分布は南部に集中するが、ヴェトナムの約三〇人に一人が信者という計算になる。ちなみに、カオダイ（高台）とは、文字通り、屋根のない高い塔や高い建造物を意味し、そこでは人間の言葉では名づけられない偉大なる神が宇宙を統治するという。

折衷主義の装飾と思想

「聖見」と呼ばれるタイニンの聖地には、信者の住居、学校、病院、事務局などの施設が存在し、一九四〇年代には一万人以上が住み、タイニンをとり囲む塀の外側にも八万人をこえる信者が生活していたらしい。二〇世紀末には、二万ヘクタールにも及ぶこの一帯には一五万人もの信者がおり、いわば宗教都市になっている。ここには精神的な中心地として総本山とでも言うべき大寺院が建ち、その前には、祭日に信者で埋めつくされる大きな広場がある。中心軸上にはオベリスク、樹木、塔状の建物、巨大な門が続き、その両側にはスタンド、塔と門が左右対称に配され、モニュメンタルな空間を視覚的に演出している。もっとも、普段、中央の門は閉ざされている。そこで実際のアプローチは大寺院の脇につながる長い参道の方が多用され、道沿いには多くの建築物が並ぶ。

大寺院の正面は縦長のプロポーションをもつ双塔形式であり、一見してフランスのゴシックの聖堂を想起させる。だが、頂部にはアジア建築風の屋根がつき、またその下は四ヵ所の庇によって水平方向に分節され、全体構成はむしろ低い中央部分の左右に二つのパゴダが接続したものとみなせるかもしれない。この「近代中国－ヴェトナム式宗教建築」は、カオダイの指導者ファン・コム・タックが自ら構想し、一九三三年から建設され、一九五五年に完成した。一九三七年の「インドシナ」紙では既にその偉容が報じられており、一九二九年には同じ場所に簡素な小屋しかなかったと回想していることから、教団の急激な成長ぶりがうかがえる。

さらに顕著なのは、しばしばキッチュなタイガーバームガーデンに比せられるように、さまざまな人物像、動植物、地球儀など、それぞれの精度は粗いものの（現代アジア的な？）説明的で色彩豊かな装飾が表面をおおっていることだ。カオダイ教は折衷的な態度をもち、仏教、道教、儒教のほか、キリスト教、イスラム教、ヒンドゥー教、ヴェトナムの土着信仰を融合している。ホーチミンには上記の各宗教施設が存在し、教祖が宗教を折衷させる雰囲気は十分にあった。その教義によれば、人類は二度の宗教的な変革期を経験したが、カオダイの登場をもって東洋と西洋の諸宗教は統合され、「偉大なる第三期の世界的な宗教の救済」が実現する。ここに中国色の強いチョロンに暮らしながらも、西洋の思想が流入する植民地において官吏を務めた教祖の経験が反映しているように思われる。

興味深いのは、ブッダやイエスを含む宗教上の偉人のみならず、デカルト、シェイクスピア、ヴィクトル・ユゴー（教祖が愛読したのか？）、李白、孫文らの歴史上の人物も、カオダイの精神を体現した功績により祭られていることだ。大寺院の中央入口にも、ユゴーがフランス語で「神と人類、

大寺院の側面

大寺院の正面

愛と正義」と署名する絵を掲げている。かくして古今東西の知識を貪欲に取り込みつつ、政治的な影響力をもつに至った状況は、一九二〇年代から三〇年代に急成長した日本の大本教と似ていよう。

圧倒的な装飾の中でも、とりわけ注意を引くのは、頻出する左目の図像だろう。聖なる目は、正面入口の上、側面の回廊の透かし窓、内部の装飾などで用いられている。これは一ドル紙幣のそれやフリーメーソンのシンボルにも似ているが、一九一九年、小さな島で修行中の教祖が、真理の光の発する高台の神の目を見たことに由来するらしい。色の使用については、カオダイ教が特に重視する仏教を黄、道教を青、儒教を赤で表現するために、一般信者は白い服だが、三派を代表する高僧はそれぞれの色の服を着用している。また三原色は旗のほか、内外装飾の基本的な色調も決めており、例えば、内部のバルコニー上部の古典主義を想起させるデンティル風模様は、黄、青、赤のパターンが連続する。これは外界から完全に孤立した求道者の空間ではない。カトリックの教会や江戸時代の寺院など、ある程度、信者を増やした宗教建築は、しばしばメディア的な性格をもつ。中世のゴシックの大聖堂も、彫刻と壁画、そしてステンドグラスによる光の図像を用い、石と化した聖書になっていた。ゆえに、カオダイ教の大寺院が、大衆にアピールするわかりやすいシンボリズムを多用することは決して不思議ではない。

二元性の空間

大寺院は奥行きの長い建物であり、外側の回廊にはゴシック風（あるいはイスラム風？）の尖頭アーチが連続するが、基壇は後ろにいくに従って、少しずつ上昇しており、それに伴い、手すりから屋根までをズラして構成を明快に示す。これは内部にも反映され、だんだん高くなる九段の床面があり、天国に至る九つの段階をあらわしている。土足厳禁の内部空間では、信者がいつもひざまずきながら祈っており、ちょうど段差にあたる部分では、龍の巻きついたピンク色のねじれ柱を左右ペアにして配し、真ん中五段目の柱はモスクのミンバルのように、階段付きの説教壇をもつ。ちなみに、柱は二列あり、内部をやや高い身廊（中央の太い廊下）と側廊（両脇の廊下）の空間に分割し、全体的に青い天井は、身廊部分が星と雲の絵をちりばめた疑似的な交差ヴォールトの連続、側廊部分が平らになっている。おそらくゴシック建築の構成が参考にされたのではないか。

身廊天井の丸いパネルや側廊天井のメダイヨンは、中国の宮殿建築を思わせる。内部の壁には張り出したギャラリーを全体に巡らせ（礼拝時に見学者はここに追いやられる）、それを支えるように黄

大寺院内部の列柱

色い壁から斗栱風の装飾がとび出ている。そして内陣にあたる一番奥では、八つの柱が天国を示すドームを支えつつ、その下に聖眼をもつ青い球体を置き、このまわりを歩けるようになっている。内陣に周歩廊をもつ巡礼路の教会を連想させる。この手前には七つの椅子があり、中央にカオダイの最高指導者が座る。一方、これと向きあうように入口の近くでは、半円形の階段状ステージに三聖人を祭る。

大寺院の正面には三つの入口がある。中央が僧侶用のもの（誤って見学者がここを通ると厳重に注意される）、右側の塔に男性信者、左側の塔に女性信者の入口を置く。一日四回の礼拝（六時、一二時、一八時、二四時）は、イスラム教と似ていよう。男女ともに同じ純白のアオザイ服を着用するが、礼拝時、内部の空間は見えない中心線で分割され、男性は右側、女性は左側に集合する。礼拝がな

大寺院内部奥の球体

大寺院の礼拝風景

いとき、この分割線はそれほど厳密ではない。側廊にはみ出る信者には子供が多く、中央にいる信者よりも、階級が低いようだ。もちろん、見学者は身廊部分に入れない。なお、床面には丸い模様のパターンが続くが、礼拝時に信者の立つ位置がこの真上と決まっており（ズレている信者は注意されていた）、全員が整然と並ぶ。側廊に沿って一周するときは、左側の女性は時計回りに、右側の男性は反時計回りに歩くことがあるという。

男女による空間の分離は、最高指導者が男性のみに規定されているものの、基本的には両者の平等も意味している。ただし、シェーカー教のように、独身主義につながるわけではない。空間の二元性は、カオダイ教が陰陽思想を導入したことにも起因し、例えば、祭壇に捧げる二つの蠟燭は男／女＝陽／陰を、五本の線香は金、木、水、火、土の五元素を示す。こうした原則は海外の教会でも採用されており、シドニーの双塔をもつカオダイ教の寺院は、一階をキッチンや洗面所、二階を礼拝の空間にあてているが、階段は左右に二分割し、上階は祭壇を両側に置いて前後に二分割している。

祖型の反復

ホーチミンからタイニンへ車で向かうと、約四〇分を過ぎる頃から、道路沿いの町や村で多くのカオダイ教の寺院に出会う。筆者は約一〇寺を目撃したが、その多くは手前に三つの入口のある門を備えたパゴダ風の双塔をもつ黄色い寺院であり、大寺院を縮小コピーしたような構成だった。この影響関係は疑う余地がない。祖型を反復しており、各寺院はきわめて類似する。日本の天理教や金光教の地方教会も様式的な統一性をもつが、ヒエラルキーを示すために本部教会との形態的な差異がはっきりしており、単に縮小したものではない。かつての金光教のように、地方寺院の建築について、何らかの内部規定があるのかもしれない。ただし、カオダイ教の地方寺院のすべてが双塔形式ではない。全体の印象は似ているとはいえ、塔が一つしかないものも確認した。カオダイ教の勢力範囲を考慮すれば、当然のことであるが、地方寺院はタイニンに集中しており、ヴェトナム国内では基本的に南部から中部に点在し、北部にはほとんどない。

国内で二番目に大きいとされる、ダナンのカオダイ教寺院を見てみよう。この寺院は一九五六年に建設された。全体のプロポーションは横方向に広いが、やはりパゴダ風の双塔形式である。大寺院に比べて規模が小さい分、装飾はかなり省略され、すっきりした印象をあたえる。内部には段差がなく、柱列を形成するほどの柱はない。ただし、男女の入口が左右にあり、空間を身廊と側廊に分け、床面に丸い模様のパターンを配し、奥の壇上には天眼をもつ青い球体が祭られている。したがって、空間の核となる部分の構成は保持している。またその数は多くないが、カオダイ教の不遇の時代に海外へ流出した信者によって、海外にも幾つかの寺院が建設された。一九九九年の時点では、アメリカに二三、カナダに五つ、オーストラリアに六つのほか、イギリス、フランス、ドイツ、そして日本にも宗教活動の拠点が存在する。カリフォルニアには約二〇〇〇人の信者が存在し、五〇〇万ドルをかけて「複製を建設するプロジェクト」を実現した。完成した写真をみる限りでは、大寺院とよく似ている。

ヴェトナムはフランスの植民地だったために、カオダイ教が吸収したキリスト教はカトリックで

ダナンの大寺院

ある。キリスト教の諸派の中でも、カトリックは装飾に寛容であり、具象的な装飾に包まれたロマネスクやゴシックの芸術を生みだした。そして一六世紀後半からは華美な装飾や儀礼を排除したプロテスタントに対抗するために、反宗教改革として派手なバロック様式を発展させている。絵画・彫刻を含む、建築を中心とした総合芸術は、教会の威光を信者に示し、カトリックの教義をわかりやすく視覚化するのに恰好のメディアだった。そうした意味において、カオダイ教の建築が、カトリックの大聖堂の構成と類似し、装飾を多用するのは当然かもしれない。宣教師のまいた種は、異国の地において変異しながら、カオダイ教として開花したのである。

6. 現代インドの宗教建築──バハイ教とヒンドゥー

インドは、ヒンドゥー教、イスラム教、キリスト教、シーク教、仏教、ジャイナ教などの建築を日常生活の風景でよく見かけるように、宗教的な色彩が豊かな国である。二〇一八年、筆者はおよそ二五年ぶりにインドに足を運び、その変化を確かめるべく、デリーを再訪したが、イギリスによる整然とした都市計画がなされたニュー・デリーやオールド・デリーなど、街の中心部はほとんど変わっていない。地下鉄のネットワークが広がったこと、人力のリクシャーが減り、オートリクシャーが増えたこと、携帯電話が普及したくらいの変化はあるが、観光でまわるような場所は、すでに都市の骨格が完成していたからだろう。もっとも、一時間ほど電車にのって、デリー南西部の郊外に向かい、グルガオンのエリアに足をのばすと、今世紀に入って、高層のオフィスビルやタワーマンションが出現したことがわかる。そして各駅前にショッピングモールも展開していた。ただし、ドバイのようなアイコン建築が並ぶような風景ではない。

デリーにおける現代の宗教建築をふたつ紹介しよう。ひとつはF・サーバが設計し、観光名所としても知られるバハイ教寺院（一九八六）である。これは一九世紀半ばにイランで始まった新宗教であり、日本で言えば、天理教や金光教と同時代に誕生したものだ。これまでクリシュナ、ブッダ、ゾロアスター、アブラハム、モーゼ、キリスト、ムハンマドなどの顕示者を通じて、神はその姿を人類にあらわしたが、バハイ教の創始者であるバハオラがもっとも新しい人物だという。彼は一八一七年にペルシアで生まれ、恵まれた環境で育ちながら、貧しい人や病人のために時間を費やすようになり、「貧者の父親」と呼ばれた。そして一八六三年、彼は神の新しい顕示者であることを宣言する。もっとも、亡くなるまで、投獄や追放などで苦労した。

バハイ教寺院は、ロータス寺院の名で知られているように、全体の造形は蓮の花をベタにイメージしており、いわば構造表現主義である。重なりあう白い葉の隙間から光を屋内に導き、天井も美しい幾何学を描く。このデザインは明らかにヨーン・ウッツォンによるシドニー・オペラハウス

バハイ教のロータス寺院

ロータス寺院の水盤

（一九七三）を想起させるだろう。とはいえ、単純な模倣ではなく、宗教的な象徴性を強化するかたちで、アレンジしており、創造的な展開例と言える。なお、世界各地のバハイ教の建築を調べると、外観に決まった様式はなく、とくにロータス寺院はユニークなものであるようだ。

なお、内部の空間において、円形の平面があったり、説教の場と信者席の床レベルがフラットなのは、教団が重視する平等性の原則を明快に示す。偶像や装飾の類は一切ない。きわめてシンプルであり、幾何学的な形状が際立つ。最寄りの駅からは迂回してアクセスし、一直線にのびる参道の奥に寺院がそびえる。また寺院の周囲は八つの水盤が囲む。ロータス寺院は広大な領域を敷地とすることによって、混沌とした風景と切り離し、聖域を確保している。

もうひとつが、現代の巨大なヒンドゥー寺院であるスワーミナーラーヤン・アクシャルダム（二〇〇五）だ。最寄りの駅から歩いて五分。厳重なチェックのセキュリティを受け、カメラや携帯電話などをすべて預けることで、はじめて広大な敷地に入ることができる。したがって屋内外ともに写真の撮影は不可能だ。デザインはロータス寺院とは対照的であり、すべての表面を圧倒的な密度で装飾がおおう。神、聖人、象など、具象的なイメージが絵画や彫刻でも表現されている。細部のデザインを観察すると、デリーのクトゥブ地区で目撃したヒンドゥーの古建築に使われていた諸要素のモチーフも確認できる。ほかにも階段井戸のモチーフ、水のランドスケープなど、インドの建築手法が再構成されており、ポストモダン的なテーマパークのようだ。実際、ここでもロータスをかたどったプランの子供の遊び場があるほか、フードコートや大きなグッズショップなどが用意されており、エンターテイメントの要素が強い。

筆者が訪れたのは、霧の深い午前だったが、夜になると、音と光のショーなど、各種のイベントも行われるらしい。ゆえに、信者にとっては無料で楽しめる宗教的なテーマパークとしても機能している。また入口と出口の動線も、混乱しないよう別々にもうけ、大量の人間をさばけるよう巧みに設計されていた。自動車や観光バスが入る専用のゲートや駐車場も、もちろん完備されている。宗教大国インドならではの現代建築だった。

スワーミナーラーヤン・アクシャルダムの
本殿と階段井戸のモチーフ

スワーミナーラーヤン・アクシャルダムの
子供の遊び場
（上下の写真ともに現地の看板を再撮影したもの）

6章

ポストオウムの宗教建築

1. オウム/アレフの空間について

二〇〇二年の初頭、オウム真理教を前身とするアレフの広報部の荒木浩氏に取材を申し込み、幾つかの施設を見学する機会を得た。また世田谷の本部では、教団の過去の刊行物などを調べた(現在の本部は埼玉県越谷市)。これは天理教や大本教を調査したときと、基本的に同じプロセスである。新宗教の資料は特殊な性格ゆえに、本部の資料室を閲覧するのが望ましい。

結論から言えば、オウムの刊行物に建築や空間に関する記述はほとんどなかった。予想はしていたが、それを実際に確認できたことは意義深い。この時点では二〇年程度の歴史しか持たない教団である。しかも急成長と事件後の大混乱。当事者としては記録する余裕がないというのが実情だろう。天理教も、立教して一〇〇年経って、本格的に記録を残すようになった。オウムの場合、禁書扱いになり、処分した資料も少なくないようだ。とはいえ、まったく資料がないわけでもない。ゆえに前半は、それらをもとに事件前のオウムの空間観を見ていく。そして後半は、撮影した写真や信者へのインタビューをもとに、アレフの施設の現状を報告したい。興味本位の見方ではなく、できるだけ内側の視点で。

セルフビルドの富士総本部道場

オウムの建築活動は、おおむね三つの時期に分けられるだろう。第一に教団の創立から一九八八年の富士総本部の道場開設まで、第二にサティアンを次々に建設した一九九五年の事件まで、そして第三は既存の建築を増改築しながら使う事件後である。ちなみに、二〇〇〇年からはアレフに改称している。ここでは富士総本部道場の建設前後に注目したい。外から見ると、彼らの活動は支離滅裂のようだが、教団の刊行物を読むと、それなりに筋が通る部分もあるからだ。

一九八四年、渋谷のマンションの部屋を借りて、教団はオウム神仙の会として活動を開始した。スタッフは三人のみ。通常、発足時から独立した個性的な宗教建築をもつことはない。オウムもそうだ。空間の視点からは、修行の一環として、独房に入るシステムがあったことが特筆される。閉ざされた空間において解脱すること。すなわち、外部よりも内部に意識が向いている。麻原彰晃(一九五五~二〇一八)はコプト教の修道院における独房にも関心を寄せていた。[1] やがて独房の思想は、メディアを意識して、パフォーマンス的な性格をもつ。一般公開され、水中や地下でも行われた。特に、一辺三メートルの透明な立方体の水槽のなかで、瞑想三昧になる一九八八年の水中エアー・タイト・サマディは重要である。[2] これは単なる修行ではなく、儀式としても位置づけられていた。水中修行の目的は、「富士山の噴火を鎮める」ことや「道場建立予定地を神聖な空間に変える」ことだという。[3]

一九八八年八月六日の富士総本部道場の開設記念式典は、一一〇〇名の信者が集まり、徹夜のセレモニーが催された。[4]八七年七月、麻原とシヴァ大神の祝福をもって、道場建立のお知らせが出され、八八年四月に着工、八月に竣工した。切妻屋根の二階建て倉庫のような外観。屋外階段がひとつ。内部は吹抜けのまわりに二階のギャラリーをめぐらせ、鉄骨むきだしの梁が飛ぶ。設計・施工・内装はすべて信者の手による。

どんな教団にとっても、全員が集まる場所の誕生は重要だ。実際、ここは日米の信者が一堂に会する初めての場となる。そして建設への参加は共同体の結束力を強固なものにした。建設部の設計担当の信者は、設計や工事は外注せず、共同の労働作業は「みんなで心を合わせてチームワークを養っていく訓練にもなっている」と述べている。[5]また建設部長は「安くできる」ことも強調していた。大学で都市計画を学んだという設計の担当者は、「外見が飾りたててあろうと質素であろうと」、いずれは壊れるものだし、結局は「使う人の心」が大事だと説明している。しかし、こうした考え方はオウムだけのものではない。初期的な段階の教団の多くに共通するものだ。

ただし、施設内部の掃除を批判する教団は珍しい。脱会信者によれば、「整理整頓、清潔、衛生」にこだわることは、「煩悩のあらわれ」であり、「自我を滅却できていない」、「自己のエゴのあらわれ」と解釈されたという。[6]麻原も、3LDKは3LDKでしかないという例を挙げ、環境や条件に惑わされず、思い込みをなくせば、世の中がそのままに見えてくると説く。[7]これはデザイン否定の思想につながる。とはいえ、麻原は、教団の組織CBI（コスミック・ビルディング・インスティテュート）が建てる新しい道場の大きさや本の編集デザインが布教活動に大切であることも語っていた。[8]

当時の住所を見ると、日本各地の施設は、一八の道場のうち一五がビルの一室だった。[9] 例えば、札幌支部はチサンホテルの二階、東京本部は松原駅近くのビルの一、二階である。[10] それだけに富士に自前の大きな施設をもったことは、オウムの希望になったのだろう。麻原は、開設時のスピーチにおいて一〇〇〇人収容はまだ狭いから、今後は一万、一〇万と多くの人が入る場所を確保しないといけないと語っている。[11] また教団は、富士を「世界で最もシャンバラに近い聖地」とみなし、以下のように、未来の展望を謳う。

「ここに、人々が集い、家が建ち、学校が設立され、医療施設が完備され、ヴィレッジとなっていく日は、そう遠い未来のことではないだろう。さらにこの地を拠点として、日本各地に、さらには全世界へとロータス・ヴィレッジが広がり、そして地球全体が理想郷シャンバラへと変わるとき、私達の救済の目的は一つ達成されたと考えて良い」。

しかし、宗教学の島田裕巳によれば、「総本部道場の建設はオウムをさまざまな意味で大きく変えていく」。[12] まず世田谷道場にあふれていた出家信者を収容する器が整う。そしてオウムは、在家主義から本格的な出家主義に転換した。さらに増えた五〇〇人の出家信者が熊本に道場を建設する。また過激な修行三昧に専念できるようになり、偶発的とはいえ、完成直後に最初の死者が出た。しかも、その信者の死を隠蔽したことが成功し、次は意図的な殺人を行う。グルイズムの強化も武装化も、富士総本部道場以降である。

オウム真理教のユートピア

オウムは単に破壊的な教団として理解されているが、理想郷の構築も意識していた。教団の機関誌『ヴァジラヤーナ・サッチャ』4号（一九九四）でも、ユートピア特集を行っている。特に生活と修行の場を確保したことは、彼らのユートピア思想を刺激したようだ。富士総本部道場以降、オウムは積極的に「日本シャンバラ化計画」を掲げている。その計画とは、いかなるものなのか。第一に全国主要都市における支部開設、第二に七つの主要都市（東京、大阪、名古屋、福岡、札幌、仙台、金沢）に総合的機能をもつ総本部道場の建設、そして第三にロータス・ヴィレッジ（蓮華の村）の建設である。(13)

ロータス・ヴィレッジは、衣食住にわたって、真理に基づいた幸福な生活を行い、教育・医療・雇用機関をもち、やがて高い世界に転生するための生活空間である。そして社会が本当の自由と安らぎに満ちたシャンバラに変わるための前段階だという。つまり、ロータス・ヴィレッジを世界シャンバラ化の雛型と位置づけている。公安は、オウムが祭政一致の専制政治を企てた証拠として、シャンバラ化計画を挙げていた。この名称はチベットの理想郷シャンバラに由来している。その世界観とシナリオは、以下の通り。

シャンバラの外の世界では悪がはびこり、争いが勃発する。そして残った悪の大王が、シャンバラ王国への侵入を試みる。だが、最終戦争においてシャンバラ側が勝利する。その結果、世界のシャンバラ化が達成される。すなわち、ユートピアに至る道は、平和だけではない。破壊的な戦争が組み込まれているのだ。これがハルマゲドンの思想と融合する。

教団の機関誌『マハーヤーナ』26号（一九八九）では、ロータス・ヴィレッジ構想と具体的なプロジェクトを詳しく紹介している。これをもとに概要を見よう。ロータス・ヴィレッジでは、「真理に基づいて設計された住宅」に終生居住でき、死後は「神聖な波動にあふれた納骨堂」に安置される。真理学園は全寮制の小・中学校であり、全一八クラス。ヴィレッジは、富士、和歌山、阿蘇、岩手、北海道に建設予定だという。また麻原は、消費税による家計負担を減らすために、独自の流通ルートと宅配システムをもつ、生協のような消費者共同体を提案している。

同誌では、具体的な計画として四つのドローイングを掲載している。まず「富士山総本部道場の全景」では、植栽を含むランドスケープを描いており、決して無味乾燥ではない。景観に配慮した形跡がうかがえる。そして説法用の電動昇降ステージをもつ七階建ての「亀戸の東京総本部道場」、セットバックする一〇階建ての「三一メートルの高さを誇る第二サティアン・ビル」、花壇や農園を併設した「アストラル・ホスピタル」である。いずれも商業パースであり、素人の絵ではない。だが、外観は、どこにでも建っているような普通のビルである。何の特徴もないことが特徴というべきデザインだ。

興味深いのは、オウムは病院や学校の建設に着手して、都市計画法や行政の認可など、現実の壁にぶつかったことだ。それゆえ、諸問題を解決するには、政治的なアプローチが必要だと感じたのではないか。この直後にオウムは真理党を結成し、衆議院の選挙に挑んだ。奇抜な選挙運動ばかりが印象に残り、荒唐無稽な行為に思えたが、彼らにとっては必然性があったのである。その後、オウムは、サティアンと道場を増やし、物理的な施設は「外側の救済計画」と呼び、精神的な問題は

「内側の救済計画」と呼ぶ。[14] ちなみに、サティアンの名称は、真理という意味をもっている。[15]

麻原は、モニュメンタルな建築に興味がなかったわけではない。多くの新宗教がそうであるように、ピラミッドに注目していた。彼は、ジュセル王の階段状ピラミッドの前に立ち、「見覚えがある。いや、見覚えがあるどころじゃない。遠い遠い昔、わたしはこのピラミッドの設計をしたのだ」と述べている。[16] 転生する以前、エジプトの伝説的な最初の建築家イムヘテプとして、ピラミッドと周囲の建造物によって「宇宙」を表現したという。さらに、かつてピラミッドの建設に参加した信者のコメントも紹介している。[17] こうした物語をもとに、資金さえあれば、将来の日本において、オウムがピラミッドを再び（？）つくることもありえたのではないか。

偽装と跡地

一九九五年、第七サティアンの偽装工事を指示したとき、麻原彰晃は「プラントの配管などをシヴァ大神の顔と手の大きな像で隠すと、宗教施設に見えるだろう」と笑いながら語った。[18] そして美術監督を担当した信者は、デザインしたものの、発泡スチロール製の顔は「あまりに下手クソで、どうしようもなかったです。でもあれで騙されちゃまずいですよ」と述べている。[19] 外観に宗教建築らしさが現れるという一般社会の認識を知りつつ、それを逆手にとっているのだ。工場のようなサティアンが宗教施設ではないという見方と、俗悪でもそれらしい装飾があれば宗教施設とみなすことは、同じ認識の裏表である。逆に、大学で建築を専攻した別の信者は、最初にオウムの道場を訪れたとき、派手にお金をかけた既成宗教のような外観がなく、簡単で質素な空間に好感を抱いたという。[20]

第七サティアンは現存しない。大本教の弾圧とは違い、正式な手続きを経て解体されたからだ。しかし、跡地は更地となり、何も残っていない。上九一色村の周辺には、四五メートルの巨大なガリバーが横たわるガリバー王国が建設され、それもつぶれてしまった。山口文憲は、忌わしい他者の記憶をすべて抹消し、忘れようとするそのやり方に、まぎれもない「日本」の肖像を指摘する。ケネス・E・フットは、事件の記憶がどのように風景に残るかを考察し、「聖別」、「選別」、「復旧」、「抹消」という四つのパターンに分類した。「聖別」とは、世界貿易センターのグラウンド・ゼロのように神聖視されるもの。一方、「抹消」は、猟奇殺人の舞台など、恥ずかしさゆえに事件の現場をなくすものだ。つまり、オウムのサティアンは「抹消」されたのである。

畑に囲まれた三和施設　右にコンテナが並ぶ

アレフの三和施設

二〇〇二年二月六日、茨城県の三和町にあるアレフの施設を訪れた。上野駅から一時間。古河駅からバスでさらに三〇分。下車して、畑と工場の続く、寂しい風景を一〇分程歩いて到着する。事前に教団の荒木浩氏が、現存する施設では最もサティアンに似ていると語っていたように、まるで工場のような建物だ。オウム反対の看板が向かいに立っていたり、出入口付近に警察や公安らしき人物がうろうろしていなければ、アレフの施設だとは気づかないだろう。しかし、それは当然のことで、教団は倒産した工場を借りて、一九九八年からここに住んでおり、一切外観に手を加えていない。確かに、都市を離れた共同体の生活を営む限り、わざわざ外観に装飾をつける必要はないはずだ。へたに目立つことをやれば、間違いなく、住民感情を逆なでするだろう。当日は住民とマスコミに対する施設の一般公開を行っていたが、住民同士が牽制しあったようで、マスコミ以外は一人も参加者がいなかった。

ここの施設は古い工場を改築し、宗教空間・居住施設・印刷場に変えている。そして屋外には、オレンジ色の中古コンテナを二列に一五個程並べ、資料等をおさめる倉庫として使う。一九九〇年代以降、日本の建築界は、スクラップ・アンド・ビルドの社会が限界に達しているという認識から、生き残りをかけて、リノベーションに注目している。つまり、新築ではなく、既存の施設を増改築したり、転用することだ。奇しくも、サリン事件以後のオウム／アレフは新規の建築をつくる余裕がなく、同じリノベーションを行っていることは興味深い。サティアンを自前で建設したように、三和の施設も信者の手づくりによる改築だった。工場内に古畳を敷きつめて道場とし、ベニヤ板や薄いカーテンで部屋を仕切る。一階道場の後ろには、日曜大工感覚で製作したルームランナー、二階のアニメ製作を行うデザイン部屋には、各机の正面の壁に必要に応じて棚を設置していた。

三和施設の敷地は二〇六〇平方メートルであり、鉄骨造の母屋に約六〇人の出家信者が生活しているという。鳩小屋や犬小屋も併設し、猫も飼う。母屋とプレハブ棟のあいだには、大屋根がか

一階の個室

一階の道場

二階のデザイン部屋の手作りの棚

二棟のあいだの道具棚

かっており、大工道具や廃材を整理した棚がある。各地を追い出されるとき、使える畳や木材を持って移動しており、それらをリサイクルしているのだ。ところで、高山建築学校というセルフビルドのサマースクールに呼ばれ、施設の写真を紹介したら、道具棚の雰囲気が学校のものとあまりにも似ており、参加者にえらく驚かれた経験がある。高山では山地の古い農家を購入し、夏のあいだは学生が居住しながら、作品を製作したり、家屋に手を入れるシステムをもつ。しかし、九〇年代には、周囲からオウムではないかと噂されたこともあったという。これは高山建築学校がオウム的であるというよりも、むしろ共同生活とセルフビルドが必然的に類似した空間を生むと考えるべきではないか。

三和施設の特徴は、看護師の資格のある信者が住み、介護班があることからもわかるが、白髪まじりの高齢者が多いことだ。若い信者ばかりのオウムのイメージとはかなり違う。母屋の二階にのぼる外階段は勾配がきつく、高齢者用に木製の手すりをとりつける工夫も見られた。高齢者が多い地方の居住施設。そしてつぶれた中小企業の工場のリノベーション。ここには日本の抱える問題が凝縮されているようだった。意外なようだが、荒木氏によれば、倒産した社屋の買収をアレフに持ちかけるはなしが全国から来ている。買い手のないような物件も、困ったアレフなら購入するのではないか、と。もっとも、アレフ側は購入する資金の余裕はなく、賃貸を望むらしい。だが、賃貸では持ち主が地域紛争のトラブルに巻き込まれるため、あくまでも売却にこだわるという。

見学時、テレビ局や新聞社も取材に来ていたが、結局は施設を「見る」のではなく、麻原彰晃や事件への質問を「聞く」ことに終始していた。施設の空間には興味がない。たまたま二階の小道場をネズミが走ったときは、喜んで映像におさめていたのだが。テレビは視覚的なメディアでありながら、必ずしもモノを見ているわけではなく、ステレオタイプの語りが優先されていることを改めて実感した。帰り際、建築界では、窓が少ないデザインをサティアン風と言うんですよと信者に話した。例えば、西沢立衛の美しいウィークエンド・ハウスは、外壁にほとんど窓がなく、自閉的な建築であり、サティアン風と呼ぶことができる。そうした事実に信者が素直に喜んでいた。サティアンは影響力があるんですね、と。複雑な気分になった。なお、この施設は二〇〇三年に三和町に明け渡されたようである。

埼玉の八潮道場

二〇〇二年三月一九日、埼玉県にある八潮道場を見学した。綾瀬駅からバスで約三〇分。下車して、すぐに見える何の変哲もない倉庫が目的地だ。当然、それが教団施設であることを示す看板はない。ただ、やはり道場前の監視小屋が存在し、監視カメラの向きやオウム批判文の位置を考慮すれば、おのずと分かる。市民の憎しみにあふれた風景。そして自閉する教団の施設。オウム／アレフという絶対的な他者の存在は、普段はつきあいのない地域住民でさえも団結させ、共同体の意識を刺激する。ここもリノベーションの物件だった。もともとはマグロの倉庫だったものを、しばらくオウムのパソコン工場として使う。水はけをよくするために床が傾斜しているのは、倉庫の名残のようだ。一九九九年からはアレフ最大の道場になっている。だが、外観は、当初からあった倉庫会社の看板やカラオケ広告の垂れ幕がそのままになっており、まったく手を加えていないことが想像できるだろう。

こうしたリノベーションは、なりふりかまわないサバイバルのデザインである。生活や機能にとって必要な部分にのみ、適宜対処していく。三和施設も然り。社会に認められて初めて、堂々と外観はデザインできる。キリスト教も、ローマで公認を得る以前に外観のある教会を持っていない。長く迫害されたユダヤ教は、シナゴーグ独自のファサードを開発できなかった。歴史的に考えれば、八潮道場がデザインされた外観を持たないことは、決して不思議ではない。ただ、内部において若干の変化が認められた。内装が白に統一されていたのである。後からわざわざ壁を白に塗ったようだ。その結果、すっきりとした印象を与える。他にこうした施設はないという。八潮道場は、全国から信者を迎え、泊まりがけで修行する場である。美意識と言えるほどのものではないが、内部はぶっきらぼうの壁で、ごちゃごちゃという固定観念が少し崩れるだろう。

八潮道場では、一階に居住空間と小道場・事務所・台所・倉庫など、二階と三階は地方信者のための大きな集中修行道場がある。二階は四〇人、三階は二〇人を収容し、一人一畳を割り当てるという。もとは不整形な敷地に沿って建設された倉庫だけに、居住性能は決して良くない。例えば、細長い廊下状の空間に各部屋が並ぶ不自然なプラン、いびつなコーナーにおいて鋭角にカットされた古畳、狭くて急勾配の階段などだ。道場もその形状にあわせ、非常に細長い祭壇が発生する。さまざまな工夫があり、男性信者の部屋では、頭上の高さに床をはって、下を共有スペース、ロフトの空間を寝室にしていた。ここでも畳の色が全部微妙に異なっており、よそから持ち運んだことがうかがえるだろう。女性信者の部屋は、三段ベッドになっている。また道場で使う小さな机は、拙い手づくりだった。将来、シェーカーのような洗練された家具を制作するにしても、時間がかかるだろう。

通常、祭壇の両側にはテレビを置くのだが、訪問時、環境ビデオのような映像が流れていた。その意味を尋ねると、ずっと部屋にこもっているので、外の景色を感じたいからだという。八潮の道場では、すべての窓がふさがれていることを考えるとおかしな感じがする。だが、すぐ隣に高架の道路が走り、オウム出ていけの看板に囲まれた状況は、確かに抑圧的で殺風景だ。ところで、一般公開とはいえ、祭壇など、内部の宗教空間を自由に撮影できるのは、新宗教としては異例の措置で

八潮道場
「三丸倉庫」という旧名がそのまま残る

住民による向かいの監視部屋

一階の道場　右に祭壇脇のテレビが見える

ある。天理教、大本教、真光教など、多くの新宗教の建築を見学したが、外観は撮影できても、内観の撮影を許可されたことは一度もない。彼らにとって聖なる空間だからだ。アレフの場合、サリン事件という十字架を背負い、施設公開時に撮影を拒む箇所があれば、余計疑われるのは間違いない。それゆえ、透明性が要求されるのは仕方ないのだが、特殊な状況であることは強調しておこう。

当日はまんだらけのネットTV、精神世界チャンネルが取材に訪れていた。話してみると、他の新宗教の取材は断られたものの、アレフだけが許可したという。まんだらけは、サブカルチャー的なものとして教団をとらえ、親近感を抱いている。また、この日も周囲の住民が来ないかと思われた。しかし、不意に三人の主婦がおそるおそる見学にやってきたのである。それは大きな一歩のように思われた。

一階の事務所

二階のいびつな畳と
自家製の白いコンセント板

2. となりのユートピア──東京における新宗教

教団の窓からのぞく東京の風景

都内のアパートの一室。

筆者はある教団の刊行物と雑誌のバックナンバーをひたすらチェックしていた。建築や空間に関する記事を探し、付箋をはって、隣の部屋でコピーをさせてもらう。新宗教の建築を調べるとき、図書館が整理されていない場合、交渉して、このように直接、資料置き場にのりこむのだ。いつもとまったく同じやり方である。

だが、一歩、建物の外に出ると、まわりの風景はまったく違っていた。警察、公安とおぼしき人物、メディアの関係者、野次馬がうろうろしており、どこにでもあるようなアパートの前の空間に異様な雰囲気が漂う。そして道路を挟んで向かいの古いアパートには、横断幕がかかっている。オウム出ていけ、と。外側から見るのではなく、教団の内側から見る東京の風景は、憎悪にあふれている。道路でばったり、取材で訪れた映画監督の森達也氏と会う。その一週前、名古屋のトークイベントでしゃべったばかりで、互いに驚く。

その日は綾瀬郊外の八潮道場を見学し、アレフの広報部長だった荒木浩氏とともに電車に乗って、世間話をしながら、世田谷の本部まで移動した。生年は一つしか違わないから、歳はほとんど同じである。ちょっと疲れ気味だったが、どこにでもいる人間だ。彼は京都大学に在籍していたとき、学内で催された麻原彰晃の講演会をきいて、入信したという。筆者の場合は、東京大学の大学院時代にやはり講演会があり、どんな人物か見ようと出向いたのだが、大幅に遅刻したために、終わった直後だった。その代りに、麻原が出演するビデオやオウム真理教の著作を会場でもらった。そんな話しをしたら、講演に間に合ったら、きっと入信しましたよと、荒木氏に言われた。これが人生の分かれ道になったとは思えないが、彼らがすぐ隣にずっといたことに改めて気づく。世田谷本部のすぐ近くにバス停があって、当時、筆者が住んでいた吉祥寺まで一本で帰れることも知った。

千歳烏山の世田谷本部
古いアパートの数部屋を借りている

　筆者は特定の宗教を信仰しないが、アレルギーがあるわけでもない。例えば、学生時代はキャンパスによく統一教会の女性信者が勧誘に来ていたが、ホームと呼ばれる駒場のビデオセンターに友人と押しかけたことがある。夕方にいくと、ご飯が食べれるという噂を聞いたからだ。エホバの証人やモルモン教の信者が住処に来ても、時間のあるときは、彼らの聖書の解釈を聞いていた。そしてどんなユートピアを望むのか、どんな建築を考えているのかを質問した。パラダイスでは、人類がヘブライ語をしゃべると回答があって、驚いたこともある。しかし、正直に言えば、地下鉄サリン事件の後、オウムの施設に近づくのは怖かった。天理教や大本教のように、すでに落ち着いた古参の新宗教ならともかく、いまだ大きな変化の渦中にある教団なのだから。そもそもどうやって連絡してよいかも、よくわからない。悩んだ挙句、荒木氏のホームページにメールを送ったら、数時間後に本人から電話がかかってきて、幾つかの施設を見る機会を得た。他教団とは違い、なんの手続きも要らない。連絡がとれても、断られるのではないかと思っていたので、あっけなく事が進んだことに拍子抜けした。

彼らは、ときどき地元の住民に対して、施設を公開する。実際は多くの報道陣がつめかけるばかりで、住民は互いに牽制しあい、途中から来なくなるという。オウムの施設を訪れると、彼らの存在を認めたことになり、住民から裏切り行為とみなされるらしい。もちろん、サリン事件が原因なのだけど、筆者の知る限り、新宗教のなかでも、かなり積極的な施設の公開を行う。だが、地域の住民と部外者である新宗教の共存への道は、簡単ではない。

新宗教にとっての東京

こんな笑い話がある。日本の各宗教団体が公表している信者数を合計すると、日本の人口の倍近くになるという。かけもちの人がいたとしても、すごい数字である。水増しされていると考えるのが自然だろう。筆者のまわりでも、宗教に入っていることを公然と言う人はほとんどいない。また東京のあちこちに宗教建築があるような状況ではないので、実感を持ちにくい。複数の宗教が混在するシンガポールやマレーシアのクアラルンプールでは、イスラム教、ヒンドゥー教、仏教、キリスト教など、各教団の施設を日本のコンビニ並みの頻度で見かける。一方、東京の場合、地価が高いこともあり、小さな教団はビルに入り、外部からはよくわからない。神社もしばしばビルの屋上に移築される。宗教の風景は貧弱だろう。旅行ガイドでも、新宗教の建築は紹介されない。

建築ガイドも同様である。『建築MAP東京』（TOTO出版、一九九四）では、港区飯倉の霊友会釈迦殿ぐらいだ。どーんと突き出した巨大な屋根によって、日本の伝統的な木造建築の特徴である屋根を拡大しつつ、その造形を現代的に翻案している。しかも軒下の斜めの面は細かくひだ状に分節された。桜田通りを北上するとき、屋根が出現する印象的な景観は、SF映画のようである。また大階段が貫入する構成、V字型の大柱など、迫力のあるデザインだ。内部には、三五〇〇人収容の大ホールや小谷ホールなどを備え、それらは「釈尊との心の会話を交わす場」だという。普通これだけの規模であれば、ヴァチカンのサンピエトロ大聖堂のように、手前に大きな広場を設けるが、残念ながら、建築を鑑賞するための十分なヒキがない。狭い空間において圧倒的なヴォリュームが迫る。無理矢理に巨大なUFOが舞い降りたかのようだ。広場なきカテドラル。こうした土地の状況は、東京ならではといえるかもしれない。

新宗教の本部は、東京への一極集中が起きていない。例えば、全国一〇〇の教団のデータをリスト化した『新宗教100』（ベストブック、二〇〇〇）によれば、生長の家や国柱会など、二八の教団が本部を東京に置く。大企業であれば、本社機能を東京に移すのが普通だが、宗教の場合、必ずしもそうではない。宗教的に意味をもつ場所にこだわるからだ。例えば、天理教にとって、神殿の中心にあるぢばは、人類が誕生したとされる聖地であり、絶対に動かすことができない。もちろん、各宗教が誕生した地元に信者が多いという事情もあるだろう。

海外からの宗教建築

二〇〇五年のデータによれば、東京に本部を置く教団の内訳は、仏教系が一一、神道系が五、キリスト教系が四である。特にキリスト教系は、モルモン教、エホバの証人、世界基督教統一神霊教会など、海外の教団が目立つ。エホバの証人は、簡素な集会所として王国会館を建設するが、その作業に信者が参加している。モルモン教の場合、教会は吉祥寺などにもあるが、広尾の東京神殿は、

モルモン教　左が東京神殿、右が別館

東京神殿の外構にある日本庭園

洗礼などの儀式がなければ、若い信者が入れない特別な場所だ。ソルトレイク神殿を簡略化したデザインは、本拠地とのつながりを表現するだろう。傾斜した不整形の敷地ながら、段状の尖塔と垂直のガラスのスリットを中心軸としつつ、シンメトリーを強調する。教会建築家のエミール・B・フェッザーの設計によって、一九八〇年に完成した。周囲には小さな日本庭園を設けている。

その後、改修工事が行われ、二〇二二年に開催されたオープンハウスに参加し、内部空間も初めて見学することができた。外観は入り口の向きを変えたくらいで、ほとんど変更はないが、内部は以前の古典的なテイストが少し残りつつも、和を意識したデザインになったことが大きな変更点である。モルモン教の神殿は、世界各地でこうしたリニューアルが行われているらしい。また日本で三番目の神殿として登場した札幌神殿（二〇一六）は、石庭、屋根の反り、障子紙による格子、スライドする建具、格天井、青海波の模様などを導入している。東京神殿の一階では、日本の影響を受けた初期のフランク・ロイド・ライト風の意匠が認められたことは興味深い。デザインを担当するのは、アメリカ側なので、異国からの日本的なものの解釈において参考にしたのかもしれない。また上階の「日の栄の部屋」、「結び固めの部屋」、地下の「バプテスマ室」など、様々な部屋があるが、それらの格式の違いは、長押、釘隠し風のモチーフ、色彩によって表現している。すなわち、空間の序列でも日本的な建築言語が活用された。なお、二〇二一年には隣接して、礼拝堂、多目的ホール、教室、集会所、オフィス、レセプション・エリア、宿舎、駐車場などが入る東京神殿別館も完成しており、神殿の垂直性が強いデザインを意識した外観をもつ。

新宗教ではないが、独立したモスク建築として東京ジャーミイが、二〇〇〇年に代々木上原に誕

東京ジャーミイ

東京ジャーミイの内部

生した。もともとロシア革命から逃れて、日本にやってきたカザン州のトルコ人が、一九三八年に建設した初代の木造モスクが老朽化し、傾いてきたために、トルコからの寄付金によって建て替えたものである。設計もトルコの宗教建築家、ムハッレム・ヒリミ・シェナルプが担当した。直径一一メートルのドームに六つの半ドームが付随し、トルコのモスクの様式にもとづく。一階はトルコの民家風、二、三階は礼拝場。狭い敷地ゆえに、各機能を垂直に重ねるのは、東京ならではだろう。これはトルコ系の資金によって建てられたが、イスラームの知人によれば、大塚にもパキスタン人が個人でセルフビルド的に建てたモスクがあるそうだ。一階がモスク、二階がクッターブ（コーラン学校）、三階が自邸だという。また池袋のアジアセンタービルには、一階から四階までインド料理、バー、食料品店が入り、五階にモスクがある。

東京は政治・経済・文化の中心であっても、宗教の中心ではない。とはいえ、一般的な傾向として、一九世紀、すなわち幕末から明治にかけて創始した古参の新宗教よりも、二〇世紀、すなわち大正から昭和に登場した教団は、東京に本部を置く傾向をもつ。すでに東京への集中と急激な都市化が始まっていたからだろう。また、しばしばカリスマ的な生き神の登場を伴う神道系の教団の方が、場所の固有性を重視し、組織が発展しても、あまり東京に拠点を移さない。

仏教系の空間について

西日本には、大本教、金光教、黒住教、神理教など、有力な神道系の新宗教が拠点をかまえるのに対し、前述したように、東京では遅れて活動を開始した仏教系の教団が重要な拠点を築いているようだ。以下、幾つかの教団をとりあげよう。

幸福の科学は、いたって普通の紀尾井町ビルに本部を置いていたが、五反田に移動している。建築的に興味深いのは、二〇〇一年に完成した高輪の東京正心館だろう。かなり本格的な古典主義の様式である。全体は、大きなヴォリュームがゆるやかな弧を描き、ポストモダンの建築家リカルド・ボフィルが好むバロック風の壮麗な古典主義とガラスの組み合わせである。ペディメントの下にれっきとしたイオニア式のオーダーを使い、列柱のあいだにアーチの窓が並ぶ。ただし、入口の扉のまわりの三つの丸い窓は、ゴシックの大聖堂に使う薔薇窓のモチーフと似ている。古典主義とゴシックの併用は、西洋では変則的なやり方であり、日本らしい折衷だろう。

住所の情報が公開されていないので、閉鎖的な空間かと思いきや、事情を説明すると、意外に快

幸福の科学　東京正心館

幸福の科学　総本山・正心館

幸福の科学　ネパール釈尊館

く内部を見学させてくれた。扇状に広がる礼拝の場では、仏教的な蓮のモチーフによる天井や法輪がのった台座があり、中心の壁に尖頭アーチ（ゴシック風にも見えるし、禅宗系の寺院に使われる花頭窓とも似ている）を使う。なるほど、外観は純度の高い古典主義だが、内観のデザインは折衷的な教義を反映していた。修業などを行う精舎としての正心館は、九〇年代後半から日本各地で建設されており、ほとんどが古典主義の様式を採用している。例えば、栃木県の総本山・正心館（一九九六）、北海道、秋田県、神奈川県、静岡県、徳島県、愛知県、滋賀県、岡山県、大分県の正心館がそうだ。かなり様式的な統一性をもつ。那須塩原の幸福の科学学園も、古典主義系である。なお、宇都宮の総本山・未来館（一九九七）やみなとみらい支部精舎はゴシック風の尖頭アーチを加味し、千葉のハッピー・サイエンス・ユニバーシティはオベリスクやピラミッドも折衷する古典主義系だ。ただし、総本山・正心館の横につくられたネパール釈尊館は、名称通り、はっきりとネパール風のデザインをもつ。

それにしても、なぜ古典主義なのか？　幸福の科学は、世界的な規模でユートピアの建設をめざしており、そのイメージがギリシアに由来する古典主義に仮託されているからだろう。教義では、東洋文明の源流となるインドの仏陀と、西洋文明の基礎を創造した古代ギリシアのヘルメスが重視されている。幸福の科学が製作した映画でも、ギリシアのイメージが頻出する。おそらく、既存の教団との差別化を計る意味でも、古臭い仏教建築ではなく、ヨーロッパ風のテイストを選んだのではないか。

創価学会による八王子の東京牧口記念会館(一九九三)も、壮麗な列柱が並ぶ、バロック的な古典主義である。はっきりとした軸線をもち、垂直方向にも大胆な構成をとる。ただし、柱は正確な古典主義のオーダーではなく、ちょっとアレンジされている。幸福の科学と同様、新宗教特有の過剰さが、ただの古典主義にとどめず、バロック的な構成にさせたのかもしれない。創価学会は、信濃町のエリアに多くの施設をもつ。特に駅前から外苑東通り沿いに、本部別館、民音文化センター、世界聖教会館(二〇一九)、創価世界女性会館、戸田記念国際会館などのビルが並ぶ。外苑東通りの背後にも、信濃平和会館(一九九七)、創価文化センター(二〇一二)、久米設計による広宣流布大誓堂(二〇一三)、そして日建設計が手がけた創価宝光会館(二〇二〇)など、諸施設が点在している。近くの物件が売りに出ると、購入することを繰り返し、拠点を増やしたようだ。これらは仏教的なデザインではなく、古典主義風のものが目立つ。もっとも、多くの施設は警備員がはりつき、信者以外は近寄りがたい雰囲気がある。

立正佼成会も、一九四〇年代から杉並区の和田に門前町を形成している。この一帯には、大聖堂(一九六四)、普門館(一九七〇)、法輪閣(一九七八)、一乗宝塔(二〇〇〇)、佼成図書館(一九五四)、第一・第二団参会館、佼成学園などを建設してきた。しかし、こちらは鉄筋コンクリート造の大規模な建築であっても、仏教的なデザインを強調している。なお、吹奏楽のコンクールで親しまれた晋門館は、二〇一八年に解体され、跡地は聖観音像、参道、共生広場を備えたオープンスペースとして整備された。かつての建物の外周をかたどる共生広場のデザインも興味深い。

真如苑の試み

立川駅から歩いて約一五分。真如苑の総本部の境内には、ゆるやかな曲線を描く第一・第二精舎（一九六八／一九七五）、屋上に仏塔を置く真澄寺、弁才天堂などがある。精舎の白い外観は、一九六〇年代の雰囲気を反映してか、メタボリズムの影響もうかがえるが、横線を強調したデザインは、木造を現代的に解釈したものだろう。設計は伊藤喜三郎である。内部には、金色に輝く涅槃像や曼陀羅などがある。真如苑は、教団自前の設計組織をもち、アトリエ系の設計事務所から入った設計者もいるせいか、各地の施設では現代的なデザインを試みている。

狭い境内にはすでに施設がたて込んでおり、少し離れて復興真澄寺もある。二〇〇六年には巨大な応現院が完成した。立川北駅からモノレールにのって立飛駅で降り、歩いて数分ほどの距離である。全体の構成としては、中央になだらかな曲線の大屋根をもつ本棟を置き、その手前の中央参道では、左に笠法様と弁才天様、右に純陀像、食堂棟がある。また本棟の左には、講義室や接心室などがある修行棟、そして背後には、観音堂や事務棟などが控える。

本棟を見学する機会を得て、三階のご宝前、明王の間、曼荼羅の間、対になった太陽の庭と月の庭、二階の菩薩の間、如来の間、そして一階の子連れ修行室などをまわった。外観は巨大な施設だが、内部では大きな空間をあえてつくらず、比較的奥行きが長くならないプロポーションの部屋を多くもうけることで、親密なスケール感をつくりだす。楕円や巻貝のモチーフなどの曲線を多用していたことも、やわらかい印象を与える。本棟の中央には、階段とエスカレータのまわりに、分散しつつも九〇〇〇人対応の靴箱があり、その風景は壮観だった。また室内では、廊下もふくめて、どこでも座れる絨毯のインテリアが続いていたことも興味深い。それが信者にとって家のような雰囲気を感じさせるのではないか。

真如苑　応現院

真如苑　ひかりのギャラリー

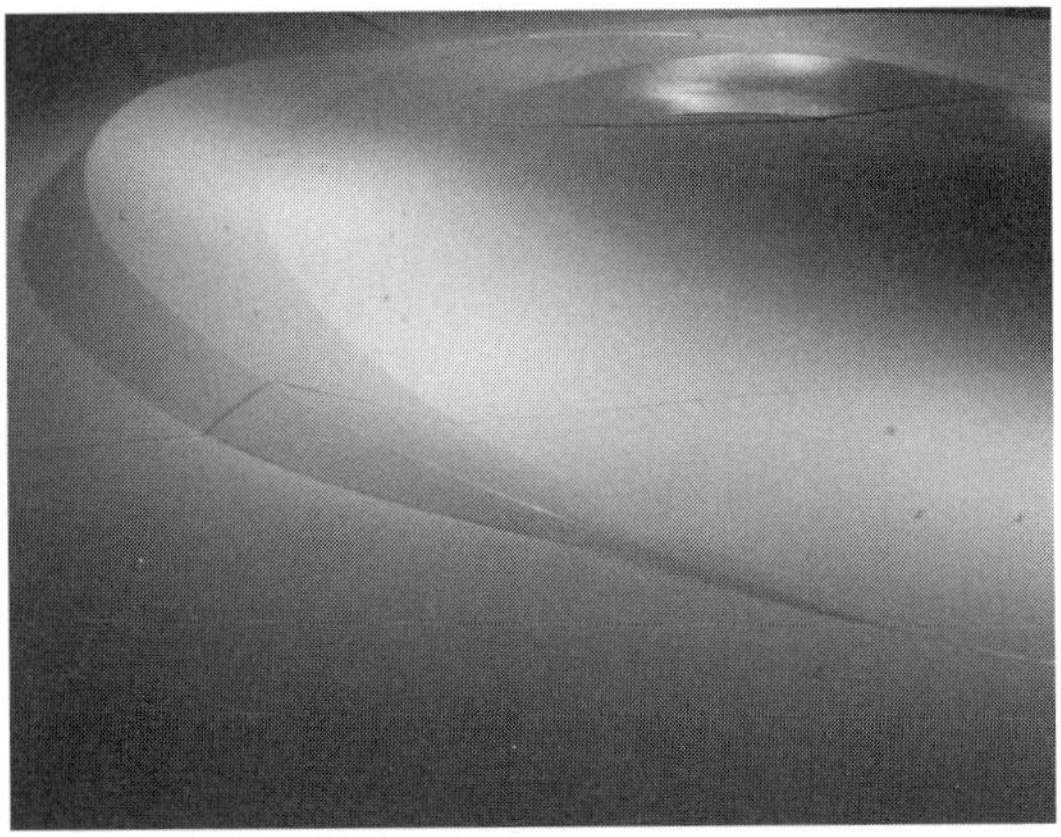

真如苑　プロジェクトMURAYAMA

とくに二つのギャラリーと、高齢者を配慮してのバリアフリーの工夫は先端的だった。ＵＡ設計事務所の押尾章治らが手がけたひかりのギャラリーと対話のギャラリー（二〇〇六）は、本物の美術館に劣ることがない、すぐれた展示空間である。前者は、白い部屋において、門型のフレームが連続し、やがて床が盛り上がり、突き当たりの細長い開口において、光に包まれた釈迦像が立つ。そこでは背後の壁が湾曲し、光と色の効果によって奥行きがわからなくなり、無限の概念が喚起される。不思議な光の空間の感覚は、現代美術の作家、ジェームス・タレルの作品にも似ていよう。そして仏教美術を展示する対話のギャラリーは、暗い空間において、天井からガラスのみで吊る可動の展示ケースが並ぶ。ドイツのガラス会社に協力を依頼した世界初の技術だという。床に浮かぶ光のグリッドも美しい。こちらは、日本でもっともすぐれた美術館のひとつ、谷口吉生による上野の法隆寺宝物館の空間を思い出させる。保守的な意匠に傾きがちな宗教建築としては珍しく、いずれのギャラリーも新しい時代を切り開こうとする挑戦的なデザインだった。

教団では、場所不足を解消するために、日産自動車の村山工場跡地の八割近い三二万坪の土地を購入した。二〇〇三年、東京都、立川市、武蔵村山市、日産自動車株式会社、真如苑の五者による協議会は、跡地利用の「まちづくり方針」を発表している。日産自動車の所有地は、先行して開発を進め、日産カレストの商業施設、住居、病院となり、真如苑の所有地では、二〇一〇年以降、緑豊かな環境をつくり、寺院のほか、文化・スポーツ施設をつくるという。すなわち、地域と教団が共同して、開かれた場を開発するわけだ。

真如苑は、菱原敬らの都市計画や建築の専門家の協力をあおぎながら、日産工場跡地において新しい聖地のプロジェクトを開始した。これはプロジェクトMURAYAMAと呼ばれ、建築家のCAtがデザインに関わっている。実際、国際的に活躍する建築家が参加することで、既存のものを模倣するのではなく、21世紀の聖地のあり方を提示するような意欲的な計画が発表された。プロジェクトMURAYAMAでは、モニュメンタルな建築を誇示するよりも、まずは大地を造形し、ゆったりとしたランドスケープをつくることをめざしている。つまり、単年度予算の公共施設や短期間につくる商業施設とは違い、長期的な視野から壮大なグランドデザインを構想しているのだ。現代社会において、宗教は機能性や経済性を最優先しないという意味で、いまだ可能性をもつ建築のジャンルだろう。これから時間はかかるだろうが、一〇〇年後に真如苑の聖地が、地域と新宗教が共存する東京の新しい風景を生みだしていることを期待したい。

注

4章　日本の近代宗教と建築

（1）岸田日出刀「明治神宮成る」（『新建築』一九五九年三月号）
（2）岸田日出刀「木かコンクリートか」一九六〇年（『明治神宮五十年誌』一九七九年所収）
（3）岸田日出刀『建築学者　伊東忠太』（乾元社、一九四五年）、伊東忠太「明治神宮の建築に就いて」一九二〇年（『伊東忠太著作集2』原書房、一九八二年所収）
（4）伊東忠太「予の日本建築史観」一九二六年（前掲書）
（5）（7）伊東忠太「神社と其の建築」一九二七年（前掲書）
（6）伊東忠太「伊勢大神宮」一九二一年（前掲書）、伊東忠太「日本神社建築の発達」（『伊東忠太著作集1』原書房、一九八二年）
（8）伊東忠太「日本建築の変遷」一九三四年（前掲書）
（9）伊東忠太「明治以降の建築史」一九二六年（前掲書）
（10）伊東忠太「本邦仏教各宗の建築」一八九七年（『伊東忠太著作集2』原書房、一九八二年所収）

（11）伊東忠太「震災記念堂」一九三一年（前掲書）
（12）伊東忠太「将来の神社建築」（『神社協会雑誌』一九一二年一号）
（13）丸山茂「伊東忠太と神社建築」（『日本の建築と思想』同文書院、一九九六年）
（14）黒田鵬心「日本建築史に於ける神社建築の位置」（『神社協会雑誌』一九一七年九号）
（15）足立康『日本建築史』（地人書館、一九四〇年）
（16）岸田日出刀『過去の構成』（相模書房、一九三八年）
（17）岸田日出刀「神社と仏寺」「建築の日本らしさ」（『堊』相模書房、一九三八年）や岸田日出刀『日本建築の特性』（内閣印刷局、一九四一年）など。
（18）長谷川輝雄「将来の宗教建築を如何にすべきや」（『建築雑誌』四七八号、一九二六年）
（19）幸田露伴「寺院建築と実際的要求」（『建築世界』一九一七年一一輯第四号）
（20）折口信夫「神道の史的価値」（『古代研究　民俗学篇1』角川書店、一九七四年）
（21）波江悌夫「仏寺建築の将来」（『関西建築協会雑誌』一九一八年第一輯六、八、九、一〇号）
（22）横山秀哉『コンクリート造の寺院建築』（彰国社、一九七七年）
（23）岡田信一郎「新日本の建築」（『建築雑誌』三三七号、一九一五年）
（24）明治八年九月太政官達第一九四号や、大正元年神社局長依命通牒など。
（25）賀泰山「社殿並境内樹木保護に関する注意」（『神社協会雑誌』一九一三年九号）、山田準次郎「神社の制度」（『神社協会雑誌』一九一四年一一号）、塚本清治「神社に関する注意」（『神社協会雑誌』一九一六年二号）
（26）宮地直一・佐伯有義監修『神道大辞典』平凡社、一九三七年（臨川書店、一九九〇年）
（27）竹田生「神社と消防」（『神社協会雑誌』一九〇五年七号）、「第二回宮司談合会に基く注意事項」（『神

社協会雑誌』一九一三年一〇号）
（28）「神社の被害状況に就いて」（『神社協会雑誌』一九二四年一号）
（29）神社局長「罹災神社復興に関する通牒」『神社協会雑誌』（一九二四年一号）
（30）「神社の耐火建築」（『神社協会雑誌』一九二四年三号）
（31）大江新太郎「社寺復興の理想と建築」（『神社協会雑誌』一九二四年四号）
（32）手塚道男「新生への神社建築」（『神社協会雑誌』一九二四年六号）
（33）角南隆「神社とコンクリートのローマンス」（『神社協会雑誌』一九二六年二号）
（34）紀本参次郎「東京市内神社の復興に就て」（『神社協会雑誌』一九二六年九号）
（35）根岸栄隆『鳥居』（アルス、一九四三年）
（36）根岸栄隆『鳥居の研究』厚生閣、一九四三年（第一書房、一九八六年）
（37）伊東忠太「神社建築に対する考察」（『神社協会雑誌』一九二六年七月号）
（38）ベネディクト・アンダーソン『増補　想像の共同体』（白石隆訳、NTT出版、一九九一年）
（39）黒田鵬心「日本建築史上に於ける神社建築の位置（六）」（『神社協会雑誌』一九一七年、九号）
（40）岡田信一郎「大正九年の建築界」（『建築世界』一九二一年一月号）
（41）伊東忠太「神社とその建築」「明治神宮の建築に就いて」（『伊東忠太著作集2』原書房、一九八二年）
（42）野田俊彦「所謂日本趣味を難ず」（『建築雑誌』一九一七年一一月号）
（43）『関西建築協会雑誌』第一輯一三号
（44）岸田日出刀『建築学者　伊東忠太』（乾元社、一九四五年）
（45）岸田日出刀『過去の構成』（相模書房、一九三八年初版、一九五一年）
（46）足立康『日本建築史』（地人書館、一九四〇年）

(47) 村上重良『国家神道』(岩波書店、一九七〇年)
(48) 坪内祐三『靖国』(新潮社、一九九九年)
(49)『建築雑誌』一九〇七年一〇月号
(50)「靖国神社神苑の大改造」(『建築雑誌』一九一五年二月号)
(51) 角南隆「速谷神社境内植樹の計画に就て」(『神社協会雑誌』一九二五年三月号)
(52)『靖国神社大鳥居再建之記録』(一九七六年)
(53) 前野光「大江新太郎」(『日本の建築8』三省堂、一九八二年)
(54)『建築雑誌』一九四二年一二月
(55) 板垣鷹穂『民族と造営』(六興商會出版部、一九四三年)
(56) 岸田日出刀『堊』(相模書房、一九三八年)
(57)『靖国神社百年史資料篇』(靖国神社、一九八三年)。なお、一八七九年五月の太政官達などにより、限られた神社しか菊の紋章を使えなかった。
(58)「極東に関する部局連絡員委員会作成の覚書　一九四四年三月一五日」(『近代神社神道史』神社新報社、一九七六年)
(59) 伊東忠太「名建築論」(『伊東忠太建築文献　第六巻』龍吟社、一九三七年)
(60) 中内敏夫『軍国美談と教科書』(岩波書店、一九八八年)
(61) 岡部精一「全国の中小学校に伊勢大神宮を勧請せよ」(『神社協会雑誌』一九〇九年一号)
(62) 岡田包義「神都計画に就いて」(『神社協会雑誌』一九三七年五号)
(63) 伊藤述史「大東亜共栄圏の建築様式」(『建築雑誌』一九四二年九月号)
(64) 田辺泰『日本建築の性格』(乾元社、一九四六年)

(65) 伊東忠太「日本神社建築の発達」(『建築雑誌』一九〇一年、一六九号)
(66) 伊東忠太「本邦仏教各宗の建築」(『建築雑誌』一八九七年、一二六号)
(67) 伊東忠太「天平時代の装飾模様に就て」(『建築雑誌』一六四号)、伊東忠太「多宝塔」(『日本建築の研究 下』原書房)
(68) 伊東忠太「法隆寺建築論」(『建築雑誌』一八九三年、八三号)
(69) 拙稿「神社はなぜ木造なのか」(『近代の神々と建築』廣済堂出版、二〇〇二年)
(70) 横山秀哉『コンクリート造の寺院建築』(彰国社、一九七七年)
(71) 遠藤明久「大谷派本願寺函館別院(大正四年)の構造形態」(『日本建築学会大会学術講演梗概集』一九七八年)
(72) 伊東忠太「震災記念堂」(『伊東忠太著作集二』一九三一年)
(73) 『新建築』一九五二年五月号
(74) 『建築文化』一九六八年三月号
(75) 横山秀哉「寺院建築の近代化について(第一報)」(『日本建築学会東北支部研究報告集』第一三号、一九六九年)
(76) 波江悌夫「佛寺建築の将来」(『関西建築協会雑誌』第一輯一〇号)
(77) 幸田露伴「寺院建築と実際的要求」(『建築世界』一九一七年、一一輯第四号)
(78) 長谷川輝雄「将来の宗教建築を如何にすべきや」(『建築雑誌』四七八号、一九二六年)
(79) 『社寺建築　奥谷組の事業』一九八三年、『社寺建築　奥谷組の事業一八九八―一九九二』一九九二年、『株式会社金剛組(作品集)』、『社寺　その作品と建築経歴』(松井建設株式会社)など。

5章　海外の近代宗教と建築

（1）櫻井良雄「建設技術の決戦的性格」（『新建築』一九四四年五、六月号）
（2）直言生「帝国主義と神社」（『神社協会雑誌』一九〇二年九月一五日）
（3）桐南生「北海道の神社に就て」（『神社協会雑誌』一九〇三年一〇月一五日）
（4）中川友次郎「神社に於ける戦争記念」（『神社協会雑誌』一九〇四年八月一五日）、鈴鹿眞正「紀念神社創設」（『神社協会雑誌』一九〇五年一〇月一五日）
（5）新田光子『大連神社史』（おうふう、一九九七年）
（6）台湾神社社務所編纂『台湾神社誌』（一九一六年）
（7）蔡錦堂『日本帝国主義下台湾の宗教政策』（同成社、一九九四年）、横森久美「台湾における神社」（『台湾近現代史研究』四号、一九八二年）
（8）韓晳曦『日本の朝鮮支配と宗教政策』（未來社、一九九八年）
（9）入江曜子『日本が「神の国」だった時代』（岩波書店、二〇〇一年）
（10）『建築雑誌』（一九二六年五月号）
（11）岸田日出刀『建築学者伊東忠太』（乾元社、一九四五年）
（12）藤島亥治郎『民族と建築』（刀書房、一九四四年）
（13）青井哲人「対称軸の形成と移動――日本植民地の神社境内から」（『アジア建築研究』ＩＮＡＸ出版、一九九九年）
（14）近藤喜博『海外神社の史的研究』（明世堂書店、一九四三年）、曾根朝起「台湾の建功神社を観る」『神社協会雑誌』（一九三一年四号、七号）
（15）小笠原省三『海外の神社』（神道評論社、一九三三年）

(16) 井上順孝『海を渡った日本宗教』(弘文堂、一九八五年)、柳川啓一・森岡清美編「ハワイ日系人宗教調査中間報告」(一九七九年)
(17) 前田孝和『ハワイの神社史』(大明堂、一九九九年)
(18) "Saga of a Church in Hawaii" Izumo Taishakyo Mission of Hawaii, 1996
(19)『奥村牧師説教集』(マキキ聖城教会創立五〇周年記念)
(20) J. W. Reps "Making of Urban America" (Princeton Univ.Press, 1965); D.Hayden"Seven American Utopias" (MIT Press, 1976)、月尾嘉男他『実現されたユートピア』(鹿島出版会、一九八〇年) などを参照。
(21) William J. Murtagh "Moravian Architecture and Town Planning" (Univ. of Pennsylvania, 1998)
(22) J. A. Hostetler "Amish Society" (The Johns Hopkins Univ. Press, 1978)
(23)『モルモン経　イエス・キリストについてのもうひとつの証』(末日聖徒イエス・キリスト教会、一九八九年)
(24) C. M. Hamilton "Nineteenth-Century Mormon Architecture & City Pranning" (Oxford Univ. Press, 1995); J. W. Reps "Cities of The American West" (Princeton Univ. Press, 1979) などを参照。
(25) 高橋弘『素顔のモルモン教』(新教出版社、一九九六年)
(26) "The Salt Lake Temple" (University Services Corporation, 1983)
(27) "1999-2000 Church Almanac" (Desert News, 1998)
(28) 森孝一『宗教から読む「アメリカ」』(講談社、一九九六年)
(29) M・キルダフ他『自殺信仰』(新庄哲夫訳、講談社、一九七九年)
(30) G. Gobron "History and Philosophy of Caodaism" (Saigon, 1950)

6章　ポストオウムの宗教建築

（1）『マハーヤーナ』No.5、一九八七年
（2）『マハーヤーナ』No.8、一九八八年
（3）『マハーヤーナ』No.10、一九八八年
（4）『マハーヤーナ』No.14、一九八八年
（5）『オウム真理教の現在』オウム出版、一九九五年
（6）高橋英利『オウムからの帰還』草思社、一九九六年
（7）『イニシエーション』オウム出版、一九八七年
（8）麻原彰晃『仏教真理六波羅密』オウム出版、一九九一年
（9）『真理の芽』11号、一九九一年
（10）前者は『真理』2号、一九八九年、後者は『真理』3号、一九八九年を参照。
（11）『マハーヤーナ』No.15、一九八八年
（12）島田裕巳『オウム』トランスビュー、二〇〇一年
（13）『真理』4号、一九九〇年
（14）『仏典研究』一九九二年六月
（15）『ヴァジラヤーナ・サッチャ』No.10、オウム出版、一九九五年
（16）『古代エジプトの秘技を説く』オウム出版、一九九二年
（17）『理想社会』11号、一九九二年
（18）林郁夫『オウムと私』（文藝春秋、二〇〇一年）
（19）村上春樹『約束された場所で』（文藝春秋、一九九八年）

(20) 前掲書(19)
(21) 山口文憲『日本ばちかん巡り』(新潮社、二〇〇二年)
(22) ケネス・E・フット『記念碑の語るアメリカ』(和田光弘他訳、名古屋大学出版会、二〇〇二年)

参考文献

以下に、一九世紀に誕生した日本の四教団、ならびにアーミッシュとシェーカー教に関する主要な参考文献を挙げる。

天理教

『天理教原典集』（天理教教会本部、一九八六年）
『稿本　天理教教祖伝』（天理教道友社、一九六六年）
『稿本　中山眞之亮伝』（天理教道友社、一九六三年）
『改訂　天理教事典　教会史篇』（天理教道友社、一九八九年）
天理教会本部建築記録集『昭和普請』（天理教道友社、一九三六年）
植田英蔵『新版　飯降伊蔵伝』（善本社、一九九五年）
植田英蔵『おやしき変遷史図』（天理教道友社、一九五一年）
深谷忠政編『教理研究　事情さとし』（天理教道友社、一九七四年）

『天理教事典』（天理教道友社、一九七七年）
天理教道友社編『普請回顧』（天理教道友社、一九三五年）
天理教道友社編『かんろだい物語』（天理教道友社、一九九四年）
『改訂版　天理市史』（一九七六年）
生琉里教会編『天理村十年史』（天理時報社、一九四四年）
『内田祥三作品集』（鹿島出版会、一九六九年）
吉川彰布「天理教教会の軸性について―大教会を事例として―」（『日本建築学会技術報告集』60、二〇一九年）
吉川彰布「増野鼓雪による天理教教会建築の論考の実態」（『日本建築学会計画系論文集』767、二〇二〇年）
――他に、『道乃友』、『みちのとも』、『復元』、『天理教学研究』、『あらきとうりょう』、『天理時報』、『道の動き』、『G-TEN』など、教団の定期刊行物と各教会史。

金光教

『金光教教典』（金光教本部教庁、一九八三年）
『金光大神』（金光教本部教庁、一九八二年）
『金光教教規　金光教教則』（金光教本部、一九〇〇年）
『大教會所新築概要』（金光教本部、一九二一年）
『四月十四日』（金光教徒新聞社、一九二五年）
『金光教本部広前会堂』（金光教本部教庁、一九七〇年）

『金光教本部広前斎場』（金光教本部教庁、一九五七年）
佐藤範雄『信仰回顧六十五年』（信仰回顧六十五年刊行会、一九七〇年）
――「他に、『新光』、『金光教報』、『金光新聞』、『金光教図書報』など、教団の定期刊行物と、未刊行の建築図面集三冊（金光教図書館蔵）。

大本教

出口ナオ『大本神諭　天の巻』（村上重良校注、平凡社東洋文庫、一九七九年）
出口ナオ『大本神諭　火の巻』（村上重良校注、平凡社東洋文庫、一九七九年）
『出口王仁三郎全集』（あいぜん出版、一九九八年）
『大本七十年史』（大本、上巻一九六四年、下巻一九六七年）
安丸良夫『出口なお』（朝日新聞社、一九七七年）
出口斎編『神仙の人　出口日出麿』（講談社、一九八九年）
出口京太郎『巨人出口王仁三郎』（講談社、一九六七年）
池田昭編『大本史料集成』（三一書房、一九八五年）
小池健治他編『宗教弾圧を語る』（岩波書店、一九七八年）
――他に、『直霊軍』、『敷島新報』、『神霊界』、『神の国』、『昭和青年』、『大本教学』、『愛善苑』など、教団の定期刊行物と『大本写真資料』。

黒住教

『黒住教　神道山への二百年』（日新社、一九七四年）
原敬吾『黒住宗忠』（吉川弘文館、一九六〇年）
河本一信『赤木忠春』（黒住教日新社、一九五九年）
——他に、『国乃教』、『國の教』、『経世雑誌』、『日新』など、教団の定期刊行物。

アーミッシュとシェーカー教

J. A. Hostetler “Amish Society（The Johns Hopkins Univ. Press, 1978）
D. B. Kraybill “Amish Enterprise:from Plows To Profits（The Johns Hopkins Univ. Press, 1995）
Bill Simpson “Guide To The Amish Country（Pelican, 1992）
坂井信生『アーミッシュの文化と社会』（ヨルダン社、一九七三）
M. Horsham “Shaker Style”（JG Press, 1989）
E. D. Andrews “Shakaer Furniture”（Dover, 1937）
J. Sprigg “Shaker”（Houghton Mifflin, 1987）
A.S.Burns “The Shakers”（Portland House, 1987）
Robert. P. Emlen “Shaker Village Views”（New England, 1987）
H. Schiffer “Shaker Architecture”（Schiffer Publishing Press, 1979）

図版・写真（ページ）

天理大学附属天理図書館所蔵　46下, 51上・下, 53
東京大学工学部建築学科図書室所蔵　69上・下
金光図書館所蔵　107上, 117上
大本教学研鑽所資料室所蔵　130, 132上・中, 135, 137上, 151, 155, 159

撮影＝五十嵐太郎　上記以外の特別な注記のないもの

自著解説

五十嵐太郎

なぜ新宗教の建築を研究したのか

『新編　新宗教と巨大建築』（ちくま学芸文庫、二〇〇七）は、拙著の『新宗教と巨大建築』（講談社現代新書、二〇〇一）と『近代の神々と建築』（廣済堂出版、二〇〇二）を一冊にまとめたものである。いずれも筆者の博士論文がもとになった姉妹編の二冊だから、これで本来の姿に近づいたというべきかもしれない。建築史の分野から近代日本の新宗教に迫るというアプローチは、ほとんどの主要な新聞に書評が掲載されるなど、想像以上の反響があった。なるほど、新宗教は、いかがわしいと思いながらも、誰もがなんとなく興味をもつ。それゆえ、サブカルチャー、美術誌、地理学、歴史学、幻想文学など、さまざまな領域で、これらの本は読まれた。奈良や京都で高い拝観料を払って古寺を訪れるのもいいけれど、天理だと無料で面白い空間が見られるので行ってみたいという反応もあった。逆に建築専門誌は反応が鈍い。やはり新宗教の施設を「建築」と認めるのは難しいのだろう。ちなみに、教団の関係者からのクレームはなかった。ともあれ、筆者にとって、専門外に向けて執筆する機会を増やす、重要な足がかりとなった著作である。

では、なぜそもそも新宗教の建築を研究したのか。

大学の建築史の研究室に入り、卒業論文では、錬金術やフリーメーソンにかぶれたジャン・ジャック・ルクーという一八世紀フランスの建築家についてのモノグラフをまとめた。現在から思えば、あやしげとされる思想への興味はこのときから芽生えていたことになる。また卒業設計では、東京湾に原子力発電所をつくり、三〇年ほど稼働し、使えなくなったらコンクリートとアスファルトで固めて数千年残るモニュメントに変えるというプロジェクトを構想した。地下に高廃棄物の貯蔵庫をもつがゆえに、放射能の影響からどんなバブルが起きようと、どかすことができない廃墟である。二〇世紀の建築が、ピラミッドのように、五〇〇〇年以上残るとすれば、どうすべきかを思考した自分なりの回答だった。いわばもっとも宗教建築に遠い施設、すなわちエネルギーの工場だけが、そうなる可能性をもつという逆説でもある。どこかで宗教には興味があったということだろう。サティアンとは違うかたちで、工場と宗教の関係性を問うたわけだが、この卒業設計の五年後、地下鉄サリン事件が起きた。そして二五年後に、東日本大震災による福島の原発事故が発生し、石棺化が注目される。

修士課程に進み、建築と音楽の構造の相同性を論じるべく、ゴシックとノートルダム楽派を比較した。宗教建築と宗教音楽である。このテーマは、NTT出版から『建築と音楽』というタイトルで二〇〇八年に刊行された。そして博士課程では、方向性を変え、日本近代建築の言説のメタ批評的なものをやろうと考えていた。したがって、明治時代からの建築雑誌をずっと読みながら、ひたすらメモをとっていた。だが、建築史家の中谷礼仁が『国学・明治・建築家』を刊行し、先にやられたと思い、違うテーマを模索する。確かに、学生のときに柄谷行人の本を読んだ世代であれば、近代の諸概念を言説のレベルから批判的に検討する作業は、誰がやってもおかしくない。その一方で、文章ばかりを読んで、それをまた文章で再構成するメタ批評的な作業は、それなりにしんどい。なにか新しい活路はないかと考えていた。

そうしたタイミングで、『10＋1』という建築・都市の評論雑誌から、天理市についての原稿を書く機会が与えられた。一九九五年である。ちょうど都市のタイポロジーを特集することになって、企業城下町や移民の多い都市など、特殊なタイプの都市を扱うのだが、宗教都市の書き手が見つからない。そこで責任編集を担当していた建築家の八束はじめが筆者に依頼したのである。石上神宮の拝殿、すなわち国宝の建築を見るために、天理市を訪れたことはあったが、教団の施設は遠まきにして見ていただけで、論じる対象として観察したのは、そのときが初めてだった。現地では、実物に触れて、天理教の神殿や都市計画の空間の強度に心の底から驚き、図書館に多くの貴重な資料が整理されていることに気づいた。建築史でも、宗教学でも未開拓の分野である。近代建築の研究は、やり尽くされているにもかかわらず、ここだけごっそり空白のように抜けていた。そこで宿泊先で、これを博士論文のテーマにしようと決めたのである。メタ批評ではないけれど、宗教ならば、独自の思想を表現するという問題をもつわけだから、言葉と建築の関係を具体的に考察できることも魅力だった。

同じ年の春、サリン事件が発生したことも無関係ではない。学部の頃から麻原彰晃や信者がキャンパスに訪れていたから、どこか他人事とは思えない気分があった。実際、事件後、多くの論客は何らかのかたちで事件に応答している。オウムの世代に近い人ほど、そのインパクトは大きかったに違いない。建築界でも、サティアンはデザインを放棄した驚くべき宗教施設という言説が流れた。『趣都の誕生』(二〇〇三)においてサティアン論も執筆した森川嘉一郎は、その典型だろう。だが、建築史を学んでいた筆者にとって、そうした通俗的な解釈には強い違和感を覚えた。それはあくまでもサティアンのイメージをなぞっているに過ぎないのではないか。ゆえに、過去を忘却したテレビのコメンテータ的な論評ではなく、歴史的なパースペクティヴから、近代以降の宗教建築を考える作業が必要だと思ったのである。

いかに新宗教の建築を評価するか

新宗教の建築論を刊行した後、真如苑からレクチャーを依頼され、驚いたことがあった。同教団は、自前の設計組織をもち、各地に興味深いデザインの施設をつくっているにもかかわらず、関係者が筆者の本を読んで、初めて天理教の建築と都市のプロジェクトを知ったという。彼らも西洋建築史に登場するシャルトルの大聖堂やコルドバのモスクは知っており、視察に出かけることがあるだろう。だが、同じ日本の新宗教であっても、横の情報がほとんどない。確かに、これまで日本の新宗教の建築をまとめて論じた本が存在しなかったわけだから、そうした認識は仕方ないとも言える。

ル・コルビュジエの作品はすぐれているというようなデザインの視点だけから見れば、天理教や大本教にしても、正統な建築史に入らないだろう。基本的にキッチュなもの、大衆的な俗悪なデザインと考えられており、ネガティヴな評価になる。建築史から文化史までを扱う井上章一は、こうしたテーマを設定していた。例えば、デビュー作の霊柩車、帝冠様式、店頭の人形、名古屋の鯱、そしてラブ・ホテルである。彼は、モダニズム的な審美眼に同意せず、アカデミズムから見捨てられた対象を選ぶ。それは必然的に既存の研究への批評的な行為となるだろう。しかし、井上は新宗教の建築に着手していなかった。

ポストモダンの建築論では、商業施設こそが、人と建築の新しいコミュニケーションの可能性を切り開くという反転を提示したが、今でもキッチュなものは、一段低く見られる。しかし、逆にゴシックもキッチュだったのではないのかという切り返しも可能だ。大聖堂には、ガーゴイル、奇妙な怪物の装飾、わかりやすい図像が数多く付加されている。ゆえに、一〇〇パーセント聖なる空間ではなくて、大衆的で俗なるイメージも混入されていた。そもそも巨大建築はキッチュになりやすい。大阪ドームや名古屋ドームにしても、大きな施設は、設計者によほどの力量がないと、奇妙なデザインになってしまう。おそらく文脈を知らない宇宙人が見たら、こうしたスタジアムを宗教施設だと思うかもしれない。スタジアムと宗教施設は、多くの人間を収容するという意味で同じ機能を抱えているからだ。実際、幸福の科学は、広告代理店に依頼しつつ、教団のイベントのために東京ドームを借りている。

前衛的な建築の表現は、時代の最先端のテクノロジーが注ぎ込まれた現場に生まれる。中世のゴシックの大聖堂は当時の技術を結集して建設されたが、近代になると宗教はアヴァンギャルドから撤退していく。歴史の記述は新しい動きに注目しがちである。その結果、近代建築史が新宗教を無視してしまう。ただ、前衛的ではないからといって、まったく語らないのもおかしい。歴史に記述されないということは、それが存在しないことになってしまう。だからデザインのいい悪いではなく、今までとは異なる評価軸を設定して、近代を改めてとらえ返す必要がある。もっとも、大本教のように、既存の価値観を完全に覆したいというわけでもない。異なる見方を生みだすことが可能ではないか。

例えば、教団の成長と施設の変化を、建築社会学的にとらえるという視点が挙げられる。初期のカリスマ的な教祖が生きているときは、どういう施設が必要であるか。教団が勢力を拡大していくと、どう変化するか。宗教が誕生し、大きな建築をつくった時点で、共同体の性格はおそらく変質している。近代の新宗教を見ていくと、カリスマが生きている創成期には、まだ信者がそれほど多くないから、おおむね教祖の住宅を増改築していれば済む。だが、教祖の死後も組織がさらに拡大すると、信者を収容する大きな施設を新たに建設する必要が発生する。言い方を変えれば、魅力的な創始者が目の前にいれば、空間はどうでもいいのかもしれない。むしろ、カリスマを失ったとき、そうした最初の情熱を補填するためにも、壮麗な宗教建築が求められるのではないか。

現代において宗教施設が可能性をもつとすれば、公共事業や資本主義の論理ではとてもできない強い意志をもった建築をつくることではないか。やはり建築を作るなら、いいものを作って欲しい。

美術館やホールだと、すぐにハコモノ行政だという批判的な声が挙がるだろう。民間の大型開発はリスクをおそれ、どこも似たような空間を生産している。が、新宗教の建築は、そうした枠組にとらわれずに、いい建築をつくるための条件が整っている。市町村の場合、首長が代わると、政策が変わってしまう。一方、宗教だと長期的なスパンのプロジェクトを遂行できる。例えば、真如苑は立川の日産工場跡地を購入し、長い年月をかけて新しい聖地を造営していくプロジェクトＭＵＲＡＹＡＭＡを立ち上げた。天理教が巨大建築による都市的なデザインだとすれば、真如苑の計画はむしろ広大なランドスケープになっている。また各地の施設を見学して感じるのは、メンテナンスが良いことだ。使用者の建築に対する愛情と思い入れが強いのである。

なぜ新宗教の空間研究は少ないのか

近代以前の時代については、宗教は理解のための必須事項であり、時間軸上の他者である過去（古代や中世など）や、空間軸上の他者である異国（「未開」地の村や集落など）の研究が蓄積されてきた。例えば、リクワートの『まちのイデア』によれば、都市の原型の起源や古代都市には宗教的な理念型が投影されているし、レヴィ＝ストロースやピエール・ブルデューら文化人類学者によれば、家屋や集落の構造は宗教的な世界観と結びつく。だが、近代以降の空間史において、宗教はほとんど無視されている。

その理由は、宗教が近代以前に属するものと考えられているからだ。非宗教化された近代という大きな物語に組み込むのが難しい。建築史では、一九九〇年代になって、青井哲人のように、近代神社を調査する研究者が登場している。戦後、半世紀が経って、ようやくアレルギーがなくなってきたのかもしれない。それまでは戦時下のナショナリズムと関連する建築を取り上げること自体、はばかられる雰囲気があった。ようやく近代神社史は注目されつつあるが、新宗教は特殊な存在であり、結局、外部的あるいはマイノリティの問題とみなされている。「一般」民衆を対象にした研究も、特別な教義を信じるコミュニティにはあまり触れていない。つまり、共同体の内なる他者としての新宗教はかえりみられない。

なぜ新宗教の空間研究は少ないのか。単純にその都市が興味深いと感じられないこともあるかもしれない。が、一般通念として危なく、いかがわしいものと思われていることが大きいだろう。こうした先入観は対象への研究意欲を失わせるばかりか、興味本位の記事を生み、それがまたイメージを貶める悪循環を生む。なるほど、歴史学の対象としてみるには、まだ資料の蓄積がたりない。実際、地理学からの研究の方が先行していた。とはいえ、都市史という学問が成立している以上、近代の宗教都市も研究対象になりうる。むろん、新宗教そのものの研究は、各教団の教義研究や宗教学の立場からある程度なされている。特に天理教や金光教の教学研究は充実している。だが、その空間に関する研究はほとんどない。教学研究はあくまでも宗教学に立ったものであり、空間に対する興味が少ないからだ。

研究に際しては、以下の困難が伴う。まず史料が特殊であるために、一般に公開されているものがなく、ほとんどが教団本部にあること（逆にいえば、使えるとなると、集中しているから便利である）。信者でない者には近寄り難い。そして宗教的な理由から、また政治的な理由から、史料の利用に制限のかかる場合があること。天理教では、聖なる甘露台を掲載した古い図像や、教団存続のために教義を変えていた戦前の刊行物などは複写を禁じられている。研究を進行しているときも、利用制限を受ける範囲が増えていた。こうした制限はその宗教が過去のものではなく、今も生きていることに起因している。また天理図書館を除いて、資料の整理があまり進んでいない。戦前の国家による弾圧によって、一部の教団はその存在はおろか痕跡や史料すらも抹殺が計られた。大本教の場合、本部にあった戦前の史料はほとんど処分されていたので、戦後、地方の支部や警察側に残されたわずかな資料を集めたわけだ。

アメリカの宗教都市研究はどうなっていたか

残念ながら、筆者の知る限り、まとまった論点を整理できる動向というほど、先行研究の総数はない。状況としては単発的である。とはいえ、幾つかの研究を紹介しよう。

最初にアメリカの状況を概観する。ルイス・マンフォードやレオナルド・ベネヴォロの包括的な都市史では、思想にも注目していることから、社会主義的なユートピアは重視しているが、宗教のユートピアは閉鎖性が強すぎて、近代史に影響を与えないせいか言及がない。しかし、ジョン・W・レップス『アメリカ都市の発達』(一九六五)は、ユグノー、モラヴィア、モルモンなどを扱う「シオンの都市」の章を含むことが特筆される。ちなみに、近代の宗教都市の特徴としては、外界と隔離する防御形態をもたないこと、また教祖が活動した場所が顕現された聖地とみなされていることである。後者は同時期に生成した無神論的な社会主義ユートピアと形態は似ていても、決定的に異なる点といえよう。

モルモン教の都市研究は、一九七〇年代初めに少しもりあがったが、続かなかった。この時期、フェミニズム的な視点のドロレス・ハイデンがユートピア的実践の研究書でモルモン教をとりあげている。彼女は『家事大革命』(一九八一)でも、シェーカーやオナイダ・コミュニティの集団生活と空間の性差を論じた。『場所の力』(一九九五)でも、二重のマイノリティであるアフリカ系女性の個人史を通して、モルモン教の移動の様子を記述した。宗教共同体は性差の実験場にもなるから、ハイデンが、これに関心を抱くのは当然であろう。

ロバート・P・エムレン『シェーカー村の眺め』(一九八七)は、地図製作者の背景や技法、あるいは絵師の様式を分析することに主眼を置く。稚拙な図像も多いが、エムレンによれば、村落の全体像を描くことは共同体の統一性を可視化する役割を果たした。逆に一九世紀末に外部との接触が増え、絵は洗練されるが、独自性は失われていく。シェーカーの家具デザインの研究は多いものの、共同体の空間を対象としたものは少ない。

形態論と意味論をかけあわせたものとしては、スピロ・コストフの著作『形づくられた都市』(一九九一)が、第2章「グリッドと政治」において二つの宗教都市に言及している。彼によれば、ユグノー教とモルモン教の都市をとりあげ、「最も純粋に平等主義的なグリッドの使用」がみられる。「すべての住民の社会的平等性を意味する」というが、この見方は形式主義的であると同時に、コミュニティをいささか理想化し過ぎている。

八〇年代の空白を埋めるように、初の包括的な研究書として、ブリガム・ヤング大学で建築史を教えるマーク・ハミルトンの『一九世紀のモルモン教建築と都市計画』（一九九五）が刊行された。理論的な枠組や現実社会との関係がないことは批判されているが、教祖の関与した都市設計の詳細と具体的な作業の進行などを研究したものである。ステレオタイプな見方に陥らない視線も必要だろう。空間研究ではないが、ドナルド・クレイビルらの社会学的研究『アーミッシュ企業体』（一九九五）は、共同体の変容を観察している。この共同体は教会がないかわりに持ちまわりで各家で礼拝を行い、外界と隔絶しつつ文明化を徹底的に拒否することで知られる。だが、近年はアーミッシュの小企業が成功を収めており、内部の固定化された性差の役割分担、家族関係、子供の教育、そして信仰生活にも影響を及ぼしているという。社会との関係から宗教都市も変化するのだ。

どのような天理教の空間研究があったのか

続いて、研究が多い天理教を中心に日本の状況を概観する。

内部の教学研究は、基本的に教義中心であり、都市史的な視点のものはきわめて少ない。とはいえ、斎藤辰雄の「ぢばと教会本部設置について」（一九五〇）や平野知一の「ぢばの理」（一九六四）など、聖地論のかまえを有する研究は存在する。井上昭夫の「天理教における聖俗区分現象について」（一九六八）は、エリアーデを援用して、ぢばの分析を試み、建物よりも場所性の方が重要であるという見解を述べる。しかし、事後的に発見された聖地の聖地性を教義研究によって強化しており、むしろ他宗教の聖地やその場所の発見プロセスと比較研究がさらに必要だろう。また外部の研究は、教義に触れることを避ける傾向があるが、信者でないからこそ客観的に論じられることもあるだろう。

教団内部の歴史的な研究としては、植田英蔵や高野友治のものがある。前者の『おやしき変遷史図』（一九五一）は幕末から一九五〇年まで、教祖の家とそのまわりの様子を復元している。後者は天理教道友社の記者として、足で歩いて集めた古老の逸話やさまざまな史料から当時の世相を復元しようと試みる。いずれも郷土史家的な作業だが、神話的な記述が含まれ、単純にそれを事実として受けとめることができない側面がある。だが、近代における新宗教は太古の宗教がもっていた神話の時間を反復し、信者の共同体においてはフィクショナルと思われるような言い伝えがリアルな世界に影響を与えた。リアルとフィクションのねじれた関係をどう読み解くかも研究の鍵になる。また、石崎正雄編『教祖とその時代　天理教史の周辺を読む』（一九九一）は、村の様子や個人の経済状況を分析する生活史的な論文を集めたものである。こうしたケース・スタディが蓄積され、体系化されることが期待される。

外部の研究に目を転じよう。一九五四年に天理市が成立したことや、おやさとやかた計画の発表が引き金となって、地理学的な研究が着手された。この頃、国際地理学会議が天理市で催されたことも、無関係ではないだろう。新宗教の研究は宗教学と地理学の立場からのものが多く、前者は空間に興味を示さず、後者は教義にほとんど触れない。なお、『天理市史』（一九五八）も市の成立直後にまとめられた。西田和夫の論文（一九五五）は、天理教の都市計画を分析しつつ、天理教の登場によって丹波市がどう変遷したかも論じている。また藤本利治（一九六八）は地理学の立場から、門前の町屋と核となる社寺の結合関係を考察しつつ、宗教都市の形態のタイポロジーを分類し、天理市や金光町を位置づけた。桑原公徳「宗教都市としての天理市の性格」（一九七〇）は、とりわけ天理市が成立した後に、教団が新しい自治体といかに関与したかに注目している。また浮田典良は、奈良盆地の五都市を比較し、天理市の特色を確認した（一九七五）。だが、定量的な分析だけからでは、宗教都市の特性はある程度描けても、天理教の特性は浮かび上がらない。数字だけでは都市を描けないからだ。

次に参拝形態、すなわち宗教のあり方と都市の関係を論じたものに触れる。内田秀雄（一九六七）は、詰所に注目した。彼は、東本願寺がもつ地方門徒自営の宿泊所である詰所の分析を通して、天理教との比較を試みる。そして本願寺の詰所が衰退したのに対し、「密集している詰所により構成されている天理市の景観はわが国集落景観の上に全く特異の存在を主張し得る」と評価した。金光教については、藤沢晋（一九六三）の論文が興味深い。彼は、取次と呼ばれる参拝形態が長時間に及ぶために宿泊施設が余計に必要になったこと、祭日の状況から常設の店舗が育たなかったこと、そして独自の参拝集団である出社が門前町化をうながし、どのような家が宿屋をはじめたかを研究している。近世の門前町形成の条件として観光や遊楽の機能が重視されたのに対し、藤沢は近代の門前町が金光教のように宗教的条件から成立する面が強いという。彼はその要因を封建制度の下で栄えた寺社と、そうした社会に抗して登場し、明治以降も虐げられながら発展した教団の違いに求める。もっとも、これは宗教都市の初期的な段階において普遍的に見られる現象かもしれない。

布教による展開としては、大谷渡（一九九六）が満州移民の実態などを明らかにしていたる。教団でも伝道史をまとめているが、ほとんどが人物中心の研究である。宗教の布教システムと都市の関係は、今後の課題になるだろう。建築学の立場からは、田中康治（一九九四）が天理市の研究を行い、理念と実態の差に注目している。その理念を古代の条里制にもとづく曼陀羅グリッド都市と規定していることは、そのまま納得できないが、地籍図から土地所有を追跡したり、交通調査を試みて、計画遂行の現状や実際の使われ方を調べるところは興味深い。

以上の先行研究を参照しながら、筆者の新宗教建築論は進められた。

新宗教の建築研究から何を考えたのか

宗教は近代になって葬られたわけではない。今なお、世界中で宗教は生き続けている。トルコの郊外では団地を作るときにモスクがセットになっているし、シンガポールでは団地と各種の宗教施設が共存していた。宗教が日常的な風景になっているところは少なくない。いや、二一世紀に入り、世界貿易センターの倒壊をもたらしたアメリカの同時多発テロ、タリバンによるバーミヤンの仏教遺跡破壊、イラクの攻撃とその後の内戦状態を見ると、冷戦状態の東西イデオロギーの対立に代わり、グローバリズムとイスラム原理主義の関係を意識せざるをえなくなった。宗教は文化を生みだす源であるが、ときとしてその破壊者にもなりうる。建築の破壊も思想の表現なのだ。暴力的な事件を契機に、改めて、宗教の影響力と建築のシンボル性が注目を集めている。

再び宗教や民族の問題が噴出している世界の状況は、われわれに他者と共同体の問題を切実につきつけている。日本国内でも、靖国神社の存在が注目を集め、アジアとの関係を問われるようになった。また二〇二二年には、安倍元首相の銃撃事件がきっかけとなって、政治に接近していた統一教会の活動がようやく報道されている。現在は世界平和統一家庭連合と名称を変えているが、韓国の加平郡で建設中の天苑宮プロジェクトは壮大なものだ。すでに周囲に学校、日本の民俗村、ホテルなど、教団の関連施設が展開し、山中に白い古典主義の建築が二〇二三年にオープンするという。設計はアメリカのPDIデザイン・グループが手がけた。手前の楕円の広場とそれを囲む列柱廊は、ローマのサン・ピエトロ大聖堂を意識したものだろう。これは聖殿、広場、教祖の生涯を紹介する展示館などを含む、巨大な複合施設であり、全体はバロック的なデザインでまとめている。さらにオベリスクや凱旋門のモチーフを組み込み、下層部のアーチの反復と三段重ねのオーダーはコロッセオ風だ。

宗教団体に対する税金の優遇措置が、巨大建築へのやっかみを招くかもしれない。しかし、筆者の新宗教建築論は、そうした先入観を捨て、他者の空間を考えることをめざした。それをとるに足らないものとして切り捨てるのは、思考停止である。いかがわしいものという前提を解除し、できるだけ無垢なまなざしで観察すること。イメージの平均値が悪過ぎるので、ほめていると誤解されるかもしれない。ゆえに、とりあえず偏見を解除して、対象を見つめる、森達也のドキュメント映画『A』(一九九八)の態度に深い共感を覚える。それは他者をめぐって思考することの困難さをめぐる問いにほかならない。

建築と社会がどのような関係を結ぶのか。筆者の関心は、ここにある。ゆえに、新宗教建築論における共同体と空間をめぐる問題は、その後の著作でも展開した。大川信行との共著『ビルディングタイプの解剖学』(王国社、二〇〇二)では、アーミッシュやシェーカーを素材にして、教会という施設が住宅と未分離の状態を考察している。『戦争と建築』（晶文社、二〇〇三／増補版二〇二二）では、共同体と共同体が衝突するとき、いかに空間が変容するかを論じた。戦争も他者とのコミュニケーションの一形態である。同書で監視社会に触れたことを契機にして、『過防備都市』（中央公論新社、二〇〇四）や『誰のための排除アート？』（岩波書店、二〇二二）を刊行した。セキュリティが最優先されることで、共同体の内部に無数の見えない切断線が走り、仮想の内戦状態をもたらす。そうした空間の管理に焦点をあてたものだが、同じテーマは景観論にも継続された。『美しい都市・醜い都市』（中央公論新社、二〇〇六）では、共同体を強化するナショナリズムがランドスケープに介入していく可能性を考察したものである。すなわち、社会の動向に反応しながら、歴史から批評の領域にシフトしたといえるだろう。

現代における宗教建築としては、『「結婚式教会」の誕生』（春秋社、二〇〇七）を刊行した。日本では、キリスト教の信者が人口の一パーセントしかいないにもかかわらず、三分の二以上のカップルが教会での挙式を望んでいる。その結果、結婚式専用の独立型教会が全国に増殖した。世界的に考えても、きわめてユニークかつキッチュな宗教建築である。信者がいない施設ゆえに、厳密な意味では宗教建築と言えないかもしれない。また正統な建築として評価されないものだ。しかし、それは日本らしさがあらわれる、宗教的なものであることは間違いない。

一九九〇年代はアメリカの建築界においてもジェンダー論が興隆した。ベアトリス・コロミーナなどの論客が登場している。そうした背景も、主流の歴史から見れば、語られることの少ない他者の歴史に関心を抱いたきっかけになった。当時、筆者は、女性の建築家、アフリカン・アメリカンの建築家、オリエンタリズム、ユダヤ人のゲットーなど、他者と共同体をめぐるトピックを執筆している。新宗教の建築論も、こうした枠組から構想されたものだった。宗教建築を知ることは、その社会的な背景も含めて、他者の生き方を学ぶことである。これは『新宗教と巨大建築』を執筆したとき、最後に書いた言葉だが、今でもその考えは変わっていない。いや、世界の動向を眺めながら、その必要性をさらに強く感じている。日本社会では、ようやく二〇一〇年代になって、ジェンダーの視点が重要なトピックとして認識されるようになった。

解説参考文献一覧

D・ハイデン『家事大革命』(野口美智子他訳、勁草書房、一九八五年)
D・ハイデン『場所の力――パブリック・ヒストリーとしての都市景観』(佐藤春彦・佐藤俊郎・篠田裕見訳、学芸出版社、二〇〇二年)
Robert P. Emlen "Shaker Village Views" (New England, 1987)
S. Kostof "The City Shaped" (Bulfinch Press, 1991)
C. Mark Hamilton. "Nineteenth-Century Mormon Architecture & City Planning" (Oxford Univ. Press, 1995)
D. B. Kraybill "Amish Enterprise" (The Johns Hopkins Univ. Press, 1995)
斎藤辰雄「ぢばと教会本部設置について」(『天理教学研究』第1巻第2号、一九五〇年)
平野知一「ぢばの理」(『天理教学研究』14号、天理教道友社、一九六四年)
井上昭夫「天理教における聖俗区分現象について」(『天理教学研究』18号、天理教道友社、一九六八年)

石崎正雄編『教祖とその時代　天理教史の周辺を読む』（天理教道友社、一九九一年）
天理市史編纂委員会『天理市史』（一九五八年）
西田和夫「天理市の研究　第一報　宗教都市丹波市の発達とその構成」（『奈良学芸大学紀要』4－3、一九五五年）
藤本利治「宗教都市の歴史地理学的研究の諸問題」（『皇学館大学紀要』第6、一九六八年）
藤本利治『門前町』（今古書院、一九七〇年）
桑原公徳「宗教都市としての天理市の性格」（『花園大学研究紀要』一、一九七〇年）
浮田典良「天理市」（『地理』一九七五年第11号）
内田秀雄「詰所の地理学的研究――本願寺と天理教の場合」（『奈良学芸大学紀要』413、一九六七年）
藤沢晋「金光門前町成立の宗教的条件」（小倉豊文編『地域社会と宗教の史的研究』柳原書店、一九六三年）
大谷渡『天理教の史的研究』（東方出版、一九九六年）
田中康治「宗教都市天理の都市形成過程に関する研究――都市の理念型と実態をめぐって」（京都大学修士論文、一九九四年）

本書は、『新編　新宗教と巨大建築』（ちくま学芸文庫、二〇〇七年六月刊）を大幅に改稿し、左記の論考を加え、写真も増補したものである。

4―4　疫病の時代における寺院建築
4―5　日本の新しい現実が変える宗教空間
4―6　信者なきチャペル、結婚式教会とは何か
5―3　アーミッシュとシェーカー教のミニマリズム
5―6　現代インドの宗教建築――バハイ教とヒンドゥー
6―2　となりのユートピア――東京における新宗教

あとがき

二〇〇〇年に提出した博士論文『新宗教の空間、その理念と実践』の三度目の書籍化である。ユニークな題材ゆえに、実は論文の執筆途中で編集者の目にとまり、完成する前に講談社現代新書から刊行されることが決まっていた幸運な本だった。もちろん、そのままではなく、全体のヴォリュームを削りながら、読みやすい文章に書きなおしつつ、関連する論考を追加している。今回の増補新版では、ちくま学芸文庫版に対し、以下の内容を追加した。その後に得た知見や教団の現状を加筆したり（天理教の詰所や地方教会の展開、神慈秀明会の聖地、モルモン教の東京神殿など）、開放的な寺院、現代の納骨堂や霊園、過疎地における神社、クルマ社会に対応した教会、日本で発達した信者なきウエディング・チャペル、アーミッシュとシェーカー教における原・教会、東京やインドの宗教建築を論じた章を収録している。これらの一部は、書籍『東京スタディーズ』（紀伊國屋書店、二〇〇五年）に寄稿した論考、『毎日新聞』や共同通信でのレビュー、『10＋1』や『建築東京』の連載、『建築設計』や『月刊　住職』など、様々な媒体に掲載された文章を再構成したり、大幅に改稿したものだ。

またコロナ禍の期間は、あまり旅行ができなかったことから、過去にフィルムカメラで撮影した膨大なスライド写真のデジタル化の作業を進めていた。特に新宗教の建築は、デジタル・カメラに切り替える以前の一九九〇年代に撮影したものが多い。そこで昔のデータをとりだしやすくなったことを受けて、増補新版では、以前の本に使わなかった写真も数多く使用した。本の判型も、以前より大きくなっているので、写真や図版は見やすくなっているだろう。

もともとはオウム真理教のサティアンをめぐる言説がきっかけとなって、博士論文に着手したが、二一世紀を迎えてもなお、宗教というテーマは古びていない。戦争や疫病も再び、世界を揺るがす大きなトピックとなったように、人間や社会の本質があまり変わっていないからだろう。今回の本は、旧統一教会と政治の関係がメディアで報じられる状況で刊行されるが、狙ったわけではない。安倍元首相の銃撃事件が起きるよりも前に、青土社の編集者である西館一郎さんから増補新版の提案を受けて、すでに企画が進行していたからだ。ゆえに、まったくの偶然である。思いがけず、絶好のタイミングをもたらした西館さんにお礼を申し上げたい。また本書の編集では、髙尾美由紀さんにも手伝っていただいた。ありがとうございます。

ところで、しばしば新宗教は国家において異質な危ない集団とみなされ、昭和期の前半には厳しい弾圧を受けたケースもあった。そして過激化したオウム真理教は、東京で未曾有のテロを起こし、国家と対決した。ところが、旧統一教会は、むしろ保守系の政治家に食い込み、権力の中枢に近づくことによって、強引な集金に対する批判をかわし、安泰をはかった。これまでの本では、普通のビルなど、日本における旧統一教会の建築に見るべきものがなかったため、触れていなかった。しかし、近年は韓国で白い古典主義の天正宮博物館（二〇〇六）や天苑宮プロジェクトなどが登場している。ただし、これらの施設を見学したことはなく、資料も限られているため、深く分析はできない。

数えてみると、いつのまにか単著が二〇冊に到達しているが、やはり出発点となった『新宗教と巨大建築』は筆者にとって思い入れがある本だ。当初は「新宗教と建築」というタイトルを予定していたが、新書の刊行時、営業サイドの意見を反映し、「巨大」の二文字が入ることになり、いかがわしさを連想させる言葉を使うことを少し気にしていたが、今となっては、インパクトをもつこの題名が定着している。ともあれ、一般的には、これが標準の感覚だろう。ただ、教団の歴史と思想を理解してから、建築を観察すると、従来とは異なる風景が広がることを示したのが、本書の動機だった。世界とは多様な見え方がする場なのだ。

二〇二二年八月一一日　横浜にて

五十嵐太郎

新宗教と巨大建築

増補新版

2022年11月10日　第1刷印刷
2022年11月25日　第1刷発行

著者——五十嵐太郎

発行人——清水一人
発行所——青土社
東京都千代田区神田神保町1－29　市瀬ビル　〒101-0051
電話　03-3291-9831（編集）、03-3294-7829（営業）
振替　00190-7-192955

組版——フレックスアート
印刷・製本——シナノ印刷

装幀——松田行正

ISBN978-4-7917-7497-5　　Printed in Japan

五十嵐太郎の本

ル・コルビュジエがめざしたもの——近代建築の理論と展開

合理性、機能性に富むル・コルビュジエ建築が発信する、革新性と今日性の中核にあるものとは。

モダニズム崩壊後の建築——1968年以降の転回と思想

目まぐるしくも大胆に躍動するモダニズム崩壊後の建築デザイン。新しいデザイン・意匠は何を変えたのか。

青土社